図書館法と現代の図書館

Japan Library Law : it's interpretations and current issues

塩見昇・山口源治郎　編著

日本図書館協会

Japan Library Law : it's interpretations and current issues

図書館法と現代の図書館　／　塩見昇，　山口源治郎編著．　－　東京　：
日本図書館協会，　2001．　－　385p　；　21cm．　－　ISBN4-8204-0032-0

t1．トショカン　ホウ　ト　ゲンダイ　ノ　トショカン
a1．シオミ，　ノボル
a2．ヤマグチ，　ゲンジロウ
s1．図書館法　①011.2

刊行にあたって

一九五〇年の図書館法制定は、わが国に「公費による設置・運営、無料公開」の原則を備えたパブリック・ライブラリーを初めて制度化する画期的な転換であった。爾来五〇年、法の理念を具現化すべく重ねた多くの関係者の努力が、めざましいその発展を生み出してきた。二〇〇〇年四月現在、県立・市町村立をあわせて二六一三館、年間貸出約五億二〇〇〇万冊というのがその現況であり、CIE映画『格子なき図書館』が鋭く撤廃を促した「格子」のない、開かれた図書館が全国各地に数多く現出している。「時代の動きはその都度図書館に新しいサービスの活動を要求する」だろうが、「この規定の上に、多彩な具体的な活動が展開されなければならない」と立法者が期待した側面も、電子化情報サービス、アウトリーチ活動など、能動的で多彩な活動が展開されつつある。しかしその一方で、なお一〇〇〇万人以上が図書館のない自治体の住民で、町村の六三%が図書館未設置の状態にあり、サービスの格差が広がっているのも事実である。

制定当初、「理念は高いが実に欠ける」とも評された図書館法であるが、その理念を活かすことにより、この半世紀にわたる図書館活動の進展が支えられたことは確かである。同時に、「地方公共団体の自主性及び自立性を高めることにより、個性豊かで活力に満ちた地域社会の実現を図る」べく、地方分権の推進をうたい文句にしたいわゆる地方分権推進一括法により一九九九年七月、図書館法等の「改正」がなされたことにみるように、図書館をめぐる法的環境は大きく変貌しつつある。地方自治法、地方教育行政の組織及び運営に関する法律など図書館組織の根幹にかかわる法の改正、労働者派遣事業の適正な運営の確保及び派遣労働者の就業条件の整備等に関する法律（労働者派遣法）、民間資金等の活用による公共施設等の整備等の促進に関する法律（PFI法）、行政機関の保有する情報の公開に関する法律（情報公開法）などの改正あるいは制定の一つひとつが、いま図書館の在り方に新たな課題を提示している。

図書館法自体については、一九九九年「改正」により、国庫補助の要件としてこれまで一定の役割を果たしてきた館長の司書資格、最低基準が廃止され、図書館協議会委員の構成の大綱化がなされた。さらに法の手直しには至らなかったが、電子化情報サービスの拡大にかかわって課金の是非と無料公開の原則が論議をよぶなど、図書館法をめぐる議論が活発に交わされた。図書館法五〇周年を直前にしたこの論議は、図書館法の理解と運用、さらなる研究の課題を迫るインパクトともなった。

図書館法の理解と研究のための基礎資料として、法の制定当初に執筆された立法者による解説『図書館法』（西崎恵著、一九七〇年に日本図書館協会より復刊）、法の制定過程の資料をたんねんに収集した『図書館法成立史資料』（裏田武夫・小川剛編）のあることは周知のところである。さらに法制定の四〇年にあたる一九九〇年、日本図書館協会は故森耕一氏を中心に『図書館法を読む』を刊行して、「図書館法の底に流れている精神・理念に対する認識を深め」る一助としてきた。九五年には同書の補訂版を用意して状況の変化にいくらかの対応も行ったが、前述のような新たな情勢の変化を受けて、全面的な改訂の必要を思い、図書館法制定五〇周年の記念事業の一環として刊行に至ったのが本書である。

私どもは、前著『図書館法を読む』の基本的な精神を継承しつつ、現代の当面する課題に応え得る新たな図書館法の解説を提示するとともに、図書館をめぐる法的諸課題の解明と図書館法理論の創造をめざして今回の企画を進めた。そのため前著の枠組みをほぼ踏襲し、全体を三部だてで構成した。まずI部で総論的に図書館法の法的位置を確認し、II部で各条の解説を行い、III部で現代の諸課題を特論として取り上げた。その後の研究・論議の進展を汲んで、若い世代の研究者、実践者にも新たに執筆をお願いした。

急激な社会変化の下で、新たな課題に立ち向かうべきこれからの図書館事業を支え、推進する立脚点として図書館法を発展的に活かしていこうとするに際し、本書が有効に活用されんことを期待する次第である。

なお、本書の最終校正段階で、その内容・記述に修正を要する若干の事象が生じた。二〇〇〇年一二月末に生涯学習審議会図書館専門委員会による「公立図書館の設置及び運営上の望ましい基準について」が成案を得、文部省から都道府県教育委員会宛に通知されたこと、二〇〇一年一月六日実施の中央省庁再編による文部科学省の発足とそれに伴う行政組織の改革である。最終校正時にそのことを可能なかぎり取り入れるよう配慮したが、一部に徹底を欠く個所も残ったかと思う。読者におかれてはこの点、ご理解賜りたい。

二〇〇〇年一二月

塩見　昇

第二刷の刊行にあたって

本書の刊行からほぼ二年が経過した。初刷りの刊行直前に、中央省庁の再編と行政組織の改革、「公立図書館の設置運営の望ましい基準（望ましい基準）」の通知があり、そのことを本書にできるかぎり取り込むように努めたが、記述と内容にいささか整合性を欠く個所を残したかもしれないことを前書きでお断りした。それから二年たち、「望ましい基準」が法の制定から半世紀以上を経てようやく正式の文部科学省告示として実現した。当然そのことを容れて本文の基準に関する記述が改められねばならないし、関連して記述の整合性を図ることが必要な個所がいくつか生じている。またこの間に、図書館づくりへの民間資金の導入、公立図書館の委託問題など、政策上の重要な動きや著作権をめぐる変化もみられる。

それらについては、できるだけ早期に全体を見渡しての修訂が必要であるが、第二刷刊行の今回は、とりあえず文字どおりの誤字や誤り個所の訂正を主にし、明らかな事実の変化、特に「望ましい基準」の告示がなされたことの関連、法律本文の改正点、及び統計数値の新しいものへの差し替えの範囲に手直しをとどめ、他日を期すことにした。読者各位のご理解を得たい。

二〇〇二年一一月一五日

塩見　昇

目　次

II　図書館法各条解説

Ⅲ　現代図書館の法的諸問題

I　図書館法の法的地位

一章　図書館法の五〇年

一九九九年七月、「地方分権の推進を図るための関係法律の整備に関する法律」いわゆる地方分権推進一括法が採択された。これによって改正される四七五本の法律の中には図書館法も含まれていた。現行図書館法は一九五〇年四月三〇日の公布以来いくたびかの改正を経ている。それらは本書の巻末資料に見るように、主として地方自治法や教育関係法などの改正に伴うものであり、図書館法の基本理念や諸原則を変更するようなものではなかった。戦後改革期に制定された教育委員会法や社会教育法については、一九五六年の地方教育行政の組織及び運営に関する法律（地教行法）の制定や一九五九年の社会教育法の大改正など、基本原則にかかわる改変が行われてきたことを考えると、図書館法の五〇年は実に「安定」した五〇年であった。しかし、今回の図書館法改正は基本理念や諸原則の変更を含む改正であり、その評価はさておき、この意味においては画期的である。

ところで、「安定」した五〇年であったとはいっても、そこに全く波風が立たなかったわけではない。むしろこの五〇年は、図書館法の評価をめぐるさまざまな議論と運動が生起した五〇年なのであって、法の擁護と改正、実現化と空洞化の激しいせめぎ合いの中で図書館法の「安定」は保たれてきたといった方が実態に近い。そこで本章では、図書館法の評価をめぐる五〇年間の議論に焦点を当て、その軌跡を辿ることを通して図書館法の意義を考えてみたいと思う。

一　図書館法の制定と復古主義的法改正論——五〇年代の法改正論争

図書館法は、占領軍、文部省、日本の図書館関係者が緊密にかかわり合いながら作られた法律であった。特にわが国図書館関係者は、戦後改革というこの機会に戦前からの抱き続けてきた夢を実現しようと、非常な熱意をもって法制定に取り組んだことはよく知られている。その軌跡は『図書館法成立史資料』に収録された数多くの図書館法案や構想に見ることができる。(1) 戦後の教育文化関係立法の多くが、その内容を国民に詳しく知られることなく、占領軍と文部省との間で作られたことを考えると、民間の専門団体が深くかかわった図書館法の制定過程はきわめて民主主義的な性格をもつものであることが指摘されよう。また成立した図書館法の内容も、アメリカをモデルにした民主主義的な理念と諸原則に貫かれた法律であった。

法制定当時の社会教育局長であった西崎恵は、この図書館法に示された新しい図書館像について、次のように述べている。

新しい図書館は、国民に奉仕する機関でなければならない。国民が何かを学ぼうとする時、国民が一般的な教養を高めようとするとき、国民が何かを楽しもうとする時、これに十分サービスし得る図書館でなければならない。図書館法はこの新しい図書館の行うサービスの活動を図書館奉仕として規定した。

新しい図書館は、国民のすべてが気易く出入りできる、親しみ深い、なごやかなものでなければならない。しかしこのような図書館を運営してゆくには、従来の図書館職員の能力では甚だ困難であろう。そのため、図書館法は、図書館の専門的職員である司書及び司書補について規定を設け、職員制度を確立しようとした。（中略）親切に読書相談もできて、深い専門的技術も身につけている優秀な図書館職員によって、新しい図書館は動いてゆく。(2)

いま図書館法に示された理念と諸原則を列挙すれば、次の七点を指摘することができよう。第一に、第三条「図書館奉仕」に示されるように、国民に奉仕する機関、いいかえれば国民の権利としての図書館の基本理念を明確にしたことが挙げられる。それは国家のための図書館、国民教化のための図書館からの根本的転換を示すものであった。第二に、司書および司書補という専門的職員の職と資格、養成方法等を定め、不十分ではあるが専門的職員配置の原則を規定したことである。特に第四条の司書（補）の規定は、第三条「図書館奉仕」規定の直後に置かれ、「図書館奉仕」を実質化する重要な要件に位置づけられていることが注目される。第三に、戦前の中央集権的な中央図書館制度を否定し、公立図書館の設置と運営を地方公共団体の固有の事務とするとともに、図書館協議会制度を創設し図書館運営への住民参加を保障しようとしたことなど、地方自治と住民自治の原則を明確にしたことである。第四に、公立図書館の無料原則を定め、国民の図書館利用の権利を実質的に保障しようとしたことである。特に戦前の図書館が有料制を容認していたことを考えると、図書館法の無料原則は、わが国にはじめて近代公立図書館原則を実現するという歴史的意義を担うものであった。第五に、私立図書館への不干渉原則（ノー・サポート、ノー・コントロール）を定め、私立図書館の自主性尊重の原則を明らかにしたこと。

第六に、望ましい基準および最低基準（一八条〜二一条）に見られるように、国および地方公共団体の条件整備の責務を定めたことである。第七に、図書館が「教育機関」としての制度的位置づけ（社会教育法九条）を得たことにより、教育行政に対する図書館の自律性の原則が認められたことである。

しかし成立した図書館法は、「消え去った虹(3)」といわれたように、当時のわが国の指導的図書館関係者にとって決して満足のいくものではなかった。というのは図書館関係者が図書館法に期待した、中央図書館制度、義務設置、強力な国庫補助等、戦前から抱いてきた事項がほとんど盛り込まれなかったからである。志智嘉九郎は図書館法への期待と幻滅を次のように述べている。

図書館法は、その制定の衝にあたり、日夜苦心している人たちの大へんな苦心にかかわらず、一般の図書館職員には福の神がにこにこ顔でやってきたように歓迎された。

美しくもあり、楽しくもある夢であった。

昭和二五年に待望の図書館法ができた。

その第三条には図書館のあるべき姿が、過去の図書館では想像もできなかったような姿で描かれた。だが、待てよ。一体、フィルムや美術品の収集保存にも十分留意するにしても、これには莫大な経費が要るのだが、そんな金はどこから出て来るのか。法が図書館に要求するとこ［ろ］は大きかったが、地方自治体の財政状況は年々悪くなっていき、当然図書館に廻される経費も切り詰められていた。

三億ぐらい出るかも知れんといわれた国庫補助金、これが最初に出たのは昭和二六年であるが、三億どころか、わずかに千数百万円、（中略）。

かくてかってわれわれの眼前に、華麗な姿を見せた図書館法の虹は、いつの間にか消え去って、後味のわるい悪夢のような現実が残ったのである。(4)

こうした指導的図書館関係者の不満を背景に、図書館界は図書館法成立後、時をあけず法改正運動に取り組むこととなる。すでに別稿(5)で論じたように、そこでは図書館法改正の内容として、中央図書館制度、義務設置、強力な国庫補助、認可制、国立図書館構想、有料制、私立図書館への委託と統制などが議論にのぼった。一九五七年一二月、日本図書館協会図書館法改正委員会による「図書館法改正草案」が発表された。(6)この草案には、司書補の廃止ならびに司書の職務、資格、養成の整備改善、都道府県市区までの公立図書館の義務設置、中央図書館制度の復活、文部省に図書館審議会を設置すること、国庫補助の充実、私立図書館への事業の委託などが盛り込まれていた。それらの多くはすでにふれた戦前から抱いてきた図書館関係者の夢であった。

しかし、こうした戦前的、復古的な図書館法改正論に対し、若手図書館員を中心に批判の声があげられた。渡辺進（高知市民図書館）は「大図書館中心主義の考え方が露骨に出て」おり、「町村図書館軽視というアナクロニズムがひそんで」いること、中央図書館制度に至っては「昭和八年の図書館令の場合から一歩も前進しておらずナンセンス」と痛烈に批判した。(7)清水正三（京橋図書館）も「中央集権的な方法では、日本の公共図書館は発展しない」と批判している。(8)さらに、図書館問題研究会や図書館員のメモ同好会など、若手図書館員を組織する研究運動団体が法改正論への批判を強めていった。こうした法改正批判が繰り広げられる中で、日本図書館協会事務局長有山崧は「図書館法が図書館進展の桎梏になるのではなくて、図書館法を守ろうとしないところに桎梏がある」「前進性・指導性・奨励性をもった法律は、それを守ることが、進歩的革新的となる」と「遵法」を提唱し

たのであった。(9)

右に見たようにこの法改正論争は、図書館法の民主主義的理念と諸原則をどう評価するのか、という戦後図書館の制度理念の是非を問うものであり、また、法という国家の強制力に依存して図書館振興を推進するのか、利用者＝住民への奉仕を通して利用者＝住民の支持を獲得し、そこに依拠して発展を図るのか、という図書館発展の「路線」を問う論争であった。そしてこの論争は法改正の断念という形で五〇年代末に終息する。それは同時にわが国の図書館界に図書館法理念を担う主体が登場、成長していたことを意味していた。一九六〇年、図書館法改正論争の終息ときびすを接して、若手図書館員を中心メンバーとする「中小公共図書館運営基準委員会」が日本図書館協会内に設置された。この委員会は三年間の調査の後『中小都市における公共図書館の運営』（一九六三年）を発表し、公共図書館サービスの基本理念と図書館発展の基本戦略を示すことで、戦後公共図書館発展の礎石を築いた。(10)この意味で五〇年代の図書館法改正論争は、図書館の戦後体制構築への転換点に位置づく歴史的意義をもっていたのである。

二　社会教育法改正問題と図書館法の擁護——七〇年代の法改正論争

図書館法が再び大きな問題となるのは、社会教育法改正問題に絡んでのことであった。

一九七〇年一〇月、文部省は全国社会教育委員協議会において「社会教育法改正にあたって検討すべき問題点」なる文書を提示し、その中で「図書館法、博物館法を社会教育法に一本化することはどうか」、「現行図書館法で定められている事項のうち、とくに、改正を要する点があるか」と問いかけた。[11]そして翌年一月の全国社会教育主管課長会議には「社会教育法改正に関する一五の問題点」なる文書を配布し、[12]社会教育法を全面改正して図書館を含む社会教育総合法とする「社会教育法の全部を改正する法律案（試案）」が示された。そこでは九章一一七条中、第四章第四節の第七四条から第八一条を図書館に割り当てていたが、具体的な条文案が示されていなかったため、文部省が当時具体的にどのような図書館像をそこに盛り込もうとしたのかは明らかではない。

しかしこの社会教育法改正試案は、「国民は……容易に社会教育を受けられるように配慮されるものとする」というように、国民を権利の主体ではなく、行政の「配慮」の対象にしていること、社会教育行政の責務の強調、社会教育関係団体の登録制など、権利としての社会教育という戦後理念を大きく後退させ、これに替えて国家主義的社会教育理念を前面に出すという特徴をもっていた。そのため社会教育関係者からはきびしい批判が寄せられていた。

図書館関係者の多くも戦後図書館理念の後退に危機感を抱いた。しかしそのこと以上に大きな危機感をつのらせたのは、独立法としての図書館法が社会教育法に吸収統合されるということであった。『図書館雑誌』では図書館法擁護論が多く掲載された。座談会「守りぬくに価するもの、図書館法」では図書館法制定時の苦労、図書館法理念、図書館法単独法化の経緯などが明らかにされた。[13]こうして図書館法再評価の作業が急速に進められていった。

また、日本図書館協会も一九七一年四月「社会教育法改正問題対策委員会」を設置した。同委員会は八月一六日に「社会教育法改正問題について（報告）」を発表し、「単独法としての図書館法が廃止されることに対する図書館業務従事者の不安と不満は予想外に強烈であることが、各方面からの情報によって判明した以上、図書館法制定当時の経緯、図書館法が歴史的に果たしてきた、また果たしつつある役割にかんがみ、単独法としての図書館法は必ず堅持されるべきもの」であるとの結論を明らかにした。(14)一九七一年五月の日本図書館協会総会においても、図書館法の公布日の四月三〇日を「図書館記念日」とすることが決定され、長らく絶版になっていた西崎恵の『図書館法』も復刊された（一九七〇年）。こうしてわが国図書館界は図書館法公布後二〇年という時間を経て、ようやく図書館法擁護の立場を明確にしたのであった。

ところで、図書館界がこの時期に図書館法擁護の立場を明確にしえた背景には、六〇年代後半から七〇年代初頭にかけて、日野市立図書館の活動や『市民の図書館』（一九七〇年）の刊行に見られるように、東京多摩地域など大都市近郊自治体において、市民への奉仕を基本理念とする図書館づくりと図書館サービスが広がりつつあったことがあった。またそうした図書館のあり方が市民の大きな支持を受け、さらに市民自身が図書館を権利としてとらえ、図書館を求めて運動を展開しはじめていた現実があったことである。すなわち、図書館法理念を支える市民的基盤と図書館法理念を具体的に実現する理論と実践が形成・確立されつつあったことが、図書館法擁護の背景にあったことは改めて注目しておくべきであろう。

さらにこの時期、塩見昇が「市民文化の創造(15)」と特徴づけたように、単に図書館法を擁護するにとどまらず、図書館法理念を創造的に発展させる運動が展開されていたことも重要である。例えば東村山市立図書館は、一九七四年に子ども文庫運動にかかわる人々を中心とした市民参加型の図書館づくりが実践される中で開館した。この東村山市の図書館設置条例第六条には、「図書館は、資料提供活動を通じて知り得た利用者の個人的な秘密を漏らしてはならない」という利用者のプライバシー保護の条項が存在する。これは自治体条例レベルとはいえ、「図書館の自由」をはじめて法制化したものとして画期的な意義をもつものであった。また地域の子ども文庫活動など「地域図書館活動に対する援助」（七条）の条項など、図書館法を越えるすぐれた条例を生み出していったのである。[16] この意味で七〇年代は図書館法の擁護からさらに法の創造へと進んだ実り多い時代であった。

三　図書館事業基本法問題——八〇年代の図書館法改正論

しかし一九八〇年代に入るやいなや、にわかに「図書館事業基本法」問題が浮上する。八一年四月、前年一〇月の全国図書館大会（鹿児島）における有馬元治図書議員連盟事務局長の提案をきっかけに、図書館関係一〇団体により「図書館事業振興法（仮称）検討委員会」が組織され、同年九月には同委員会から「図書館事業の振興方策について（第一次案報告）」と「図書館事業基本法要綱（案）」が発表された。同法案は公共図書館、学校図書館、国立国会図書館はもちろん「法人企業体等に設置された」資料室など、文字通りあらゆる種類の図書館・資料室を包括し、「すべての図書館が一体となって活発な活動を展開することを目的」としたものであった。そこでは公立図書館の設置義務、専門職員の資格と必置規定、館種を越えた図書館ネットワークの形成とそのための諸機関の設置などを盛り込むとともに、国に長短期の図書館政策の策定を義務づけ、政策策定にあたる機関として、内閣の下に「図書館政策委員会」と「図書館対策室」を設置し、研究開発機関として民間の出資を得た「図書館振興財団」を創設するという内容のものであった。[17]

しかし、同法が既存の図書館関係法とどのような関係にあるのか、内閣に属する「図書館政策委員会」が一元的に政策立案と政策執行に強力な権限をもつことに対する危惧など、いくつかの重大な問題を含んでいた。それゆえ特に公共図書館関係者の間から「振興方策」と「図書館事業基本法要綱（案）」に対する批判が寄せられ、八二年には事実上「図書館事業基本法」構想は潰え、「図書館事業振興法（仮称）検討委員会」も活動を停止するに至った。

他方八〇年代には、図書館関係者の動きとは別に、地方行政関係者の間から図書館法批判が繰り返しなされるようになった。この時期、高度成長政策のひずみの深刻化と都市行政需要の増大、オイルショック後の財政危機を背景に、都市経営論からの行財政改革が唱えられ、行政事務事業のコスト削減（減量経営）を図るため民間委託が推進されるようになった。また「地方行革を阻害する国の規制」も問題視されるようになった。こうした流れの中で、京都市図書館の社会教育振興財団への管理運営委託に見られるような「図書館の委託」の動きが起こるとともに、「地方行革を阻害する国側の規制、束縛」であるとして、図書館法第一三条の館長の司書資格、司書配置基準などが批判にさらされるようになった。(18) そしてこうした動きは九〇年代に入り、規制緩和、地方分権の動きに引き継がれてゆく。

四　規制緩和と地方分権の中の図書館法改正——九〇年代の図書館法改正論

一九九〇年代の図書館法問題は八〇年代までの議論とはその様相を大きく異にしている。九〇年代の図書館法改正をめぐる議論は、図書館に対する国家的関与の強化や社会教育法への統合といったこれまでの論点ではない。むしろ地方分権・規制緩和の要求に見られるように、国家的規制の排除と地方自治体の自主的判断の尊重であり、複合的生涯学習施設に見られる社会教育施設からの離脱の要求である。これらの議論はすでにその萌芽を八〇年代の都市経営論に見出すことができるが、規制緩和と地方分権という九〇年代の国家的戦略論に連なることによって、ついに図書館法改正に辿り着くこととなった。

一九九五年七月、地方分権推進法の成立を受けて地方分権推進委員会が発足した。地方分権推進委員会は第一次から第五次にわたる勧告を行った。まず第一次勧告に先立つ「中間報告―分権型社会の創造―」(一九九六年三月二九日)では、図書館長の司書資格の見直し、資格・職名を有する職員配置の弾力化のみならず、図書館法、博物館法、社会教育法について「法律そのものの存廃についても検討する必要」が指摘された。第二次勧告(一九九七年七月八日)では「法律そのものの存廃」はなくなったが、国庫補助を受ける条件としての公立図書館長の専任規制、司書資格規制、司書および司書補の配置基準の廃止が勧告された。またこの間、これに呼応するように地方行政関係者からも同様の規制緩和要求が出された。(19) こうして国庫補助を受ける際の館長の専任・有資格規定の廃止、司書(補)の配置基準の廃止は「時の流れ」となった。

地方分権と規制緩和という国家的課題を受けて、生涯学習審議会も社会教育行政の在り方に関する検討を開始した。審議会は一九九八年三月に中間まとめを、同年九月には「社会の変化に対応した今後の社会教育行政の在り方について」を答申した。そこでは図書館法改正にかかわるものとして、①国庫補助を受けるための基準(最低基準)の廃止(図書館法一九条、同施行規則一〇条〜二〇条)、②望ましい基準の取り扱い(一八条)、③国庫補助を受けるための図書館長の資格の廃止（一三条三項）、④無料原則の見直し（一七条）、⑤司書資格取得に必要な学歴要件の緩和（五条）、⑥図書館協議会の委員構成の緩和（一五条）があった。また今後の図書館運営に影響するものとして、⑦社会教育施設の民間委託を地方公共団体の自主的な判断と責任に委ねること、⑧市町村の広域的連携、などが提言された。地方分権推進委員会の勧告が館長の専任・有資格規定、司書（補）の配置基準の廃止にとどまっているのに対し、生涯学習審答申はそれらの項目と内容をはるかに上回って、無料制の見直しや民間委託の規制緩和にまで及んでおり、まさに過剰適応ともいえる内容のものであった。[20]

しかし、それら提言のすべてが今回の図書館法改正に取り入れられたわけではない。今回の改正は、①国庫補助を受けるための基準（最低基準）の廃止（図書館法一九条、同施行規則一〇条〜二〇条）、③国庫補助を受けるための図書館長の資格の廃止（一三条三項）、⑥図書館協議会の委員構成の緩和（一五条）の三点にとどまっている。また明文改正には至らなかったが、④無料原則の見直し（一七条）については解釈で対応することとなった。[21] これらの問題点については、Ⅱ部の各条解説で改めて詳論されるので、ここでは基本的な論点に絞って述べることとする。

八〇年代の図書館法批判が減量経営、人件費削減を主な動機とする都市経営論＝行財政改革論から展開されたのに対し、九〇年代の図書館法批判はそれらの動機を含みつつも、地方分権・規制緩和＝地方自治体の自主性尊重を根拠に展開された。振り返って見れば、戦後の図書館の発展要因には、図書館サービスが国の機関委任事務ではなく、地方自治体の固有事務であるという法制度的基礎があった。そうした法制度的基礎があってはじめてそれぞれの地方自治体が地域の状況に見合った創造的な図書館政策を展開しえたのであり、図書館づくり住民運動の要求を真摯に受けとめ市民参加型の図書館行政も展開しえたのである。その意味で地方自治と住民参加こそが公共図書館発展の基礎であるということができよう。またそうであるがゆえに、戦後の図書館法改正論議は、図書館の国家的統制と地方自治原則をめぐって激しく論争されてきたのである。

地方自治体は元来「住民の福祉の増進を図る」（地方自治法二条）ことを基本的任務としている。この任務を果たすためには住民の生活の実情、地域の実情に沿いつつ有効な施策が決定され展開される必要がある。それゆえに団体自治と住民自治を内容とする地方自治の原則が保障される必要があるのである。ところが、現実の自治体間には財政力その他の無視しえぬ格差がある。「住民の福祉の増進」はすべて当該自治体の負担と責任で行われなければならないとしたら、現実の「住民の福祉」には大きな格差と不平等が生じる可能性がある。そこで国はナショナル・ミニマムを確保する必要から一定の法的規制を行い、行財政上の施策を展開するのである。しかしこうした法的規制や国の行財政的関与が「住民の福祉増進」を阻害するものとして機能しているのであれば、それらは緩和・廃止される必要がある。

ところが、地方分権・規制緩和論を根拠に展開された今回の図書館法改正論には、「規制」といわれた図書館長の司書資格や最低基準の廃止が、図書館の充実と発展につながるのか否かの検討がほとんどない。きわめて素朴にかつ乱暴に「規制緩和」礼賛に終始し、自治体の自主的判断を一面的に強調するものであった。それらは図書館におけるナショナル・ミニマム保障の観点を完全に欠落させているといってよい。したがって、地方分権とはいいながら自治体への財源移譲がなされず、しかも現下の厳しい地方財政危機の中にあっては、規制緩和と自主的判断が安易に図書館サービスの縮小に結びついていくことが危惧されるのである。

他方、法改正論とともに、九〇年代において無視できないことは図書館法空洞化の流れである。九二年に大阪府守口市の生涯学習情報センターの、九三年には東京都調布市の図書館の地方公社への管理委託構想が相次いで発覚した。そこでは「図書館法の理念を汲むことは大切だが、それに縛られたくない」（守口市）とか、「既成の概念や法的な枠組みにとらわれることなく」（調布市）といわれたように、計画当初から公然と図書館法を否定ないし無視するという特徴が見られた。これは八〇年代の管理委託構想には見られない特徴であった。八〇年代には「図書館法に準ずる」ことや「基づく」ことがむしろ強調されたからである。[22]

しかしこうした図書館法空洞化の流れに対抗して、図書館法を実質化する運動も他方で展開されていた。調布市では、粘り強い市民運動によって管理委託構想が撤回され、図書館法に基づく図書館サービスを実現するとともに、これまで未設置であった図書館協議会が設置され、委託反対に取り組んだ二名の市民が協議会委員に委嘱された。さらに九〇年代に開館した苅田町立図書館（福岡県）、伊万里市民図書館（佐賀県）、鶴ヶ島市立図書館（埼玉県）などに見られるように、市民、行政、図書館員、設計者が協同し合う中で図書館づくりがすすめられ、図書館長の司書資格、利用者のプライバシー保護などすぐれた条項を盛り込んだ図書館条例を制定する動きも広がりを見せたのであった。このことを私たちは今後の地域における図書館づくりのあり方として注目しておく必要がある。

さて、以上のように、図書館法の五〇年を法改正論議を中心に見てくると、その争点は大きく二つあったことがわかる。一つは図書館の国家的統制と地方自治原則をめぐるものであり、二つには図書館と社会教育の関連と位置づけをめぐるものである。まず国家統制か地方自治原則かという論点に関しては、六〇年代以降、地方自治の原則に依拠することにより図書館の発展が成し遂げられてきた歴史的事実と教訓から、図書館界は地方自治体レベルの図書館振興策に期待を寄せてきた。そしてその限りにおいて国の図書館振興策は二次的に位置づけられたのである。次いで、図書館と社会教育の関連と位置づけに関しては、七〇年代の図書館法擁護論や九〇年代の生涯学習施設化に対する批判に見られるように、社会教育一般には解消されない図書館機能の独自性への認識を確認してきたのであった。

しかしこの図書館法改正論議は八〇年代を境として大きくその位相を変えはじめた。まず八〇年代初頭までの改正論議は、図書館関係者の範囲内での、いわば身内の論争にとどまっていた。しかし八〇年代に入り地方行政関係者がこれに加わり、九〇年代においては二一世紀国家戦略論である地方分権・規制緩和論と直接かかわる形で論議されるようになった。しかもその争点は、外見的には八〇年代初頭までの図書館界が追求してきた図書館の地方自治原則の擁護に近似するものであった。

しかしこの九〇年代図書館法改正問題においては、国家戦略としての「地方分権」に対抗する憲法原理としての「地方自治」の意義と内容、「規制緩和」礼賛論に対抗するナショナル・ミニマム保障の意義が問われるべきであったが、私たちは必ずしも十分これに理論的対応ができたとはいえない。また「法とは何かを、考える場合には、その社会的担い手とその運動のゆくえに、私たちは、たえず注意を払っていかなければならない」(23)とすれば、私たちは、地域・自治体における図書館法理念についての合意形成や条例化、図書館法理念の担い手を分厚く形成する運動の展開などについても、多くの課題を二一世紀に持ち越したといわざるをえない。

（山口源治郎）

注

(1) 裏田武夫・小川剛『図書館法成立史資料』日本図書館協会　一九六八

(2) 西崎恵『図書館法』（復刻）日本図書館協会　一九七〇　二〇頁

(3) 志智嘉九郎「消え去った虹」『図書館界』一一巻二号（一九五九年八月）七七頁

(4) 志智嘉九郎　前掲論文　八〇〜八一頁

(5) 山口源治郎「一九五〇年代における図書館法『改正』論争について」『図書館界』四二巻四号（一九九〇年一一月）二三四〜二四五頁

(6) 「図書館法改正委員会報告」『図書館雑誌』五一巻一二号（一九五七年一二月）五五四頁

(7) 渡辺進「立法の基本方針に混乱がありはしないか」『図書館雑誌』五二巻二号（一九五八年二月）三八頁

(8) 『図書館雑誌』五四巻一号（一九六〇年一月）九頁

(9) 有山崧「何からはじめるべきか―遵法の提唱」『図書館雑誌』五五巻六号（一九六一年六月）一八二頁

(10) オーラルヒストリー研究会『「中小都市における公共図書館の運営」の成立とその時代』日本図書館協会　一九九八　参照

(11) 『月刊社会教育』一九七一年三月号に収録

(12) 同右誌

(13) 『図書館雑誌』六五巻七号（一九七一年七月）三二六〜三二七頁

(14) 「社会教育法改正に伴う図書館法について」『社会教育』二六巻一〇号（一九七一年一〇月）一四七頁

(15) 塩見昇「市民文化の創造　二つの市立図書館設置条例制定をめぐって」『法律時報』五〇巻一号（一九七六年一月）

(16)「特集　ある図書館づくりの記録　都下東村山市の場合」『現代の図書館』一一巻四号（一九七四年一二月）、川島恭子「『利用者の秘密を守る義務』条例制定をめぐって」『現代の図書館』一三巻四号（一九七五年一二月）参照
(17)『図書館雑誌』七五巻一〇号（一九八一年一〇月）六六四〜六六五頁
(18) 地方自治経営学会『地方行革マニュアル』ぎょうせい　一九八七　一一三頁
(19) 地方六団体「地方分権関係資料」一九九七年二月一〇日
(20) 山口源治郎「問われる図書館の自由と公共性」『図書館雑誌』九二巻六号（一九九八年六月）参照
(21) 山口源治郎「図書館法第一七条（無料制）の意義と解釈」『図書館界』五一巻四号（一九九九年一一月）参照
(22) 山口源治郎「公立図書館における管理委託問題の系譜と今日的特徴」『図書館雑誌』八七巻一〇号（一九九三年一〇月）参照
(23) 渡辺洋三『法とは何か』（岩波新書）岩波書店　一九七九　二三〇頁

二章　憲法・教育基本法と図書館法

図書館法はその目的を掲げた第一条の冒頭に、「社会教育法の精神に基き」とうたうことで、社会教育法が母法であることを示している。社会教育法第九条には、「図書館……は社会教育のための機関とする」、「図書館……に関し必要な事項は、別に法律をもつて定める」とあり、この関係は社会教育法によって一層明確である。ここで「社会教育法の精神」とされる内容は、敗戦を機に進められた戦後教育改革の理念を受けたものである。図書館法が「社会教育のための機関」としての図書館の在り方をのみ想定して構想されたわけでないことは、別の章において考察されるが、この章では図書館法の理念、すなわち社会教育法の精神の源である日本国憲法および教育基本法において、図書館の在り方とその整備・振興の理念がどのように想定されているかを主要に考察する。

一　人権保障の仕組みとしての図書館

憲法・教育基本法との関係を考える前に、住民が身近によく整備された図書館をもつことの意味を、国際的な人権規定等の中で確かめ、その普遍性、歴史的意義をみておこう。

一九七九年に日本も批准している国際人権規約B規約（市民的及び政治的権利に関する国際規約）の第一九条第二項に次のような内容が規定されている。

すべての者は、表現の自由についての権利を有する。この権利には、口頭、手書き若しくは印刷、芸術の形態又は自ら選択する他の方法により、国籍とのかかわりなく、あらゆる種類の情報及び考えを求め、受け及び伝える自由を含む。

国際人権規約とは、一九六六年一二月に国連総会で採択され、国際社会における人権の認識として共有されている文書である。人権を二つの種類に区分し、「その完全な実現を漸進的に達成する」ことが期待されるA規約（経済的、社会的及び文化的権利に関する国際規約）とそうした留保なしに「権利を尊重し及び確保する」即時的義務を負うB規約から成っている。ここに引いた内容は、後者に属する権利であり、「あらゆる種類の情報及び考えを求め、受け」る自由、すなわち知る自由がすべての人にとっての権利であることを確認しており、それを具現化する方途として、印刷物をはじめさまざまな記録媒体に表現される情報や考えをすべての人々が享受できる条件整備がそれとの表裏の関係において求められていると考えられる。公費によって設置・運営され、だれにも開かれた公立図書館がそのことに主要にかかわる機関であることは、容易に理解されるところである。

この国際規約を子どもに関して展開したものが、子どもの権利条約である。この条約は、一九八九年一一月の国連総会で採択され、日本では遅まきながらも一九九四年五月に発効したもので、子どもにかかわる営みのすべてが、「子どもの最善の利益」を主眼になされるべきことを確認している。この条約では、第一三条（表現・情報の自由）に先の国際人権規約B規約の第一九条第二項がほぼそのまま採られているほか、マスメディアへのアクセス（一七条）、教育への権利（二八条）、休息・余暇・遊び、文化的・芸術的生活への参加（三一条）その他の条項において、子どもの身近に図書館を整備することの意義と責任につながる権利が確認されている。(1)

これらの現代における国際社会の人権規定に図書館を位置づけるものとして、拘束性を備えた文書ではないが、ユネスコの宣言がある。一九八五年の第四回国際成人教育会議で承認された学習権宣言が、「学習権を承認するか否かは、人類にとって、これまでにもまして重要な課題となっている」との認識の下に、

学習権とは、
　読み書きの権利であり、
　問い続け、深く考える権利であり、
　想像し、創造する権利であり、
　自分自身の世界を読みとり、歴史をつづる権利であり、（中略）
学習権は未来のためにとっておかれる文化的ぜいたく品ではない。（中略）
それは基礎的な欲求が満たされたあとに行使されるようなものではない。
学習権は、人間の生存にとって不可欠な手段である。

とうたっている。人が学ぶことは、人間らしく生きるための必須の権利であって、決してぜいたく品ではないがゆえに、「学習権は、人類の一部のものに限定されてはならない」とも述べている。

ここでいう権利としての学習を支える社会的な仕組みが図書館であることの確認を示すのが同じユネスコの公

共図書館宣言である。一九四九年という早い時期に作成して以来、七二年、九四年に改訂を重ねており、「公共図書館が教育、文化、情報の活力であり、男女の心の中に平和と精神的な幸福を育成するための必須の機関」であるとの信念の下に、「地方および国の行政機関が責任を持つもの」であり、「文化、情報提供、識字および教育のためのいかなる長期政策においても、主要な構成要素でなければならない」と述べ、すべての国においてこの宣言が表明する諸原則が履行されることを強く要請すると結んでいる。

公立図書館は、長年にわたる人類の創意と努力の中で、こうした人権の尊重と履行のための仕組みとして国際的な認識を醸成してきた存在であり、わが国の教育制度の下でも、以下にみるようにそのための重要な構成一要素として位置づけを得ている。

二　日本国憲法と図書館法

日本国憲法は国の最高法規であり、その条規に反する法律は効力をもたないことが第九八条に明記されている。およそ国内で制定される法規のすべては、基本的な理念において、憲法が期待するところに合致し、それを敷延するものでなければならないのである。その憲法の基本原理は、国民主権、基本的人権尊重主義、平和主義を骨格とし、権力分立原理、福祉国家原理、地方自治原理、国際協調主義などで特徴づけられる。(2) そういう国の根本法規において、図書館（法）はどのような位置づけをもつのだろうか。

先にみた国際規約・条約の場合と同様、その本文規定の中に「図書館」が直接言及されているわけではない。

しかし、冒頭で確認したように、図書館法が「社会教育法の精神」に基づいて制定されており、その社会教育法が「教育基本法の精神に則り」、さらに教育基本法の制定が「日本国憲法の精神に則り、教育の目的を明示して、新しい日本の教育の基本を確立する」ためであるという一連の教育法体系の構造を全体的に把握すれば、図書館法に基づく公立図書館の整備・充実が「教育を受ける権利」（二六条）をはじめとする日本国憲法が掲げる国民の諸権利の保障につながる具体的な手立ての一つであることは明らかである。憲法が認める諸権利が、図書館の多様な機能によってどのように果たされ得るのか。憲法の人権規定が、図書館の在り方にいかなる規範性を示しているか。そのことを、次の五つの権利に即して考えてみよう。

1　学習権（教育を受ける権利）

憲法の第三章に明記される、あるいはその言葉は明示されていないが判例や学説を通じて確立されている諸権利のうち、図書館に最も深い関連があるのは、第二六条の「教育を受ける権利」であろう。

「すべて国民は、法律の定めるところにより、その能力に応じて、ひとしく教育を受ける権利を有する」という規定をめぐっては、教科書検定をはじめとする半世紀におよぶ数多くの教育裁判等を通じて論議が蓄積され、内容の理解が深められてきた。憲法学説において、人権保障における公権力（国家）の役割を重要なメルクマールとして社会権ないし生存権に位置づけられることが一般的なこの権利であるが、国家の積極的関与による教育人権の保障とともに国家の介入による権利の侵害という側面にも注目する考え方、この権利の中核に主権者形成を据える主権者教育権、あるいは教育思想や発達心理学を理論的根拠に人間存在にとって教育を不可欠なものとする学習権としての把握などがそれらである。[3] 中でも、人間を学びつつ発達する存在ととらえることで、「教育を受ける権利」を単に受動的に教育の機会が開かれているというだけでなく、学ぶにふさわしい教育を要求し、選び取る「教育への権利」[4] としてとらえ直す認識が重要である。それは先述のユネスコの学習権宣言にも通じる考え方である。そうした学習の権利を行使できる環境が整備されていること、そのことでの国や自治体の公的責務、学びの主体形成などを視野において学習権を想定するならば、必要な資料や情報への最大限のアクセスを保障する図書館の整備がそのための重要な課題の一つであり、学習権が図書館の憲法上の位置を確かめる最も明確な根拠であることに異論はなかろう。

2　学問の自由

憲法第二三条は、「学問の自由は、これを保障する」と規定している。ここにいう学問の自由は、高等教育機関における学問研究の自由を中心に、その研究成果を発表する自由、教授の自由を内容とするのが通説とされてきた。しかしその後、新たな視点として、学問の自由は大学の研究者にのみ限られる自由ではなく、「国民の真理探究の自由、真実を知る権利、学習権に根ざして国民すべてに保障される基本的人権の一つ」[5] ととらえる理解が支持を得ている。そのように認識することが、前項の「教育を受ける権利」をより積極的に「探求の自由、学習の権利にふさわしい教育への権利」[6] としてとらえる考え方を強めることにもなる。

学問の自由を、単に学者の学問研究の自由にとどまらず、国民のだれもが自主的な学習によって真理にアクセスする自由を幅広く包含していると解すれば、そうした探究に必要な学習環境の整備として図書館を想定することは容易にうなずけるし、その内実が真理の探究にふさわしい実態を備えていることを求める「図書館の自由に関する宣言」（自由宣言）を支持する根拠ともなる。

3　社会的生存権

第二五条が掲げる「すべて国民は、健康で文化的な最低限度の生活を営む権利を有する」規定は、社会的生存権とよばれており、第二六条の学習権（教育を受ける権利）はその文化的側面として理解されている。図書館を身近にもつ暮らしが「健康で文化的な最低限度の生活」に含まれるか否かは法律上必ずしも定かではない。人によって受けとめ方には違いがあろうし、現に公立図書館のない自治体に住む国民は一〇〇〇万人を超える。

しかし、先に引いたユネスコの学習権宣言が述べるように、学びが人間らしく生きるための権利であり、文化的ぜいたく品ではない、という認識に立てば、身近に読みたい本や暮らしに必要な情報が無料で入手でき、自由に選べる環境は、文化的な生活といえる最低限の要件だといっても過言ではない。図書館法が「レクリエーションに資する」ことを図書館の目的の一つに掲げており、余暇を豊かに楽しむことも当然この中に含まれると考えてよい。図書館が身近にある暮らしに豊かさを感じるという市民感覚は、昨今では新聞の投書欄などに頻繁に見られることである。

身体障害者や高齢者など図書館利用にハンディを負っている弱者へのきめ細かなサービス、情報社会における情報弱者を生まない活動を積極的に展開する原理として、この条文が根拠を提供している。

4　表現の自由と知る権利

「集会、結社及び言論、出版その他一切の表現の自由は、これを保障する。②検閲は、これをしてはならない。通信の秘密は、これを侵してはならない」という第二一条が掲げる「表現の自由」は、伝統的には作家やマスコミ、出版社などもっぱら表現の送り手にかかわる自由（権利）であり、個々人の自由な意見の表明に国家が不当に干渉してはならないという趣旨として解されてきた。しかし、表現行為に規制が加われば、それは情報の受け手の自由をも侵害することになる。逆に、国際人権規約が示すように、「あらゆる種類の情報及び考えを求め、受け」る自由とそのための条件整備が保障されていなければ、送り手の自由も空文に帰することになる。そこで、第二一条が保障する表現の自由には、受け手の知る自由が表裏一体のものとして含まれるという解釈が定着してきた。

「自由宣言」が、その前文の副文において、

すべての国民は、いつでもその必要とする資料を入手し利用する権利を有する。この権利を社会的に保障することは、すなわち知る自由を保障することである。図書館は、まさにこのことに責任を負う機関である。

と述べるのは、この関係を前提にした表明である。もちろん知る権利の保障にかかわる機関は図書館だけに限られるわけではなく、マスコミをはじめ各種の情報サービスも存在する。しかしその中にあって図書館は、情報への自由なアクセスを主要な責務と自覚して公的に設置される機関である。国立国会図書館に国内すべての刊行物の納本を義務づけていること（国立国会図書館法）、公立図書館への「公の出版物」の無償提供を図書館法が規定する（九条）のは、この役割を具現化するためのものであり、図書館が情報公開の一端を担うことを期待する内

容ともなっている。

5　参政権

知る権利の保障は、憲法が基礎に据えている国民主権の原理でいえば、参政権の保障に通じる。主権者としての国民は、選挙を通じて国会、あるいは地方議会に代表を送る権利をもっている。請願等の方法で意見を伝え、施策を要請する権利もある。しかし、その前提になるのは、国民が日頃から国政や自治体の施策について必要かつ十分な情報を入手し、主体的に判断できることである。

一七九二年のフランス国民議会にコンドルセが提出した教育計画の背景には、憲法にどんなに立派な人権宣言がうたわれていようとも、そこに規定された人権の意義や価値を理解し、それを保持しようとする民衆の意思が伴わなければ、すべてが無に帰す、という危機感があった。それが一般民衆への無償の公教育を制度化しようという提言になっている。(7) 憲法第一二条が、「この憲法が国民に保障する自由及び権利は、国民の不断の努力によつて、これを保持しなければならない」とうたうのは、こうした人権思想の歴史に負っている。

「不断の努力」に必要な判断のための素材をもち、自立した判断と行動のできる「賢い主権者」の存在が民主政治には欠かせないという思想は、情報化が急激に進行する現代社会にあっては、良質の情報が権利として選択・入手し駆使できるという条件整備で補われなければならない。国民にとって参政権を実質化する最も手近な仕組みとして、図書館の情報サービスの整備・充実、情報を使いこなせるリテラシーの育成に力を注ぐ意義がここにある。

三　教育基本法と図書館法

憲法上のいくつかの人権条項を通して図書館の根拠となる事項を確認してきた。そこには図書館の備えている多様な機能と特徴（それは①公共性、②地域主義、③組織性、④専門職員による援助、⑤住民意思の尊重、⑥無償の原則、などに要約できる）[(8)]が対置されるが、法体系の全体に照らせば、冒頭にもふれたように、図書館は、憲法―教育基本法―社会教育法を母法とする「教育機関」という位置づけが明確な制度である。この節では、教育基本法と図書館（法）の関係について考察する。

教育基本法は、憲法第二六条の「教育を受ける権利」を受けて、教育に関する根本法規という性格をもって一九四七年三月に制定された。その理念は、法の前文で次のように明示されている。

> われらは、さきに、日本国憲法を確定し、民主的で文化的な国家を建設して、世界の平和と人類の福祉に貢献しようとする決意を示した。この理想の実現は、根本において教育の力にまつべきものである。
> われらは、個人の尊厳を重んじ、真理と平和を希求する人間の育成を期するとともに、普遍的にしてしかも個性ゆたかな文化の創造をめざす教育を普及徹底しなければならない。
> ここに、日本国憲法の精神に則り、教育の目的を明示して、新しい日本の教育を確立するため、この法律を制定する。

この法に「図書館」の語が登場するのは、社会教育について規定している第七条である。

第七条　家庭教育及び勤労の場所その他社会において行われる教育は、国及び地方公共団体によつて奨励されなければならない。

② 国及び地方公共団体は、図書館、博物館、公民館等の施設の設置、学校の施設の利用その他適当な方法によつて教育の目的の実現に努めなければならない。

図書館が教育機関であることは、旧地方自治法、地方教育行政の組織及び運営に関する法律（地教行法）によつても次のように補強されている。

地方自治法　第二条（地方公共団体の法人格とその事務）第三項五号（一九九九年七月削除）

学校、研究所、試験場、図書館、公民館、博物館……その他の教育、学術、文化、勧業、情報処理又は電気通信に関する施設を設置し若しくは管理し、又はこれらを使用する権利を規制し、その他教育、学術、文化、勧業、情報処理又は電気通信に関する事務を行うこと。

地方教育行政の組織及び運営に関する法律　第三〇条

地方公共団体は、法律で定めるところにより、学校、図書館、博物館、公民館その他の教育機関を設置する（中略）ことができる。

1　教育の目的と方針

前文において、憲法の理想の実現は根本において教育の力にまつべきことをうたった教育基本法は、第一条から第三条において、教育の目的・方針・機会均等の原則を掲げて、それが学校教育だけでなく「あらゆる機会」「あらゆる場所」における教育を通しての基本理念であることを示している。

いわく、教育の目的が「人格の完成をめざし、平和的な国家及び社会の形成者として、真理と正義を愛し、個人の価値をたつとび、勤労と責任を重んじ、自主的精神に充ちた心身ともに健康な国民の育成を期して行われるものであること（一条）、その目的達成は、「あらゆる機会に、あらゆる場所において実現」されるべきであり、そのためには「学問の自由を尊重」せねばならないこと（二条）、教育を受けることにおいて一切の差別があってはならない（三条）、などである。

かつては国家への献身を義務として一面的に国民に求めた教育の目的を、人格の完成をめざす人間教育に転換し、それは国民だれもが「ひとしく、能力に応」じて、権利として、あらゆる機会、あらゆる場所を通じて経験できるものであり、均等な機会を享受できるものであることが必要だと構想された。学校教育以外の場におけるその具体化が、第七条の社会教育の奨励である。

2　社会教育の奨励

第七条においては、社会教育を「家庭教育及び勤労の場所その他社会において行われる教育」と幅広くとらえた上で、それが「国及び地方公共団体によつて奨励されなければならない」こと、その奨励の方策として、「施設の設置」がまずは重要なことを示して、図書館をそこに位置づけている。この「施設主義」ともいうべき施設整備を重視する考え方は、後の社会教育法に継承され、図書館を教育機関として整備する制度の骨格となっている。このことについて、図書館法の立法者は次のように解説している。

凡そ社会教育の具体的活動自体は、国民相互の間において自主的に行われる自己教育活動であって、国や地方公共団体は、その国民の行う教育活動が本当に実り豊かなものになるように、側面からこれを助長奨励してゆくべきだとするところにある。……これは簡単な言葉で表現すると、国民に対するサービス活動ということである。(9)

戦前の社会教育が、「人間の弱点に対して手を打つような規律と訓練」を特色に、教化を企図した「青年団本位」を主としていたのに対し、これからの社会教育は、「被教育者の自由なる選択と利用」を通しての自発的な自己改善と向上が可能な体制を整える「図書館本位」でこそあるべきだという清水幾太郎の指摘(10)は、こうした当時の考え方への支持と期待を語ったものであり、現在の生涯学習を奨励する施策の基礎としても重視されるべきことである。一九六〇年代末以降の、図書館や公民館等の施設整備を求める各地の住民運動の展開と、住民参加による中身の充実に向けた活動は、かつての上から「施し設けられた」施設の概念を国民自身が「身近に開かれた学びの拠点」としてとらえ直し、転換させるものであり、この方向性の的確さを立証したものといえよう。

3　政治的教養

教育基本法第八条は、「良識ある公民たるに必要な政治的教養は、教育上これを尊重しなければならない」と

「政治教育」の重要性を掲げている。これは先に憲法の人権規定に関連して「参政権」で取り上げた内容に対応しており、「民主的で文化的な国家」を築き上げ、維持・発展を図る主体、すなわち、今と将来の社会について責任を負える主権者としての自己を自覚できる主体形成を支える教育の責務と課題を示している。

政治と教育の関係について、遠山茂樹が教育基本法の解説書において次のように指摘している。

教育はその本来の目的達成のため、現状に批判的であらねばならず、しかも権力に従属しやすいものであり、そのゆえに、教育は政治に無関係ではありえないし、しかも教育は権力から自立していかねばならない。権力から自立しているという教育のあり方の点からも、現状に批判的であるという教育の内容の点からも、政治教育の心棒がぬけている教育は、その本来の目的を達成できない。(11)

これは学校教育のみならず、図書館活動を含めて社会教育の基調としてもとりわけ重要な視点である。図書館法第三条七号の「時事に関する情報及び参考資料を紹介し、及び提供すること」をはじめ、「多様な、対立する意見のある問題については、それぞれの観点に立つ資料を幅広く収集する」(自由宣言)という図書館の在り方は、それ自体がすぐれて「政治的」であることと決して無縁ではない。

4　教育行政と条件整備

第十条　教育は、不当な支配に服することなく、国民全体に対し直接に責任を負つて行われるべきものである。

② 教育行政は、この自覚のもとに、教育の目的を遂行するに必要な諸条件の整備確立を目標として行われなければならない。

この条項は、教育を主語にして、それが「不当な支配」に服することなく、「国民全体に対し」「直接に責任を負って」行われるべきだという第一項と、教育行政の目標が教育の目的遂行に必要な「諸条件の整備確立」にあるとする第二項とから成っており、この半世紀、教育基本法の中で最も論議をよんできた内容である。前者については「不当な支配」の主体は何かが問われたし、後者では条件整備の範囲、とりわけ教育の内的事項に教育行政が関与し得るのか否かが教育裁判でも激しく論議されてきた。

教育基本法の理念を用意した重要な資料と目されている第一次米国教育使節団報告において、「教師がその専門の仕事に対して適当に準備ができさえすれば、教授の内容と方法を、種々な環境にあるかれらの生徒の必要と能力ならびにかれらが将来参加すべき社会に適応せしめることは、教師の自由に委せられるべきである」と教育の担い手の自由を最大限に尊重すべきことを指摘している。ここで「教師」と言っている個所を「教育専門職」に広げて解すれば、資料の評価・選択から提供、利用者援助にあたる図書館専門職員の判断を内的事項として尊重することが、図書館行政の基本的な姿勢として求められよう。

「図書館は、権力の介入または社会的圧力に左右されることなく、自らの責任にもとづき、……収集した資料と整備された施設を利用に供するものである」ことを「自由宣言」が表明している。教育基本法第一〇条はこうした立場に根拠を与えていると考えることができよう。

（塩見　昇）

注

(1) 塩見昇「子どもの権利条約と図書館の課題」『子どもの権利と読む自由』(図書館と自由　第一三集) 日本図書館協会　一九九四　三五～五二頁
(2) 『解説教育六法』平成一二年版　三省堂　一四頁
(3) 青木宏治「教育を受ける権利の人権性を考える」『教育基本法五〇年―その総括と展望』(日本教育法学会年報　第二七号) 有斐閣　四～二八頁
(4) 堀尾輝久『日本の教育』岩波書店　一九九四　二七五頁
(5) 室井修『教育法と教育行政の展開』法律文化社　一九九六　二〇頁
(6) 堀尾輝久　前掲書　二七五頁
(7) コンドルセ　渡辺誠訳『革命議会における教育計画』岩波書店　一九四九　一三～一五頁
(8) 塩見昇「『読む自由』と図書館」『「読む自由」と図書館活動』(図書館と自由　第一一集) 日本図書館協会　一九九〇　一二一～一二五頁
(9) 西崎恵『図書館法』羽田書店　一九五〇　三六頁
(10) 清水幾太郎「社会教育の新しい課題」(『私の教育観』河出書房　一九五六　一一九～二二一頁　所収)
(11) 宗像誠也『教育基本法』改訂新版　新評論　一九七五　二三六頁

三章　社会教育法と図書館法

一　図書館の法制度的位置

社会教育法
第九条　図書館及び博物館は、社会教育のための機関とする。
2　図書館及び博物館に関し必要な事項は、別に法律をもつて定める。

教育基本法は第七条で「家庭教育及び勤労の場所その他社会において行われる教育は、国及び地方公共団体によつて奨励されなければならない。②国及び地方公共団体は、図書館、博物館、公民館等の施設の設置、学校の施設の利用その他適当な方法によつて教育の目的の実現に努めなければならない」と規定している。

この条文は、「教育を受ける権利」（憲法二六条）は学校教育とともに社会教育においても実現されねばならず、それゆえ「教育の目的」が「あらゆる機会に、あらゆる場所において実現されなければならない」（教育基本法二条）との趣旨に基づき、社会教育に関する国および地方公共団体による奨励の責務と方法を明示したものである。その際、社会教育奨励の方法として図書館を筆頭とする「施設の設置」と「施設の利用」を挙げている点が注目される。すなわち戦後の社会教育行政が「団体主義」から「施設主義」に転換したことを示すものである。

この教育基本法第七条を受けて、社会教育法は第九条第一項で「図書館及び博物館は、社会教育のための機関とする」と規定し、第二項で「図書館及び博物館に関し必要な事項は、別に法律をもつて定める」としている。以上のように戦後教育法制において、図書館は「社会教育のための機関」という法制度的な位置づけを与えられ、また図書館法は社会教育法の下位法として制定されることとなった。

しかしながら、このような明確な法制度的な位置づけにもかかわらず、というよりむしろこのような位置づけのゆえに、「図書館は社会教育機関か？」という疑問、いいかえれば図書館と社会教育の関係の問題が、図書館関係者の側からことあるごとに議論されてきたこともよく知られている。

図書館は教育委員会の所管に属し、社会教育のための機関であるということである。これは図書館の本質から考えて正しい規定であるかどうか疑問のある点である。そうしてこのように規定されていることが日本の公共図書館の財政や人事に大きな影響を与え、ひいては図書館の働きに一定のワクをはめているのである。(1)

という右の指摘にもうかがえるように、それは図書館の本質や機能をどう理解するのかということと不可分の問題であった。

ところで、この社会教育法第九条の規定について、西崎恵は次のように解説している。

これは従来ややもすると、図書館の社会教育的な意義が軽視され、一般国民の教育活動と無関係に図書館が運営される傾向があったので注意的に規定したものである。ただ、ここで注意されねばならないのは、社会教育というものを限局して狭義に解してはならないことである。社会教育法でいう社会教育は、体育やレクリエーションや、芸術、文化等を含むもので非常に広い範囲の概念なのである。(中略)図書館は広義の意味の社会教育機関である。(2)

また福原匡彦は「図書館及び博物館に関し必要な事項は、別に法律をもつて定める」という第二項の規定は「異例の規定である」と指摘している。(3)

まさに「従来ややもすると、図書館の社会教育的な意義が軽視され、一般国民の教育活動と無関係に図書館が運営される傾向があった」と指摘され、「図書館は広義の意味の社会教育機関である」という解説がなされ、「異例の規定」が生み出されるところに、図書館と社会教育の関係をめぐる問題の複雑さがあったといえよう。

二　図書館法単独法化の経緯と社会教育

そこでまずこの問題が、図書館法成立過程においてどのように扱われたのかを見てみたい。その際注目すべきポイントは、第一に図書館法の単独法化の経緯であり、第二に教育行政上図書館がどのように位置づけられていくのかという問題である。

図書館法の成立過程にわが国の図書館関係者が深く関与したことは、『図書館法成立史資料』（一九六八年）に明らかにされている。そしてそこにあらわれた多くの図書館法案が、社会教育に対し一定の距離を置き、図書館を社会教育に含めることに対し批判的であったことがわかる。例えば、わが国の図書館関係者が作成した「戦後最初の改革案」といわれる「図書館法規に規定されるべき事項」（一九四六年六月二一日）は、新たに制定されるべき図書館法規の「目的」規定について次のように提案している。

目的　第一項　旧令の儘

第二項　附帯施設の範囲を社会教育に限定せず広く文化厚生的諸施設を含ましめること(4)

ここにいう「旧令」とは図書館令（一九三三年改正）を指している。図書館令第一条は第一項に「図書館ハ図書記録ノ類ヲ収集保存シテ公衆ノ閲覧ニ供シ其ノ教養及学術研究ニ資スルヲ目的トス」とし、第二項で「図書館ハ社会教育ニ関シ附帯施設ヲ為スコトヲ得」と規定していた。この旧令について図書館関係者が問題としたのは第一項ではなく第二項の規定であった。そこではあえて「附帯施設の範囲を社会教育に限定せず広く文化厚生的諸施設を含ましめること」と旧令第二項の規定を修正している。実は、図書館関係者がことさら「社会教育に限定せず」と注記したことには歴史的な背景があった。

よく知られているように、一九三三年の図書館令改正の際登場したこの第一条第二項は、図書館界と文部省との間にいわゆる「付帯施設論争」を引き起こすこととなった。すなわち、第二項に関し疑念を表明した中田邦造（石川県立図書館長）に対し、(5)文部省の松尾友雄は、図書館はやがて町村社会教育館ともいうべき施設になっていく運命にある。町村民の要望があれば柔道でも剣道でも図書館は指導すべきであり、今回の図書館令の改正はこうした「全面的社会教育の振興に関して如何に図書館を活用するかと云ふ所に其の目標があつた」と反論する。(6) この文部省のいわば図書館解体論に対し、中田は「図書館は図書館として発達せしめよ」と再び批判したのである。(7) この論争を通して図書館と社会教育の関係が改めて問われるとともに、図書館関係者の間に社会教育に対する不信感が残ることとなった。先に示した「図書館法規に規定されるべき事項」の提案は、そうした「付帯施設論争」の遺産を反映したものであった。

このこととともに、図書館関係者は元来図書館の機能は社会教育に狭く限定されるものではなく、より広い文化活動に属するものであるという認識をもっていた。多くの図書館法案に「各種の文化的施設を行うことができる」という条文が登場していたのはそうした理由からであった。つまり図書館関係者は「文化」に強くこだわってきたのである。それゆえに、「図書館は簡単なものでないから、社会教育法の中に入れて縛って了ふことは出来ない」(8) と、単独立法化を当然の前提とした図書館法制定運動が進められていったのである。

こうした中で、読売新聞（一九四七年七月三〇日）は、社会教育局社会教育課内で検討されていた「社会教育法案草案第二案」（一九四七年六月一〇日付）をスクープした。この草案は総合社会教育法の形式をとり、「第三章社会教育施設」中の第一節を「図書館」に、第四節を「簡易図書閲覧所」に当てていた。(9) 当時単独法を当然視していた図書館関係者はこれに強く反発する。そして社会教育局文化課の加藤宗厚、雨宮祐政によって作成された「公共図書館法案（修正仮案）」（一九四七年九月一八日）が、社会教育局の承認を経ることなく民間情報教育局（CIE）に提出されたのであった。この「公共図書館法案（修正仮案）」の提出によって、図書館法の単独法化は決定的になったといわれている。

こうして、社会教育法からの図書館の分離は確定したものの、図書館を教育行政上どのように位置づけるのか、つまり社会教育行政の下におくのか、あるいは文化行政など他の教育行政分野に位置づけるのか、ということについては必ずしも明確ではなかった。そうした中で、図書館関係者は図書館を社会教育行政そのものから分離独立させようという主張を展開していった。

「日本図書館界の公式意見」として提出された「公共図書館法案─社団法人日本図書館協会」（一九四八年一一月三日）は、「公共図書館とは、一般公衆の利用に供するため、図書記録の類をしゅう集整理保存する文化機関をいう」（三条）と、「文化機関」であることを明記した。また日本図書館協会の「公共図書館法の制定について館界はかくの如く望んでいる」（一九四八年一二月）と題する意見書は、「図書館は何処までも綜合文化機関として奉仕すべきだ」として次のように述べている。

図書館はそれが含んでいる文化財の性質から、自然に発達すれば必然的に綜合文化機関となる運命をもっている。広い意味での民衆の教養や慰安・娯楽のため役立ちもすると共に、教育的であるかないかに拘らず、学術的研究・調査や社会生活に役立つ広範囲の実用に資せられるものとする。単に学校教育の従属施設でもなければ、社会教育の枠内にとどまる一施設でもない。逆に新しい立場で学校教育的にも、社会教育的にも最も本質的な役割を果すと共に、又教育の範囲外の文化活動のためにも、同様に本質的役割を負担せねばならない。従つて図書館は最も広義の文化機関として法律的にも独立の立場を持つべきである。こういう理由で我々は、「社会教育法」とは別に、「図書館法」の制定を必要と信ずるものである。同時に制度的にも、「教育委員会」に従属せず、「図書館委員会」を独立にもつべきものと思う。しかし図書館の現在の発達段階においては実内容が乏しいので、むしろ「教育委員会」のお世話になつて、堅実な発達に備えることが適当な一法と考えられる。「教育委員会」に属しながら「図書館協議員会」という諮問機関を設けて、後日の独立に備えているのはそのためである。[10]

ここには当時の図書館関係者が描き目指していた戦後の図書館行政制度構想が集約されている。すなわち、図書館とは「学校教育の従属施設でもなければ、社会教育の枠内にとどまる一施設でもない」、「綜合文化機関」なのである。したがって社会教育法の枠内から独立すべきものである。さらに図書館は将来的には「教育委員会」からも独立した「図書館委員会」の下にあるべきだとするものであった。

しかし一九四九年五月に成立した社会教育法は、第九条第二項で「図書館及び博物館に関し必要な事項は、別に法律をもつて定める」と規定して、図書館法の単独法化を認めはしたものの、第一項で「図書館及び博物館は、社会教育のための機関とする」と規定し、図書館の「社会教育」機関化を法制度的に決定づけた。また行政機構的にも、同年六月の機構改革で、従来図書館を所管してきた「文化課」が廃止され、図書館は新設の「社会教育施設課」が所管することとなった。「これにより、従来、文化施設としてとらえられてきた公共図書館が、行政機構のなかで、ハッキリと社会教育施設として位置づけられたのである」。[11] それは同時に、「理念としての図書館の『文化』的性格は、図書館の法的基礎がそれなりに確立するその過程と同じ過程において、かえって省略されていった」[12] のだといえなくはない。

しかし図書館の法制度的な位置づけが決定した後も、この問題はくすぶり続けた。例えば、一九四九年九月二九日「公共図書館法協議会」が開催されたが、この協議会では文部省の事務官同士で図書館法の位置づけをめぐって応酬し合うという椿事がおこっている。鈴木事務官が「図書館法は社会教育法の精神に則り、特にその第五条の趣旨によつて図書館の具体的方向を規定して行き、公共図書館の任務というものを主体的にきわめて行くことにする」と発言したのに対し、旧文化課の雨宮事務官が「図書館法は決して社会教育法の一環として存在すべきものでない。今日の社会教育法は殆ど公民館のみに言及している。従つて図書館法は社会教育法と対等の独立法として成立すべきである」と批判しているのである。(13)

以上に見てきたように、図書館と社会教育の対立・確執を含んで社会教育法第九条の「異例の規定」は生み出されたのであり、図書館の法制度的な位置づけが確定したのである。こうした事情を踏まえると、先に見た西崎恵の社会教育法第九条についての解説は、図書館関係者の「文化」指向に対する批判とも受け取れよう。このように、図書館法と社会教育法の間には「ネジレ」が存在していたのである。

三　図書館の本質的機能と社会教育

図書館と社会教育の関係の問題は、図書館法成立過程においてのみ問われた問題ではない。「I－一章　図書館法の五〇年」でふれたように、一九七〇年代の社会教育法改正問題における図書館法廃止統合問題など、図書館の法制度が問題となるときは繰り返し問題にされてきた。また図書館サービスのあり方が問題になるときも、図書館の本質的機能をどう理解するかにかかわって問題とされてきた。

一九七九年一二月の図書館法制定三〇周年を記念する「図書館法研究シンポジウム」において、小林文人は図書館と社会教育の関係をめぐる歴史を辿りつつ、そこに底流する図書館関係者の社会教育アレルギーの問題性や、「文化」と「社会教育」を「二元的」にとらえる発想を批判して次のように述べている。

憲法・教育基本法制の理念に支えられる社会教育の積極的な役割、その可能性というところに着目すると、社会教育を悪しきもの古きもの、文化を豊かなもの新しきものと固定的にとらえる発想、そして図書館はその意味で「文化」施設であって、「社会教育」施設ではないというふうに、二元的にとらえるやり方は、あまり生産的ではないのではないか。むしろ教育と文化は統一的、一元的にとらえられなければならないのではないであろうか。教育あるいは社会教育が、文化から離れると、これはまず社会教育それ自体が、貧弱なやせたものになるに違いない。したがって問題は図書館だけの問題ではないのであって、社会教育それ自体がどのように文化的活動と結合し、文化的な価値の創造と結合するのかということが、社会教育の自由と可能性を実現していくうえで、きわめて重要な課題となってくる。

したがって図書館は、歴史的にわが国社会教育の古い体質を拒否していくという意味において「文化」施設でなければならないと同時に、国民の知る権利・学ぶ権利の保障という新しい役割を担う「社会教育」施設でもありうる。(14)

確かに図書館法制定過程においては、「社会教育」を戦前的なイメージでとらえ、「文化」のもつ高踏なイメージを基礎に、図書館の機能は「社会教育に狭く限定」できないという議論が支配的であった。また今日においても「社会教育の古い体質」を前提にした議論が図書館関係者の間では依然として根強く存在する。そのため社会教育関係者の間からは「図書館は文化の名においてやる。ズバリ言って、図書館は文化の香りがして社教は泥臭い。教育を一段低く見る感じがある」(15)といった批判もなされてきた。

しかし、「図書館は社会教育機関か」という問いかけは右の論点からのみいわれるわけではない。ユネスコ公共図書館宣言（一九七二年）も「教育」「文化」「情報」という三つの目的と機能を挙げているように、図書館機能の多面性に根拠をおいても論じられてきた。この点では蒲池正夫が「インフォーメーション・センターとしての公共図書館の機能」に言及し、社会教育のいかに「広範囲な概念規定をもってしても、インフォーメーション・サービス、イコール、社会教育という等式は成り立ちそうにない」「これらのサービスをもって教育と称するなら、政治も行政も福祉事業も商業も、すべて教育と称しなければならないであろう」と、早くから公共図書館＝社会教育機関論に疑問を投げかけている。(16)今日的には例えば、自治体議員や自治体公務員の政策立案活動に対し、積極的に資料と情報を収集し提供する「立法補佐機関」としての役割が公立図書館に期待されているが、(17)こうした役割機能を「社会教育」のカテゴリーでとらえることが理論的実践的に妥当かという問いにも通じよう。

さらに「図書館は社会教育機関か」という問いは、社会教育に対する「古い」イメージや、図書館機能の多面性以外にも、いわゆる「指導」性に対する疑問からも論じられてきた。「教育とは学習の指導」（勝田守一）のことであるとすれば、「社会教育のための機関」である図書館においても、住民の学習を「指導」する機能が期待されよう。このことが図書館の本質的役割から疑問視されてきたのである。

特にわが国の図書館界は、戦前においては「国民思想善導」の方法として「読書指導」に取り組んできたが、そのことが国民の知的自由を抑圧し、結局図書館を自滅に追い込んだという苦い教訓がある。また戦後においても読書運動の名の下に「読書指導」や読書会の組織化に取り組み、住民の読書過程に図書館員が積極的に関与し、「おくれた民衆」を「民主的主体」に育て上げることが目指された。あるいは不良化防止のための「青少年読書指導」が取り組まれたのであったが、それらの取り組みは決して図書館の発展につながるものではなかった。特に六〇年代以降の都市部の市民からは、図書館による上からの「啓蒙」活動や読書運動の組織化はむしろ批判的に見られ衰退していたのである。

こうした中で「読書指導」ではなく「資料提供」こそが図書館の本質的な機能であり、図書館発展の基礎であることが、六〇年代後半から展開されてきた図書館実践によって明らかにされてきた。そして「図書館員は指導者意識をぬぐいさって、資料提供の専門家としての奉仕者に徹すべきである」[18]ということが共通認識となっていったのである。もちろんこのことは図書館の教育的機能や図書館を利用した住民の学習活動を否定するものではない。むしろ図書館員による学習「指導」や「読書指導」ではなく、草の根をわけても求められた資料を提供するという、「資料提供」＝「知る権利」の保障こそが「国民の自己教育であり、相互教育であり、自由と機動性を本質する社会教育」（寺中作雄）の根本精神に合致するものであるという確信がある。

この点にかかわってさらに注目されるのは、アメリカにおける「図書館の権利宣言」改訂の動向である。アメリカ図書館協会は一九八〇年に「図書館の権利宣言」を改訂したが、その際、一九六七年制定の「宣言」の第六項にあった「民主主義的な生き方を教育する一機関」であるとの図書館の規定を削除し、図書館は「思想と情報のひろば」であるという規定を採択した。そこでは「民主主義的な生き方を教育する」ということに含まれる唱導性や教育性、「民主主義的」でないと認定されたものに対する検閲の可能性が、憲法修正第一条に規定する表現の自由に抵触することが確認されたのである。[19] このように現代の図書館は「教育する機関」であることよりも、「思想と情報のひろば」という機能と役割を重視するものとなっている。

ところで、現代日本の法制度においてこのことを実現しようとすれば、かつて構想された行政委員会としての図書館委員会の制度化を視野に含む、教育基本法制そのものの見直しが必要とされよう。しかしそれは相当困難な課題である。むしろ稗貫俊文が指摘するように、「図書館、博物館が多様な広がりを含む文化的施設でありながら、教育施設として位置づけられているメリット」[20]を十分生かし切ることの方が現実的な対応といえよう。

四　生涯学習と図書館

一九八〇年代半ばの臨時教育審議会が第二次答申において「生涯学習体系への移行」を提唱して以来、生涯学習は国家政策のキーワードの一つとなった。一九九〇年には「生涯学習の振興のための施策の推進体制等の整備に関する法律」、いわゆる生涯学習振興整備法制定もされた。しかしこの法律は、教育基本法や社会教育法との関係が不明確な上に、「学習に関する国民の自発的意思を尊重するよう配慮する」（二条）とされているように、生涯学習に対する国民の権利性がはなはだ弱いという問題点をもっている。またこの法律に基づく「地域生涯学習振興基本構想」の策定には文部大臣とともに通産大臣が関与することが規定されたように、産業政策への従属も危惧される。他方、図書館に関しても社会教育審議会社会教育施設分科会の「中間報告」（一九八八年二月）が、公共図書館を「生涯学習を進める上で最も基本的、かつ重要な施設」であると位置づけ、「これからの公共図書館は、生涯学習のための機関としての色彩を一層強く打ち出すべきである」と提言している。そしてこれ以降、図書館に関する審議会答申や報告には「生涯学習」が常套句のように登場するようになった。

しかし今日「生涯学習」は価値中立的な言葉ではないことがすでに明らかとなっている。すなわち、国家政策としての「生涯学習体系」政策は、守口市や調布市の図書館構想に典型的に見られたように、図書館法理念を否定し、図書館のもつ独自の機能と専門性を解体し、「生涯学習施設」に統合するというものであった。[21] また、スリム化の名のもとに図書館サービスに対する行政責任を放棄し、それを市場的・競争的原理に委ねようとするものであることが明らかになりつつある。

他方、ユネスコ学習権宣言（一九八五年）が指摘するように、学習権が「基本的人権の一つ」であるならば、それはあらゆる人間に保障される必要がある。生涯学習はまさにすべての人間に生涯にわたる教育・学習への権利を保障しようとする思想である。この思想に基づいて「生涯学習を進める上で最も基本的、かつ重要な施設」として図書館がその役割を果たしていくためには、すべての人々の生涯にわたる知る権利と読む自由を保障する図書館の機能と専門性を高め、「いつでも、どこでも、誰でも、何でも」求める資料と情報を入手しうるよう、きめ細かく地域に図書館を整備していくことが必要である。また図書館の機能を「生涯学習施設」に吸収統合するのではなく、公民館、博物館、その他の学習施設との連携こそが追求されるべきであろう。

（山口源治郎）

注
(1) 武田虎之助『図書館学学習の手引き』日本図書館協会　一九七三　一三一頁
(2) 西崎恵『図書館法』（復刻）日本図書館協会　一九七〇　四六頁

(3) 福原匡彦『社会教育法解説』全国社会教育連合会　一九七六　四四頁
(4) 裏田武夫・小川剛『図書館法成立史資料』日本図書館協会　一九六八　二一四頁
(5) 中田邦造「図書館員の拠って立つところ」『図書館雑誌』二八巻一号（一九三四年一月）
(6) 松尾友雄「図書館令第一条第二項」『図書館雑誌』二八巻二号（一九三四年二月）三五頁
(7) 中田邦造「図書館は図書館として発達せしめよ」『図書館雑誌』二八巻四号（一九三四年四月）九〇頁
(8) 裏田武夫・小川剛　前掲書　一六九頁
(9) 横山宏・小林文人『社会教育法成立過程資料集成』昭和出版　一九八一　七〇頁
(10) 裏田武夫・小川剛　前掲書　二七六頁
(11) 裏田武夫・小川剛　前掲書　七五～七六頁
(12) 小林文人「社会教育法制と図書館法」『図書館法研究　図書館法制定三十周年記念図書館法研究シンポジウム記録』日本図書館協会　一九八〇　七七頁
(13) 裏田武夫・小川剛　前掲書　三二七頁
(14) 小林文人　前掲論文　八三～八四頁
(15) 『月刊社会教育』一九七〇年九月での室俊司の発言
(16) 蒲池正夫「公共図書館は社会教育機関にすぎないのか」『蒲池正夫選集』一九八〇　四〇、四二頁
(17) 五十嵐敬喜・小川明雄『議会』（岩波新書）岩波書店　一九九四　二二四頁
(18) 『市民の図書館』日本図書館協会　一九七〇　三八頁
(19) 川崎良孝『図書館の自由とは何か』教育史料出版会　一九九六　一七七～一九八頁
(20) 椎名慎太郎・稗貫俊文『文化・学術法』（現代行政法学全集　二五）ぎょうせい　一九八六　二五八頁
(21) 山口源治郎「公立図書館の管理委託問題の系譜と今日的特徴」『図書館雑誌』八七巻一〇号（一九九三年一〇月）七四四頁

四章　教育行政法と図書館法

「国民の教育と文化の発展に寄与すること」を目的とする図書館法を解釈し運用する上で、教育行政の基本を定めた法令を無視することはできない。[(1)]「教育行政法」または「教育行政」をどうとらえるかはそれ自体が問題を含んでいるが、[(2)]ここでは主として地方教育行政の組織及び運営に関する法律（以下「地教行法」）と図書館のかかわりについて概観する。[(3)]

一　「教育機関」としての図書館

地教行法は「総則」「教育委員会の設置及び組織」「教育委員会及び地方公共団体の長の職務権限」「教育機関」「文部科学大臣及び教育委員会相互間の関係等」「雑則」の六章から成っており、「教育委員会の設置、学校その他の教育機関の職員の身分取扱その他地方公共団体における教育行政の組織及び運営の基本を定めることを目的」（一条）している。教育委員会の職務権限は「当該地方公共団体が処理する教育に関する事務で、次に掲げるものを管理し、及び執行する」こととして一九項目にわたって列記されており（二三条）、「第三〇条に規定する学校その他の教育機関（中略）の設置、管理及び廃止に関すること」、「青少年教育、女性教育及び公民館の事業その他社会教育に関すること」が含まれている。都道府県教育委員会は市町村教育委員会相互間の連絡調整を図り、各教育委員会は相互間の連絡を密にしなければならない（五一条）。

そして第四章「教育機関」の最初の条文（三〇条）は、地方公共団体が法律の定めにより「学校、図書館、博物館、公民館その他の教育機関を設置する（中略）ことができる」ことを規定しており、続く六つの条文でこの「学校その他の教育機関」について次の事項を定めている。すなわち、法律または条例により所要の職員を置き、職員定数は条例で定めること（三一条）、大学を除く教育機関は教育委員会所管とすること（三二条）、教育機関の施設・設備・組織編成その他管理運営の基本的事項について必要な教育委員会規則を定める（予算を伴う事項を定める前には自治体の長に協議しなければならない）こと（三三条）、職員は教育長の推薦により教育委員会が任命すること（三四条）、法律に特別の定めのある場合を除き職員の身分取扱は地方公務員法の定めによること（三五条）、教育機関の長はその所属の職員の任免その他進退に関する意見を任命権者に申し出ることができること（三六条）、である。これらの規定が「教育機関」たる公立図書館に関係する規定となっているのである。なお、図書館は地教行法上の教育機関として設置する「ことができる」のであって、設置するかしないか、どういった形で設置するかは当該自治体の判断に任されている。

「教育機関」とは、「教育、学術、および文化（以下「教育」という。）に関する事業（中略）を行なうことを目的とし、専属の物的施設および人的施設を備え、かつ、管理者の管理の下にみずからの意思をもつて継続的に事業の運営を行なう機関」と解釈されている。(4) 図書館は「教育機関」であることによって、地域の教育全体について責任を負う教育委員会の管理の下に、自律的・継続的に事業運営を行うものとみなされるのである。しかし現在、教育委員会の所管ではなく首長部局所管の生涯学習関連施設（図書館を含む）も存在する。そしてその周辺には補助金の問題、複合施設の問題、委託化の問題など多くの重大な問題がある。図書館が教育委員会所管とされ教育機関と位置づけられることにはどのような意味があるのだろうか。そのことについて考えるには、まず教育委員会制度そのものについて、戦後教育行政の基本原理とその辿ってきた道を振り返らなければならないだろう。

二　戦後教育行政の基本原則と教育委員会制度

戦前の日本の行政は中央・地方に配置された官吏（一般行政官）によって中央集権的に行われており、地方の教育についても官吏たる知事を頂点としてその補助機関である学務部課長や視学官が担っていた。つまり地方教育行政というべきものは存在しなかったのである。(5) 戦後、占領軍の地方分権・民主化政策によって日本の教育・行政は根本的に変わったが、一九四七年に地方自治法、一九四八年に教育委員会法（旧法）ができて教育行政が地方公共団体の事務となったことも大きな変化の一つであった。日本の国家体制が変わり、教育理念が変わり、行政制度が変わった中での当時の教育行政改革は、地方分権・民主化・教育の自主性確保を主眼として行われた。教育基本法第一〇条は、教育は「不当な支配に服することなく」「国民全体に対し直接に責任を負つて」行われるべきと規定するとともに、第二項で教育行政は「この自覚のもとに、教育の目的を遂行するに必要な諸条件の整備確立を目標として行われなければならない」と教育行政の役割を示した。これらの法文（「不当な支配」「国民全体に対し直接に責任を」「諸条件の整備確立」）の解釈はその後さまざまに議論されることになるが、ともかくもこれは、国家主義的、中央集権的な戦前の教育行政への決別であった。[6] 教育の政治・一般行政からの独立、国民全体への直接責任性と、そのための条件整備確立が、戦後教育行政の基本原則となったのである。[7]

教育委員会法は第一条でこの第一〇条の文言を引いた上で、「公正な民意により、地方の実情に即した教育行政を行うために」教育委員会を設けるとした。教育委員会は、教育の自主性を危うくするような政治・一般行政からの支配・介入を排除する制度的保障として、独立した行政委員会の一つとして地方に設置されることとなった。しかし、教育委員の公選制を定めたこの法は、教育の直接責任性を具現化した一つの形ではあったものの、日本の社会でうまく機能し定着したとは言えなかった。制度の考え方は、専門家たる教育長による指導（プロフェッショナル・リーダーシップ）と素人たる教育委員による統制（レイマン・コントロール）の組み合わせによる自律的な教育の条件整備の実現ということだったのであるが、実際にはさまざまな問題が浮上した。そして一九五一年のサンフランシスコ平和条約締結を機に戦後の諸政策に対する見直しが進められる中で、一九五六年に地教行法が制定され、教育委員会法は廃止となったのである。[8]

地教行法は、教育委員を任命制とし（四条）、市町村の教育委員会（以下「教委」）の教育長は都道府県教委の承認が必要、都道府県教委の教育長は文部大臣の承認が必要と定めた（一六条）。また、文部大臣・都道府県教委は市町村に対し「必要な指導、助言又は援助を行うものと」し（四八条）、文部大臣・都道府県教委の措置要求（五二条）、教委が管理・執行する国の事務に関する文部大臣・都道府県教委の指揮監督（五五条）についても定めた。教職員の任命も都道府県教委に集権化された。このように地教行法は全体として教育委員会法から大きく方向転換し、教育行政の民主性・地方分権的性格を後退させ、安定性・効率性を前面に打ち出したものと言える。[9]このように、教育委員会制度は、民主性と効率性の間で揺れ動いた歴史をもち多くの議論を呼び起こしながらも、教育行政の原則を支える中心的な仕組みとして存在してきたものである。[10]

ここから考えれば、図書館が法的に「教育機関」と位置づけられていることの意義は、少なくとも理念的には、一般行政との調和と一定の効率性を保ちながらも政治・行政からの介入を受けることなく自律的に地方の事情に即した教育を民主的に行うべき機関であるとみなされることに存するであろう。ただ、図書館が教育を担う機関であることの意味は、「教育」そのものへの理解のしかた、すなわち教育思想によって大きく捉え方が違ってくるのではなかろうか。教育が外部環境から純粋に独立して営まれることはあり得ず、また独立は孤立になる危険性もはらむが、それでもやはり教育には「教育的な」目的があると考えるかどうかである。例えば、首長部局の生涯学習事業と社会教育との違いとして、社会教育が「外部からの必要性に引きずられることなく、市民の人格形成にむけられるべき」であること、そもそも教育は「教育以外の他の目的のための手段とされることなく、学習者の『人格の完成』にむけてのみ展開されなければならない」ことを挙げる論があるのを忘れてはならないだろう。[11]図書館に関する行政は、一般行政と乖離し孤立することなく、しかし一般行政・政治の動きに翻弄されることなく、教育基本法の精神を受けて行われるべきものなのである。[12]

しかし実際、教育委員会所管でない図書館は存在している。図書館行政が首長部局管轄に移る要因として次のようなことが考えられよう。まず、もともと「社会教育」の定義・領域が曖昧さを含むこと、[13] 教育行政の抱える問題（学校教育偏重・タテ割り行政・文部省からの強い指導等）が事業の障害として認識されるようになったこと、さらに、国土計画など国レベルの政策との関係で行政全体の潮流として総合行政への要請が強まってきたこと、などである。教育委員会制度そのものが多くの課題に直面してきたのである。[14] 教育改革はさまざまな時代背景のもとに行われてきたが、次に、最近の教育改革の動向と図書館の関係について見ることとしたい。

三　教育行政改革と図書館

最近の大きな改革の方向を示すものに、生涯学習審議会答申「社会の変化に対応した今後の社会教育行政の在り方について」（一九九八年九月一七日、以下「生涯学習審答申」）と中央教育審議会答申「今後の地方教育行政の在り方について」（一九九八年九月二一日、以下「中教審答申」）がある。そして、一九九九年七月八日に成立した「地方分権の推進を図るための関係法律の整備等に関する法律」いわゆる地方分権推進一括法により文部省関連の法律も改正された。[15] こうした動きによって図書館を取り巻く環境の何がどう変わり、何が求められることになるのだろうか。

生涯学習審答申は、社会教育行政の「現状」（第一章）と、それをめぐる「新たな状況と今後の方向」（第二章）、「今後の展開」（第三章）から成り、第二章で、「地域住民の多様化・高度化する学習ニーズへの対応」、「生涯学習社会の構築に向けた」教育委員会にとどまらない幅広い社会教育行政の展開、教育力の低下した「地域社会及び家庭への対応」、「地方分権・規制緩和」に対応した規制撤廃・基準緩和・指導の見直し、「活発化」する「民間の諸活動」との連携・支援、が提起された。そして第三章で具体的な改善事項として、図書館長の司書資格要件の撤廃、司書等の資格取得の基礎要件の緩和、経費負担の在り方の検討、図書館協議会委員への多様な人材登用などが示された（図書館関係部分）。これらが図書館法に与えた（与える）影響は非常に大きなものがある。

この答申は、住民のニーズに応えるために社会教育行政を（「教育」にとどまらず「公」にとどまらず）幅広く考えるべきだとしているのであるが、これに対しては「社会教育行政の責務や、社会教育の自由を確保するための独立性」が考慮されておらず、「主体の責任の縮減・後退の中での『連携』は、社会教育行政の公共性の放棄を意味するに過ぎない」と鋭く批判がなされている。[16] しかし、「教育委員会と社会教育委員会議、生涯学習審議会のそれぞれの役割と職務内容及び職務遂行上の権限をネットワーク型行政の視点から明確にしていく必要がある」との指摘もある。[17] 行政改革・分権化の進む中で国・都道府県・市町村・民間団体・住民の役割分担そのものの見直しが必要だとする改革の方向とそれを責任放棄だとする批判の方向とは平行線を辿らざるを得ないのではなかろうか。問題は「行政の責務」「公共性」「主体の責任」が何なのか、またそこで「連携」にはどのような形があり得るのか、「住民自治」の進展のためにどういった仕組みを考えたらよいのか、といった点であろう。[18] そこで「暗澹たる社会教育行政」にしないために「住民自治の力量」、「自治体の自己決定権の拡大あるいは自主的な自治体連合の拡大」が鍵であるという警告も生きてくると思われる。[19]

中教審答申は、「教育行政における国、都道府県及び市町村の役割分担の在り方について」（第一章）、「教育委員会制度の在り方について」（第二章）、「学校の自主性・自立性の確立について」（第三章）、「地域の教育機能の向上と地域コミュニティの育成及び地域振興に教育委員会の果たすべき役割について」（第四章）から成り、教育行政に関する権限配分、教育委員会制度の大幅な改革が提言された。（図書館関係で）地教行法の改正とかかわって特に重要なのは第一章、第二章である。[20]

第一章では「全国的な基準の設定等」が今後とも国の役割であることが明言されるとともに、「基準の大綱化・弾力化を進める」こと、補助金を柔軟化・メニュー化すること、等の方向が示された。また「指導、助言、援助等の在り方の見直し」が打ち出されたことも注目される。従来指導等の「運用が強めに行われ」、「指導等の趣旨、在り方についての認識が十分でなかった」ために「法的拘束力があるかのような受け止め方もなされて」き、「指導等に従っていた方が不都合が少ないなどの意識も見受けられ」、「特段の判断を加えられることなく指導等がそのまま受け入れられてきた面がある」として、地教行法第四八条、第五二条の改正が必要だとしたのである。また第二章では、「より広範な分野から」選任するために「教育委員の数の弾力化」が必要とされ、幅広く人材を確保するために「教育長の任命承認制度の廃止と議会同意の導入」と「市町村教育委員会の教育長と教育委員との兼任の見直し」等が提言された。この答申の提言のすべてが法改正に反映されたわけではないが、地教行法改正は基本的にこの答申の示した方向に沿って行われた。[21]

地教行法の主要な改正点は、学校のみにかかわるものを除くと次のとおりである。[22]

（一）都道府県・政令指定都市の教育委員を六人とすることが可能になった（三条）

（二）教育長の任命承認制度を廃し、都道府県・指定都市教委の教育長を、市町村教委と同様に教育委員から任命することとなった（一六条）

(三) 都道府県教委等の市町村教委等への事務の委任等と委任事務に係る指揮監督が廃され、条例による事務処理の特例に関する規定が設けられた（二六条、二七条、改正後の五五条）

(四) 文部大臣および都道府県教委による措置要求制度が廃され、文部大臣および都道府県教委は事務区分に応じて地方自治法の規定を適用することとなった（五二条）

(五) 文部大臣から都道府県または市町村、都道府県教育委員会が市町村教育委員会に対して指導、助言、援助を「行うものとする」と定められていたが、これが「行うことができる」と改まった（四八条）

第四八条について、「指導、助言及び援助」の趣旨には注意が必要であるが、第二項で例示として「学校その他の教育機関の設置及び管理並びに整備に関し、指導及び助言を与えること」（一号）、「(前略) 教育関係職員の研究集会、講習会その他研修に関し、指導及び助言を与え、又はこれらを主催すること」（四号）、「青少年教育、女性教育及び公民館の事業その他社会教育の振興（中略）に関し、指導及び助言を与えること」（六号）等をあげているのは変わらない。

(六) 都道府県教育委員会は教育委員会規則で水準の維持向上のために必要な基準を設けることができると定められていたが、削除された（四九条）

これは「市町村において主体的かつ積極的な教育行政が展開されるよう、都道府県の市町村に対する関与をできる限り縮減する観点から」削除されたものであって、[23] 都道府県の定めた基準を守るという姿勢を脱して各教育委員会が積極的に内容を考えるべきという趣旨である。

この改正が本当に教育の地方分権につながるのかについては評価が定まっていないが、[24] 図書館運営の基本的事項についても、（そもそも指導が強かったかどうかは疑問としても）[25]、これまで以上に教育委員会の主体性が試されることは間違いないであろう。改革の流れが実際に図書館に及ぼす影響については「公立図書館の事業を停滞、衰退させる方向に拍車をかける作用を生み出している」と指摘されているが[26]、改革の論理を見極めた上でそこに教育の論理を重ねていく努力が必要であろう。そして、今回の分権改革の核心は「いかに国のコントロールを小さくし、地方公共団体の実質的決定権を高めていくかという点にある」が[27]、そこに住民自治の視点を持ち込むことが必要である。地方教育行政制度は主体としての学習者を忘れては考えられず、図書館は主体としての利用者を忘れては運営できないはずである。

今回の分権改革で、都道府県の役割は「広域」「補完」「連絡調整」の三つに集約された。従来の指導から解き放たれ、市町村の責任は重くなった。住民としっかり向き合うことがより一層要請されているのである。図書館協議会の委員の公募、その位置づけの見直しなど、それぞれの地域に適した方法を考え、住民自治の観点から真の参加を進めるための具体的な仕組みづくりを進めなければならない。そうした状況の中で都道府県の市町村に対する援助はますます必要とされるであろう。ただし、その形は従来の指導助言の枠組みから新たなスタイルへ転換すべきである。関与のしかたの原則については、広域的な課題に直接関係する事項に限って都道府県の自治事務として非権力的な方法により（最終的な決定は市町村にまかせる形で）行うべきであり、都道府県行政に対する市町村の参加も保障すべきである、という考え方などが参考になる。[28] 例えば、自治体同士の横の情報交換を支援する試みとして、図書館振興担当の連絡会づくりのバックアップなども検討されてよいのではなかろうか。

また、図書館の設置基準づくりなどの際にも文部科学省の基準を待って漫然と従うという姿勢ではなく、国の提示するものを参考にして独自の観点から基準づくりに取り組むという姿勢が求められる。その上で、基準そのものの考え方を柔軟にし、ゼロか一かのデジタル思考にとどまらず、新しい発想を取り入れる余地をもたせることも検討すべきである。

地方の教育政策は、国の政策を前提に策定されるものでありながら国の政策の展開にも関係していくという両面をもっている。条例は法令の範囲内で作られるが、情報公開などの例に見られるように国の立法を導くという機能ももっているのである。(29) 財源問題等残された課題は多いが、これからは自治体の力が一層シビアに試されるときと言える。また、法が現実を動かすとともに現実が法を動かすという相互作用もある。教育行政法における図書館法の位置づけを考える際も、単に図書館法が特殊法であって改正時も影響を受けていると解するだけでなく、図書館法の精神を積極的に捉えかえし、発展させていくことが重要であろう。

（横山道子）

注

(1) 図書館と教育のかかわりに関する課題の提示として、次のものがある。塩見昇『図書館概論』（ＪＬＡ図書館情報学テキストシリーズ　二）日本図書館協会　一九九八　五一頁、一三九〜一四〇頁

(2) 平原春好・牧柾名『教育法』学陽書房　一九九四　一二七頁（神田修「教育行政」の部分）

(3) 姉崎洋一「社会教育の法と行政―社会教育法の理念と『改正』問題の現段階」（小川利夫・新海英行『新社会教育講義』大空社　一九九一　所収）によると、現実の社会教育行政はおよそ次の五つの競合的関連領域に直面している。一、一般行政・コミュニティー行政　二、文化行政　三、職業訓練・労働行政　四、被差別・社会的弱者の社会福祉

行政　五、学校外・学校後（＝高等教育）教育行政。

(4)「教育機関の解釈について」（昭和三二年六月一一日　委初第一五八号　宮城県教育委員会教育長あて　文部省初等中等教育局長回答）（『図書館法規基準総覧』日本図書館協会　一九九二　八六四頁　所収）

(5)岩下新太郎・榊田久雄『要説教育行政・制度』改訂版　金港堂　一九九一　八五〜八七頁、高木英明『地方教育行政の民主性・効率性に関する総合的研究』多賀出版　一九九五　九〇頁、神田修「教育行政改革と地方分権—求められる教育の自主性と参加保障の行政」『季刊教育法』一二三　二〇〇〇年四月　二〇頁　など

(6)「教育委員会法提案理由」（一九四八・六・一九　衆議院文教委員会）（神田修・寺崎昌男・平原春好『史料教育法』学陽書房　一九七三　五六六頁　所収）

(7)神田修「教育行政」（平原春好・牧柾名『教育法』学陽書房　一九九四　一二五頁　所収）

(8)高木英明『地方教育行政の民主性・効率性に関する総合的研究』多賀出版　一九九五　三〜五頁、七八〜七九頁

(9)神田修「教育行政改革と地方分権—求められる教育の自主性と参加保障の行政」『季刊教育法』一二三（二〇〇〇年四月）二二頁　など

　地教行法を教育基本法第一〇条の直接責任性に反するものとして批判する立場もあるが、「直接に責任を負つて」という文言は必ずしも教育委員公選制と直結するわけではない。この文言は「教育が不当な支配に服さぬため」に教委が「知事または市長村長の下に属しない」で「直接国民のみに責任を負つて行われるべき教育の使命を保障する制度」を確立しようとした、という性格のものである。すなわち一般行政に責任を負うのではなく国民にのみ責任を負うという意味である（教育委員会法提案理由）。また「各学校の教師が父母・子どもをはじめ国民の教育要求に直接にその自主的教育活動をもって応えて行くという直接的教育責任」を指したものであるという説もあるし（岩下新太郎・榊田久雄『要説教育行政・制度』改訂版　金港堂　一九九一　二〇頁）、教育専門家が独立して教育に責任を負うというフランスの教権独立論を意図した教育基本法起草者田中耕太郎の文言が占領軍の反対でアメリカ的直接民主制に変化したものであるという説もある。

(10) 詳しくは、高木英明　前掲(8)　参照。
(11) 佐藤春雄『生涯学習と社会教育のゆくえ』成文堂　一九九八　四頁
(12) 教育は政治・社会の変動と常に無関係ではあり得ない。例えば生涯学習政策よりさかのぼる「文化行政」(「文化行政を社会教育から切離し、それをも包括しながら首長部局が展開していくべき」という提起)の流れを見ても、そこに社会―政治―行政―社会教育―図書館のつながりを感じざるを得ない。詳しくは次の文献などを参照。
・鳴海正泰「自治体学の軌跡(一〇)コミュニティづくりから文化行政の展開へ―高度成長型行政体質からの転換」『自治体学研究』五〇号(一九九一秋)六〇～六五頁
・総合研究開発機構昭和五〇年度委託研究『地域社会における文化行政システムに関する研究』総合研究開発機構・株式会社ＣＤＩ　一九七五年一二月
・ＣＤＩ「地域社会における文化行政システムに関する研究」株式会社ＣＤＩ　一九七七
・総合研究開発機構・上田篤『都市の文化行政』学陽書房　一九七九
・公務職員研修協会『文化行政読本』公務職員研修協会　一九七九(『地方自治職員研修』臨時増刊)
・松下圭一・森啓『文化行政―行政の自己革新』学陽書房　一九八一
・田村明・森啓『文化行政とまちづくり』時事通信社　一九八三
・総合研究開発機構『文化行政のこれまでこれから』総合研究開発機構　一九八七
・森啓『市民文化と文化行政』(シリーズ自治を創る　二)学陽書房　一九八八
・佐藤一子『文化協同の時代―文化的享受の復権』青木書店　一九八九
(13) 平原春好・神田修『ホーンブック教育行政学』北樹出版　一九九六　一二〇頁(第四章「社会教育に関する行政」)
(14) 松井一麿『地方教育行政の研究―教育委員会の動態分析』多賀出版　一九九七　三～五頁　など
(15) 地方分権改革全体ついては、次の文献等を参照。
・佐藤文俊「地方分権の推進を図るための関連法律の整備等に関する法律(いわゆる地方分権一括法)について」『ジ

ュリスト』一一六五（一九九九年一〇月一五日号）三四〜三九頁
・「特集　地方分権・第四次勧告とその課題」『ジュリスト』一一二七（一九九八年二月一日号）
・菅川健二『分権改革の出発点』ぎょうせい　一九九九（西尾勝との対談　四九〜五〇頁では必置規制にふれている）
・西尾勝『未完の分権改革』岩波書店　一九九九（九三〜九四頁では必置規制にふれている）
(16) 姉崎洋一「社会教育法改正をめぐる動きと課題」『季刊教育法』一一七（一九九八年一二月号）一二頁
(17) 有園格「ネットワーク型行政と社会教育行政の課題」『教育情報研究』一四巻四号（一九九九年）七頁
(18) 上野景三「地方分権・自治体再編と社会教育法制」（日本社会教育学会年報編集委員会『現代社会教育の理念と法制』（日本の社会教育　第四〇集）東洋館出版　一九九六　一一一〜一二三頁　所収）の、社会教育行政の課題は「多様で広域的な施設が展開するなかにあっても、施設構造のなかに住民の施設運営参加、社会参加の筋道を位置づけ、そのための条件整備を行うことではないだろうか」という考察、「住民の学習権保障を軸とした施設の基本的機能の明確化、とりわけ生涯学習施設職員論の構築が求められる」という論（一二一〜一二二頁）を参照。
(19) 姉崎洋一　前掲(16)　一三頁
(20) 中教審答申全体に関しては次の文献等を参照。
・小川正人『地方分権改革と学校・教育委員会』東洋館出版　一九九八
・小川正人「地方教育行政改革と教育委員会の新しい役割—地域社会の教育課題と地方教育行政のあり方」『都市問題』九〇巻五号（一九九九年五月）三〜一二頁
・小川正人「地方分権改革と教育委員会制度」『都市問題研究』五一巻一〇号（一九九九年一〇月）三四〜四五頁
(21) この経緯については、西尾勝『未完の分権改革』岩波書店　一九九九　一九四〜一九七頁
(22) 佐藤弘毅「地方教育行政の組織及び運営に関する法律の改正概要」『月刊地方分権』通巻五号（一九九九年九月）
(23) 佐藤弘毅　前掲(22)　五一頁
(24) 山口道昭「教育の地方分権はどこまで進んだのか」『地方自治職員研修』三二巻一〇号（一九九九年一〇月）

(25) 塩見昇「図書館法五〇年の歩みとその果たしてきた役割」『図書館界』五二巻二号（二〇〇〇年七月）五二頁（シンポジウム記録の一部）
(26) 松岡要「公立図書館の専門性と可能性」（木佐茂男・五十嵐敬喜・保母武彦編『地方分権の本流へ―現場からの政策と法』日本評論社　一九九九　一〇四～一一五頁　所収）
(27) 佐藤文俊「地方分権の推進を図るための関連法律の整備等に関する法律（いわゆる地方分権一括法）について」『ジュリスト』一一六五（一九九九年一〇月一五日号）三五頁
(28) 礒崎初仁『分権時代の政策法務』（地方自治土曜講座ブックレット　三七）北海道町村会　一九九九　一〇八頁
(29) 元井一郎「地方分権化と『地方教育政策』の動向」（熊谷一乗・国祐道広・嶺井正也編『転換期の教育政策』八月書館　一九九八　一〇七～一三〇頁　所収）

五章　地方分権と図書館法

地方公共団体が図書館行政を実施するうえで必要な組織、権能、職員、財政などについての法律や制度がある。それらのいくつかの点について、最近の「地方分権」政策などに関連しながら述べる。教育行政の法にかかわることについては、別途明らかにされているので原則としてふれない。

地方分権とは、憲法でうたわれた「地方自治の本旨」の具体化であるが、今日進行している「地方分権」政策は果たして、そう言えるのか論議のあるところである。図書館法の基本にかかわることが、地方分権を理由に変えられたため、その感を強くするが、一九九九年七月成立の「地方分権の推進を図るための関係法律の整備等に関する法律」(いわゆる地方分権推進一括法)は、「各般の行政を展開する上で国及び地方公共団体が分担すべき役割を明確にし、かつ、地方公共団体の自主性及び自立性を高めることにより、個性豊かで活力に満ちた地域社会の実現を図るため」との理由をもって、国会に提案された。さしあたりこの立場で法を解釈し、運用することが必要である。

一　地方自治法と図書館

憲法第九二条は「地方公共団体の組織及び運営に関する事項」については法律で定めるとし、これに基づきその基本法として地方自治法が制定され、憲法と同時に施行された。公立図書館は地方公共団体が設置し、管理する行政事務であるので、この法律により規制される。したがって図書館行政に直接関係する条項はもとより、間接的に影響を及ぼす条項も多い。ここでは、図書館をめぐる最近の動向に関連して、主要な関係条項を解説する。

1　自治事務

地方分権推進一括法による地方自治法改正により、地方公共団体の役割は「地域における行政を自主的かつ総合的に実施する役割を広く担うものとする」（一条の二　一項）と明確にされた。そして担うべき事務について、自治事務と法定受託事務に区分された。自治事務とは、「法定受託事務以外のものをいう」（二条八項）とし、法定受託事務については第二条第九項、および別表第一、および第二に掲げられている。図書館に関する事務については別表にはない。したがって自治事務となる。

改正前にあった地方公共団体が処理する事務の例示（旧二条三項）については、地方公共団体が「自主的かつ総合的に実施する」観点から削除されたが、ここにおいても「……図書館……を設置し若しくは管理し、又はこれらを使用する権利を規制し」（旧二条三項五号）とあり、地方公共団体の固有事務とされていた。

改正前の事務の例示の中には、図書館に関するものがもう一か所ある。すなわち「その規模及び能力に応じて」処理する事務の一つとして図書館が挙げられており、その場合は都道府県が処理するものとされている（同条四項、六項四号）。また第八条「市及び町の要件」において、「市となる要件」として「都道府県の条例で定める都市的施設」を具えることとされているが、それについての「市制施行協議基準」（自治庁次長通知　一九五三年）には「公私立の図書館を有していること」とあった。町村における図書館行政は、意識されていなかった例証かもしれない。

2　公の施設

地方自治法第二四四条から第二四四条の四までは、「第十章　公の施設」についての条項である。公の施設とは、地方公共団体が「住民の福祉を増進する目的をもってその利用に供するため」に設置する施設である（二四四条一項）。図書館も公の施設である。

これらの条項は一九六三年の法改正の際設けられたものである。それ以前は「営造物」として財務制度の中に一括して規定されていた。制度化の際「財産的管理の見地からではなく、行政的管理の見地から公の施設について法的規制を加えるため、財務の章と切り離して、特に一章設けられたものである」と説明されているが、営造物は、利用にあたっては行政当局の管理の下に利用者が服するものとする性格を強くもつものである。公の施設は、住民の権利としての施設利用を保障するものであるところに、根本的な違いがある。「正当な理由がない限り、……利用することを拒んではならない」、「不当な差別的取扱いをしてはならない」（二四四条二項、三項）としているほか、その設置および管理については条例で定めること（二四四条の二　一項）、その管理を委託する場合についての要件（同条三項）などを規定している。これらは、公の施設の管理、運営等が管理者側の恣意のみでなされないよう、住民の権利を保障しようとする考えの表れである。

公の施設の設置および管理の事務は、地方公共団体の長の権限である（一四九条七号）が、大学以外の公立の教育機関の設置および管理の事務については、教育委員会の権限である（地方教育行政の組織及び運営に関する法律二三条一号）ので、教育機関のうち住民の利用に供し、住民の福祉増進に直結する公の施設である図書館については、教育委員会が所管することになる。

ところで、図書館の設置について図書館法は、条例により定めるとしているが（一〇条）、その管理にかかわる事項については必ずしも条例事項としていない。地方自治法では「法律又はこれに基づく政令に特別の定めがあるものを除くほか、公の施設の設置及びその管理に関する事項は、条例でこれを定めなければならない」（二四四条の二　一項）としている。一方、地方教育行政の組織及び運営に関する法律（地教行法）第三三条においては「教育機関の管理運営の基本的事項について、必要な教育委員会規則を定める」としている。したがって、多くの図書館条例では、図書館の名称、位置、図書館協議会の設置、そして教育委員会への委任事項の条項にとどめ、管理に関する事項は、館則など教育委員会規則に委ねていることが多い。

管理とは、施設の保全、整備のみならず、職員の配置、資料の整備、サービスの内容、そして利用者に対する規制を加えることなど、人的、運営面を含む広い概念である。前記地教行法の条文は、教育機関のこれら管理に関する事項については、教育委員会の一般的な支配のもとで、教育機関がある程度まで主体的に事業実施できるようにしているものである。

しかし最近、図書館運営にかかわる事項のうち、利用者に制限、規制を加えることについて、図書館条例の条項にする動きがある。これは今回の地方自治法の改正で、「地方公共団体は、義務を課し、又は権利を制限するには、法令に特別の定めがある場合を除くほか、条例によらなければならない」（一四条二項）と規定されたことによるものである。

図書館利用を規制することの具体例としては、他の利用者に迷惑をかける行為、資料の返却延滞者に対する貸出制限などのほか、貸出制限資料（いわゆる禁帯出図書）の指定などがある。これらについては従来、教育委員会規則である館則で明記し、実際の運用は図書館長の裁量としていた。これがいきなり条例事項となり、それにしたがっての規制行為は教育委員会が実施する旨を、条文として記すことになる。その運用のための規則、あるいは要綱、基準が必要となり、これまで円滑に行っていたことについて例外的な事例を考慮しながら規定化する作業に追われる事態が生まれている。

そもそも第一四条第二項の立法趣旨は、国からの機関委任事務が廃止された結果、地方公共団体が実施する行政事務全般に関連して、住民に義務を課すことや権利を制限することについて、一般的な規定をする必要から生まれたものである。したがって、公の施設におけるサービスにかかわって、利用者の間の円滑な調整を図るために行う「制限」とは本質的に異なるものである。とりわけ図書館は教育機関であり、自立して事業を実施する意味合いは、そこにあるとも言える。「制限」が図書館長の裁量に委ねられることにより、さまざまな事例に対して利用者の権利を守る立場を前提に、専門的見地からの処理が許されるのである。形式的な条例化に馴染む事項ではない。

3　図書館事業の広域化

経済流通圏域や住民の生活圏域の広がりのほか、広域的行政の進展により、図書館の利用についても地域的な広がりが見られる。その利用者について、当該市町村の住民等に限定せず、周辺市町村のみならず、「誰にでも」サービスする方針をもっているところも少なくない。それがサービスの質的広がりをもたらすことを可能にすると同時に、なぜ他の市町村の住民にもサービスする必要があるのか、との疑問、批判も生まれる。図書館設置市町村という行政区域と、図書館利用圏域が一致しないという矛盾が生じるのは、図書館事業の特徴といえるかもしれない。公の施設は本来、その利用者を特定化しないものである。地方自治法では、他の地方公共団体が設置した公の施設の利用について、自己の住民の利用に供させる場合の規定がある（二四四条の三　二項、三項）が、図書館の場合これにより実施している例はないと思われる。

資料の貸出が利用できる対象者の範囲は、おおむね館則で規定する。この場合は図書館を設置しているそれぞれの市町村の意思である。

周辺市町村の住民が相互に利用できるよう自治体間で協定している場合がある。協議会（地方自治法二五二条の二）、機関等（同法二五二条の七）、組合（同法二八四条　一部事務組合、広域連合など）などのいわゆる広域行政圏として、相当の事務が広域的に処理されている環境の下で、それを構成する市町村の図書館が協定しあうものである。協議会や一部事務組合等の広域行政圏としての行政組織が執行する事務とはしていないものである。こういったいわゆる広域行政圏とは関係なく、それぞれ必要性を覚え、図書館間で約束して相互に利用できるようにする事例も多い。

図書館間の資料の相互貸借については、はるかに広範囲に行われている。とりわけ視覚障害者用の資料については、事実上全国的なネットワークが形成されている。さらに館種を越えたネットワーク化、書誌データの共有化、資料の相互貸借、連絡協議組織、研修・大会などの共同事業などさまざまな形が工夫され、実行に移されている。

こういったことには、都道府県単位の図書館協会等の存在が、それを促進している側面もある。これらの事例は法的にみると、確たる根拠をもって実施されているとは思われない。その必要性が工夫を生み出し、実施に移され、いまや常識となっていることである。真の意味で地方分権ともいえるが、より制度化していくことが求められている。

以上は図書館利用・運営での広域問題であるが、一方図書館設置を広域で行おうとすることがある。こうした動きは従来からもあったが、現在は地方分権を名目とする合併や広域連合など広域的行政事務処理の仕組みが進められる中での事態である。

一部事務組合の方式により図書館が設置される事例は、一九五五年以来の文部省『社会教育調査報告書』をみると合わせて一〇例を数えることができるが、現在は五例である（文部省『社会教育調査報告書』平成八年度）。日本図書館協会『日本の図書館　統計と名簿二〇〇〇』によれば四か所である。複数の町村による共同設置教育委員会（これも一部事務組合の一つ）により設置し、地元町村に運営を委ねる例もある。広域連合により設置した図書館もある。

これらはおおむね、多岐にわたる広域行政事務の一つとして図書館事業を実施するものである。図書館事業を独自に追求、進展させる組織、その業務に専念できる態勢、広大な地域全域にサービスを展開できる予算など、条件、基盤についてはどうかをみる必要がある。図書館は住民の生活圏域に必要な施設であり、広大な地域に一館あればよいというものではないし、自動車図書館を運行するだけでよいものでもない。

図書館は広域的なネットワークがあって、機能できる事業である。住民の生活圏域に図書館を設置しサービスするとともに、それを支える広域的な仕組みの追求こそ必要なことである。公の施設一般を越えた機能が、図書館にはあるといえる。

二　人事管理と図書館

1　職階制

公立図書館では一般的に、教育委員会の職員を配置し事業を実施するが、地方公共団体、および地方公務員をめぐる環境の変化により、配属されている職員は多種多様になっている。とりわけ一九八〇年代以降の行革、「地方分権」政策は、公共サービスについての公民分担、地方公務員の定数抑制により、結果として司書職の制度確立が大きく後退する結果を招いている。地方分権推進一括法では、地方公務員法の改正はなされなかったことに象徴されるように、公務員の管理、あるいは制度について、分権を進展させるための弾力化など改善は求められなかった。依然として政府からの調査、行政指導が残り、かつ強化されることは否定されていない。

図書館に司書を置くことは図書館法の求めていることであるが、それは地方公務員法では第二三条の職階制に根拠を求めることができる。職階制とは「職員の職を職務の種類及び複雑と責任の度に応じて分類整理」する制度であり、職務の種類に応じて分類される職種と、複雑と責任の度に応じて分類される職級を内容とするものである。地方公共団体における広範な行政事務を行うにあたっては、公務員一般が業務に就くのではなく、その業務にあった資格を有する者、あるいは専門の採用試験を経た者を充てる。そういった人材を安定的に確保し、その専門性を育てるために、その業務にあった職名を設置する。同時に、その業務を円滑にすすめるために、その責任の度合いに応じて係員、係長、課長など上下の関係を形成するための職級を設置する。この両方があいまって専門職員制度を形成するのである。

図書館法はそれぞれの地方公共団体において司書職制度を設置することを予定し、司書となる資格を規定している。しかし上記のような専門職制度を有しているところはきわめて少なく、職名「司書」の設置のみをみても四三・三％の地方公共団体にあるに過ぎない（全国公共図書館協議会　一九八二年調査）。この要因には、職階制が実施されていないことが大きい。国家公務員には職階制に関する法律があるが、事実上機能していない。地方公務員にも法制化する予定であったが、実現していない。職階制には、公務員を差別分断する側面があり、民主的な公務員制度とは相容れない面があるため実現しなかったと言えるが、そのためにとりわけ専門性を保障する「職務」についての追求を弱めていることは否めず、科学的合理的な公務員制度になっていないのである。

国家公務員の職階制を実施するために「職種の定義および職級明細書」が作成されたが、司書については一九五一年二月二八日の人事院公示の中で示されている。すなわち、司書について「図書館の運営・管理または図書館資料の収集、選択、受入れ、分類、目録の編成、保管、閲覧、レファアレンス等の専門的な図書館業務に関して、調査研究し、または実施することを職務とするすべての職級を含む」と定義し、一級から六級までの職務内容の明細を明らかにしている。地方公務員については、国家公務員の作業を参考にしながら一九五二年当時、地方自治庁と地方の人事委員会との共同調査研究が行われ、司書も二二の職種の一つとして挙げられていた。自治省は毎年地方公共団体定員管理調査を実施しているが、そこでは職種を四〇に区分し、司書（補）は学芸員（補）とともに同一の欄に記入するようになっている。上記作業の名残かもしれないし、司書職の存在を認めているともみえる。

職階制の実施は、その後もたびたび問題提起がなされてきたが、一九八二年の臨調第三次答申においては「職務分類制度の在り方について、現行職階法を廃止する方向で、現実的立場から検討を行う」ことを求めている。

2　図書館職員の現状

図書館が増え、サービスの拡大にしたがって、これまで図書館職員も増え、司書有資格者も増加してきた。しかし最近は、一概にそのように言えない。専任職員数および司書有資格者数の低迷もしくは減少、頻繁な人事異動によるベテラン司書の減少、非常勤・臨時職員、派遣職員の増加という状況にある。地方公共団体における行政改革のためである。

地方公共団体が実施する行政事務の領域はますます拡大しているが、その要員の増加は許されない。その結果、専門的職員の採用の手控え、職種を越えた人事異動、専門性の高い職種については非常勤もしくは外部からの派遣という状況が生まれるのである。自治省が出している行政改革指針、人事管理の方針には、複数分野の専門的知識、経験を有する「複合専門型職員の育成」が強調されており、頻繁な異動を招く「経歴管理システム」

の導入を求め、それを促進している。

このように専門的職種にとって、その制度を拡充することが困難な状況になっている。条例、規則等で司書有資格者の配置、職名の設置がなされていても、近年はそれが発動されず、一般事務職として発令される傾向が目立っている。東京特別区は四四あった職種を二二に減らし、職名「司書」を廃止した。その際の理由は「現行の細分化された職種では職域が限定され、円滑な異動管理が困難な面があることから、職員の一層の能力活用等のため職域の拡大を図る必要がある」というものであった。

自治省の「地方公共団体定員管理便覧」をみると、法令等により地方公共団体に置かれる職員の職は八〇〇種近くある。これらのうち旧地方自治法別表第六に挙げられているものをはじめ「必置職」とみなされるものは三〇〇以上ある。これは、地方分権推進の視点から「必置規制」であるとして見直しが行われた。図書館法による国庫補助金交付要件としての館長の要件、人口規模に応じた司書の配置についても、規制緩和を理由として廃止されたが、このとき結果として見直しになったものは四六件に過ぎなかった。

地方六団体は地方分権推進委員会で、「国の法令等により職員の配置基準が示されている分野に属する職員は、地方公務員総数三二七万人のうち二〇一万人であり、最近二八年間の増加数の八割を占める」との発言をしたが、国の規制の強いことがわかる。館長や司書のことについて「必置規制」と捉えるようなことは是認できないが、地方公共団体が、その地域の実態や課題に照らして有効な人事管理を独自に行うことのできる仕組みがないのである。六割もの職員が、国の法令等で規制されて配置されるような実態は地方分権とはいえない。さらに、自治省が地方公共団体に課している行革計画の策定、定数調査、職員給与実態調査などは、今後とも継続していくことになっており、これらが国の行政指導の重要な梃子になっている。財源とともに人事管理の課題について、自治体の権限拡大につながらなかったことは、「地方分権」政策の問題点を示しているともいえる。

図書館にはさまざまな雇用身分の職員がいる。地方公務員法をもとに分類すると、おおむね次のようになる。

専任職員　第一七条

非常勤職員　第三条第三項第三号　第二八条の二

臨時職員　第二二条第二項、第五項

これらの職員は、一般職、特別職の違いがあり、その責任度合いや勤務形態等も異なるが、いずれも教育委員会等が任用する地方公務員である。

これとは別に、外部からの派遣職員がいる場合がある。役所の外郭団体からの派遣のほか、清掃など施設管理の企業や専門的業務の受託企業からの派遣、さらに「労働者派遣事業の適正な運営の確保及び派遣労働者の就業条件の整備等に関する法律」(労働者派遣法)による派遣などがある。一九九九年、労働者派遣事業の適用対象業務の規制が事実上なくなった。これらの職員の雇用主は教育委員会あるいは図書館ではないため、指揮命令の系統が複雑になる。このほかに、図書館はボランティアに活動の場を提供しているが、本来の趣旨とは異なる「ボランティア」の名による事実上の職員の例もある。NPO法人(特定非営利活動法人)との契約による派遣もある。

館長および司書が行う業務は基幹的業務であり、委託に馴染まないとされている。また、司書、司書補の担う業務について、「公立図書館の設置及び運営上の望ましい基準について(報告)」(二〇〇〇年)には「資料の収集、整理、保存及び提供、情報サービスその他の専門的業務に従事し」とあり、これとの調整が求められる。

3　司書の専門性の高度化

地方公務員、司書の人事管理については、以上のような課題に直面しているが、一方で司書の専門性を高める要請も強い。

生涯学習審議会社会教育分科審議会は、一九九六年四月に「社会教育主事、学芸員及び司書の養成、研修等の改善方策について（報告）」を出した。社会の急速な変化に呼応して司書の養成と現場司書の研修について改善する必要があるとするものである。これにより司書養成課程が改善され、研修体制の整備等が図られている。研修を実施することにより、高度で実践的な専門性を有する司書に対して、それを評価する名称の付与制度の提起もしている。

さらに同審議会図書館専門委員会は、一九九八年一〇月「図書館の情報化の必要性とその推進方策について（報告）」を出し、図書館に地域の情報拠点としての役割を果たすことを求め、その中で司書には、「人々の求める多様な情報を適切かつ迅速に提供する能力」「住民の情報活用能力の育成を支援していく能力」が必要であることを述べている。司書の専門性をいっそう高めることを述べたものとして、これを活用していく必要がある。

三　図書館の財政

1　補助金、起債

図書館事業は自治事務であり、これの実施に必要な財源は本来自主財源でまかなえることが大切である。ところが国と地方との税配分は、その行政事務の配分と逆転しているなど公正ではない。しかし「地方分権」政策では、課税自主権の拡大などを含めて財源問題についてはきわめて不十分である。一九八〇年代後半からのバブル経済の時期を中心とした公共事業拡大政策の進展は、政府の補助金に過度に依存する傾向と、一六〇兆円もの未曾有の借金を招いた。地方公共団体が企画する政策の判断基準に、政府の補助金、起債の有無があるという実態は、自治の喪失である。このように政府の用意する特別財源に過度に依存する体質がつくられてきた。図書館においても同様である。

図書館法に基づく図書館建設補助金は、一九九八年度でもって事実上廃止された。零細補助金の統合という地方六団体の要求にしたがったものであるが、それに至る数年前からの交付件数は、予算が予定していた数を下回る状況が続いていた。その一方で、通産省、農林省、防衛施設庁などの補助金のほか、多くは自治省が管理している地域総合整備事業債で図書館建設を進めることが通例になってしまい、このことは結果として図書館法の期待する図書館事業の展開を保障するのではなく、建物をつくることだけが目的となってしまってきたのである。とりわけ地域総合整備事業債は、その返済すべき元金、利息分の最高七五%まで地方交付税で措置するという誘導も行われていた。この手法は、地方交付税の本質を変質させるものであった。地方交付税は、本来地方公共団体の一般財源として使われるべきものであるが、相当額が政府の恣意による補助金と化した。

しかし地方分権推進一括法による図書館法改正では、第二〇条の補助金の規定は削除されなかった。依然として、政府に補助事業を課することは続いているのである。補助の性質、内容を特定するこの補助金の発動を求めることが大切である。

2　地方交付税

地方交付税制度は、地方公共団体間の税源の不均衡による財政力の格差を、国が調整するために設けられたものであり、「地方公共団体が合理的、かつ妥当な水準における行政を行うのに必要な財源が確保される財政調整制度」と説明されている。一定の算式により基準財政需要額と基準財政収入額を算定し、収入額の不足している地方公共団体に交付金として配分するというものである。実際には、充てるべき財源の総額が次のように事実上決まっているので、不足額が完全に補塡されることはない。その財源は所得税、法人税、酒税の国税三税による収入額の三二％と消費税収入額の二九・五％、たばこ税収入額の二五％が充てられる（地方交付税法六条）。

基準財政需要額算定は、道府県は一七〇万人、市町村は一〇万人を標準規模の地方公共団体とみなし、行政項目ごとに行う。行政項目は、地方公共団体が実施している事務のすべてを取り上げているわけではないが、図書館については、「第三節　教育費」「第五款（市町村は第四款）その他の教育費」「細目　図書館費」に挙げられている。標準規模の道府県には図書館が一館あり、図書館協議会委員が九人、職員が二八人いることとしている。標準規模の市町村には、図書館が一館あり、職員数は七人であり、図書館協議会はない。

需要額の算定は、「単位費用×（測定単位×補正係数）」の算式で行う。図書館費の測定単位は人口であり、補正係数は人口の多寡により補正する（段階補正）。

一九九九年度の図書館費は別表のとおりである。これをみてわかるように、これで「合理的、かつ妥当な水準」の図書館行政ができるのか疑問である。市町村には図書館長の給与が積算されていないし、資料費は少ない。コンピュータが八割を超える図書館で導入されているが、その経費は積算されていない。経年変化でみる

地方交付税・図書館費（平成11年度）

道府県

細　目	9 図 書 館 費	細　節	同　左

歳　出

経費区分	経費	積算内容	
給与費	千円 209,120	館　長	11,260,000円× 1人＝ 11,260千円
		職　員　A	8,970,000円×14人＝125,580千円
		職　員　B	5,560,000円×13人＝ 72,280千円
報酬	186	図書館協議会委員報酬	
		委員長	11,500円×2日×1人＝ 23千円
		委　員	10,200円×2日×8人＝163千円
賃金	485	図書修理	4,800円×101人＝485千円
旅費	596		
委託料	1,702		
備品購入費等	51,823	図　書	2,700円×15,400冊＝41,580千円
		視聴覚資料	2,380千円
		巡回自動車	2,400,000円×$^1/_6$＝ 400千円
		書架等	6,219,000円×$^1/_8$＝ 777千円
		その他	6,686千円
歳出計	263,912		

市町村

細　目	3 図 書 館 費	細　節	図 書 館 費

歳　出

経費区分	経費	積算内容	
給与費	千円 53,470	職　員　A	8,800,000円×4人＝35,200千円
		職　員　B	5,440,000円×3人＝16,320千円
		宿日直手当	1,950千円
旅費	204		
需要費等	17,102		
		図書購入費	1冊2,700円×5,190冊＝14,013千円
		視聴覚資料購入費	646千円
		その他	2,443千円
歳出計	70,776		

（出典：『地方交付税制度解説（単位費用篇）』平成11年度
地方交付税制度研究会編　地方財務協会　1999年6月）

と、賃金や、道府県の図書館協議会の経費は人数、開催回数とも減少傾向にある。資料費については、これでも一九九二年度に大きく増加した。この年には、初めて「公立図書館の設置及び運営に関する基準（報告）」が、文部省生涯学習局長通知として出された。そこには、開架図書冊数の二割を年間増加冊数とする積極的な内容が盛り込まれた。また一九九三年度から学校図書館図書整備事業が始まった。これらとの関連はあるのだろうか。

地方交付税は行政水準の標準化をもたらす側面がある。基準の「大綱化弾力化」がいわれる中、地方交付税は財源というきわめて具体的な形での「基準」を示すものである。その内容を豊かにする義務が政府にはある。

四　地方分権にふさわしい制度化を

日本の図書館事業が飛躍した一つの時期は一九七〇年代であり、これは住民運動を背景に自治体が図書館振興政策を策定し、それを実施に移したときである。公害、消費生活、高齢者・幼児の医療費無料化、などのほか、大企業に対する法定限度額課税や政府に対する自治体からの超過負担解消の訴訟もあった。これらの中にはその後、政府の施策に反映されたものが多い。自治体が中央政府に先行して創意ある政策を展開したのである。最も地方分権が輝いていた時期であったともいえる。

図書館事業は図書館法だけでなく、本書でも紹介されているような多くの法律に支えられ、あるいは規制されているが、地方分権の拡大につながるような視点で、つまり地方分権推進一括法の提案理由にある「地方公共団体の自主性及び自立性を高める」立場で、それらの法律、制度をみる必要がある。それが「土地の事情」により図書館サービスを実施できる基盤づくりにつながるものである。

（松岡　要）

参考文献

1　長野士郎『逐条地方自治法』第一二次改訂新版　学陽書房　一九九六
2　杉村敏正・室井力『コンメンタール地方自治法』勁草書房　一九七九
3　自治省行政課『改正地方自治法詳説』帝国地方行政学会　一九六三
4　西尾勝「地方分権と地方自治」『新地方自治法講座　一二』ぎょうせい　一九九八
5　松岡要「公立図書館の専門性と可能性」『地方自治の本流へ』日本評論社　一九九九
6　「公の施設」『市町村事務要覧』ぎょうせい（加除式）
7　木田宏『逐条解説地方教育行政の組織及び運営に関する法律』第二次改訂　第一法規出版　一九九三
8　鹿児島重治『要説地方公務員法』第三次改訂版　学陽書房　一九九六
9　地方公務員定員問題研究会『地方公共団体の定員管理マニュアル』自治日報社　一九九五
10　松岡要「公共図書館の職員の現状、職種、『必置規制』」『図書館界』四九巻三号（一九九七年九月）
11　松岡要「『必置規制』について考える」『図書館評論』四〇号（一九九九年六月）
12　石原信雄『地方財政調整制度論』ぎょうせい　一九八四
13　松岡要「公立図書館のテクノロジーを支える財政基盤」『図書館界』五一巻五号（二〇〇〇年一月）

六章　図書館法と関連法規

一　情報公開制度と図書館

1　情報公開法と図書館

「図書館は、民主主義の学校」といわれる。主権者である個々の国民が日常的な政治的学習を積み重ね、そこで培った眼をもって、負託をした政治、行政につき、そのときどきの政府を監視しなければ、権力は容易に腐敗し、受益者たるべき国民に対し、逆にキバをむくことになる。図書館は、私小説やハードボイルドなどレクリエーション的な読書に誘うところでもあるが、覚醒した利用者国民に対し、日常的な政治、行政にかかわる情報を提供する機関でもある。

民主主義の下では当然のことであるが、主権者国民に対し、政治、行政にかかわる情報を主体的に入手する権利を認めるものが、いわゆる情報公開制度であり、わが国では「情報公開法」と略称される「行政機関の保有する情報の公開に関する法律」がそれにあたる。一九九九年にようやく制定され、二〇〇一年四月一日施行と先進諸国では最も遅い実施であり、そのことにもこの国の民主主義の脆弱さが端的に示されている。それだけに、政治教育の場としての公共図書館の役割に期待するところが大きいはずである。

法律題名の示すとおり、わが国の情報公開法は、内閣に置かれる機関、内閣の所轄の下に置かれる人事院、国家行政組織法の下で規律される諸機関、および会計検査院を対象とするもので、国会や裁判所はその対象から除かれている（したがって、立法府に置かれる国立国会図書館は、この情報公開法の適用対象には含まれない）。すなわち、霞が関にある国の行政機関とその地方支分部局を対象として、そこに勤務する職員が職務上作成し、または取得した文書、図画《とが》および電磁的記録で、その機関が組織的に用いるものとして保有している「行政文書」につき、外国人を含むすべての人が公開を請求することができる。対象となる「行政文書」の中には、「官報、白書、新聞、雑誌、書籍その他不特定多数の者に販売することを目的として発行されるもの」（法二条二項一号）は含まれない。実務マニュアル、実務法規解説など、行政機関が監修、編集、作成した情報資料といえども、市販されるものについては、比較的容易に入手可能なもので、図書館資料としても受け入れられており、それらを利用すればよく、ことさら情報公開請求の対象とするには及ばないという趣旨である（当該市販行政資料が発行部数の少ないもので、すでに絶版になっている場合には、要求があれば進んで情報提供することが、情報公開法の精神にかなう）。

国立民族学博物館、国立歴史民俗博物館、および公文書館、博物館、美術館、図書館その他これらに類する機関で総務大臣が指定する機関（情報公開法施行令二条）が所蔵、保有する「歴史的若しくは文化的な資料又は学術研究用の資料」として特別の管理がなされているもの（法二条二項二号）については、情報公開請求を待つまでもなく、もともと広く国民の利用に開かれており、情報公開請求の対象外とされている（したがって、国立大学附属図書館や各省庁の設置する図書館と所蔵資料の利用者への提供は、情報公開請求によるものではなく、設置に伴う当然のサービスということである）。しかし、これらの図書館的諸機関が保有する資料の中には、他の行政機関が作成し、使用した後に移管されたものがありうる。他の行政機関が所定の保存期間満了以前に移管した資料については、情報公開請求の対象となりうる（施行令三条二項）。

もっとも、先にあげた情報公開法施行令第二条に掲げられた国立民族学博物館等の図書館的機関についても、情報サービス以外に行政的な職務も行っており、その行政的な職務遂行の過程で作成、取得し、組織的に保有している情報資料は、情報公開請求の対象となる。

2　公立図書館と情報公開条例等

わが国の情報公開制度は、国レベルでは一九九九年まで制度化が実現しなかったが、地方自治体レベルではすでに一九八二年に山形県金山町が公文書公開条例を制定しており、二〇〇〇年四月現在、全国三二九九団体のうち一四二六団体、四三・二％が情報公開条例ないしは要綱を制定している。都道府県レベルは、すべて情報公開条例を実施している。大半の情報公開条例は地方議会をも対象としており、数は少ないが地方議会を対象とする固有の情報公開条例を設けているところもある。

これらの地方自治体の情報公開制度の下においても、国の情報公開法と同じように、もっぱら市民に対し情報サービスを提供することを任務とする公立図書館は、所蔵する図書館資料および他館との図書館間相互貸借（ILL）によって資料を提供する。それらは情報公開制度を待つまでもなく当然の職務として行われるもので、情報公開請求の外側にあるものとされている。

しかし、公立図書館が設置自治体の作成による地方行政資料を図書館資料の中に抱えているときには若干趣を異にする。地方議会の議事録や首長部局作成の内部資料などは、情報公開制度の対象とされるもので、それが図書館の一般資料と同じように取り扱われるときには、その部分について実質的に公立図書館が情報公開を行っているのと同じ効果を発揮することになる。また、特異な事例ではあるが、公立図書館を情報公開請求の窓口の一つとしているところがあり、そのことは公立図書館が地域社会の情報サービスのワン・ストップ・クリアリング・センター機能を果たすべきだとの立場にたてば望ましいことである。さらにいえば、レファレンス・サービスにおいて、利用者から地域の行政にかかわる情報を求められたとき、それに対応して首長部局に照会したり、担当課を紹介したりすれば、それもまた実質的には情報公開請求に応じたことと等価な意義をもつ。

一方、公立図書館は、一般には、教育委員会のもとにある教育行政機関の一つでもある（首長部局の一部門とされていることもある。このときには、図書館法に基づく公立図書館とは見なされていない）。図書館資料等の発注や情報機器の管理運営、職員の人事管理など、カウンターの背後で行われている行政的事務については、他の行政機関と異なるところはなく、住民の情報公開請求に応えなければならない。

公立図書館の中には、図書館設置条例に「利用者の秘密を守る」との規定を入れているところがある。これは憲法第一三条から導かれる「プライバシーの権利」の図書館版といえるもので、プロフェッショナル・コードである「図書館の自由に関する宣言」に対応するものでもある。もっとも、半数を超える地方自治体が個人情報保護条例をもっており、その場合には、公立図書館においても利用者の利用事実に関する個人情報の取扱いについては当該条例の規律するところにしたがう。条例上、登録利用者データベースを他のシステムと結合することが禁じられていることもある（図書館収集の個人情報の目的外利用にもあたる）。この図書館利用者のプライバシーについては、地方公務員法第三四条の守秘義務の要請するところでもあり、図書館職員は「職務上知りえた秘密」を第三者に漏らしてはならず、その秘密は行政内部の外部に知らせてはならない機密だけでなく、利用者のプライバシーも含まれると理解するべきである。それは、医者が患者の秘密を、弁護士が依頼者の秘密を、牧師が懺悔をした信者の告白を他にもらしてはならない法上および倫理上の義務に対応するものでもある。図書館利用者のプライバシーは、法と条例により重畳的に保護されるものである。

二　公立図書館と都市機能

次に、主として図書館とまちづくりの関係について、関係法令を参照しつつ、検討することにしたい。図書館、特に公立図書館は、都道府県庁や市町村役場、駅、警察署、税務署、デパートなどと並んで、その街の顔、シンボル施設、ランドマークの一つである。そのことから、設計者をはじめとする関係者たちは、創意工夫を凝らし、図書館の意匠をそのまちの雰囲気にふさわしい素晴らしいものにしようとする。

三大都市圏等の巨大都市集積を再編整備、開発、誘導していくにあたっても、文化、教育諸施設の適正供給が強く望まれる。文化、教育諸施設の中には、当然、公立図書館が含まれる。しかるに、従前、首都圏整備法、近畿圏整備法、中部圏開発整備法や筑波研究学園都市建設法とそれらの下位法令、関係計画に公立図書館の整備促進が織り込まれていたものが、最近の国レベルでの諸計画から「図書館」という語句が消えていく傾向にあることはゆゆしき問題と思われる。

公立図書館を建設しようとする地方自治体が、「防衛施設周辺の生活環境の整備等に関する法律」のいう特定防衛施設関連市町村である場合には、国から補助を受けることができる。また、「公共用飛行場周辺における航空機騒音による障害の防止等に関する法律」に基づく特定飛行場の周辺区域自治体が、図書館を設置管理しようとする場合については、特定飛行場設置者から障害緩和のための所定の補助金を受けることができるほか、国から関係資金の融通、あっせんなどの支援措置が受けられる可能性がある。発電用施設周辺地域整備法は、一定規模以上の原子力発電施設、火力発電施設、水力発電施設、および原子力発電関連施設所在の地方自治体とそれに隣接する自治体に対して、整備計画を作成した場合には、図書館を含む整備計画に基づく事業に必要とされる経費につき、国が交付金を交付したり、財政上および金融上の援助を与えるものとしている。

一般に、地方自治体の規模にもよるが、地方自治体が公立図書館建設・整備事業に取り組む場合、「単費」と呼ばれる当該自治体固有の財源だけで手当てするには困難をともない、国や都道府県の用意している種々さまざまな補助金メニューの中から特定の補助金制度を利用することが多い。しかし、できあいの補助金制度を利用すると、「補助金等に係る予算の執行の適正化に関する法律」（補助金等適正化法）などにより、当該補助制度の趣旨を越えて目的外使用や転用ができないだけでなく、住民のニーズに応えた柔軟な対応がはばまれる可能性が高いことを承知しておかなければならない。

1　公立図書館の建設

地方公共団体が新たに公立図書館の建設に乗り出す場合、まずその用地を押さえる必要がある。バブル崩壊以前に、公有地の拡大の推進に関する法律により、土地開発公社を使って購入した当該自治体の財政を圧迫している土地の中に、適切な土地を見いだすことができれば、用地取得については問題はなかろう。しかし、当該地方公共団体が適切な土地を所有していないときには、新規取得に動かなければならず、用地買収に入ることになる。土地の取引実勢価格が下落している今日、比較的高値の公示地価を提示された地権者はこれを受け入れやすいものと思われるが、少数にせよ、関係地権者の中には用地買収に応じない者もいるであろう。そのような場合、図書館法に基づく公立図書館の建設は「公共の利益となる事業」として土地収用法の認めているところであり、予定敷地につき土地収用手続をとることができる（同法三条二二号）。

2　都市計画上の公立図書館の位置づけ

先にも述べたとおり、公立図書館はまちのシンボル、まちの顔の一つである。都市計画法においても、その第一一条第一項五号に「学校、図書館、研究施設その他の教育文化施設」とあげられ、潤いのある計画的な都市づくりに必要な都市施設の一つとして認められており、都市計画決定の対象となる。健康で文化的な都市生活の実現を目指す都市計画区域においては、都市計画区域内の既成市街地および向こう一〇年で優先的に市街化を図る区域とされる「市街化区域」に公立図書館を建設しようとする場合においても、また都市計画区域内で市街化を抑制すべき「市街化調整区域」に公立図書館を建設しようとする場合においても、公立図書館建設のために行う土地の区画形質を改変する開発行為については、「公益上必要な開発行為」として、都道府県知事の開発許可を要しないものとされている（法二九条、同法施行令二一条）。

都市計画法は、住工混在や日照をめぐるトラブルなど都市生活環境の混乱を防止し、健全で安定した都市機能の配置を実現するために、その第八条に「地域地区」を定めている。その地域地区の中には、大抵の場合、市街化区域を構成する第一種・第二種低層住居専用地域、第一種・第二種中高層住居専用地域、第一種・第二種住居地域、準住居地域、近隣商業地域、商業地域、準工業地域、工業地域、工業専用地域の一二種類の「用途地域」が定められている（法八条一項一号）。ときに眼にするであろう「都市計画図」において、黄色や赤、青、紫などの色塗りがしてあるあの部分である。これらの用途地域の中では、それぞれ目的とする良好な環境を守るために、一定の建築行為を禁止している。具体的には、都市計画法と連動する建築基準法の第四八条各項、および別表第二に定められているとおりである。公立図書館は、もっぱら工業の業務の利便の増進を図る地域である「工業専用地域」には配置することが許されないが、それ以外の一一種類の住居系、商業系、工業系の用途地域に設置、管理、運営することが認められている。「ポストの数ほど図書館を」というキャッチフレーズがあり、そのようにコミュニティの全体に広く配置されることが期待されている公立図書館であるが、わが国においても、制度的には、そのような方向で整備されることに何らの障害も存しない。公立図書館は、都市において、最も普遍的に存在すべき公共公益施設の一つである。

このようにコミュニティに広く配置できる図書館であるが、その敷地、構造、設備および用途について定めているのが建築基準法である。建築基準法は、その第二条第二項に、学校、体育館、病院、劇場その他を特殊建築物としており、図書館はその特殊建築物の一つとされ、通常の建築物とは異なる取扱いを受けている。図書館を建設するにあたっては、工事着手前に関係法令や条例の規定に適合する旨の建築確認を受けなければならない。実務的には、関係事務は都道府県知事の法定受託事務とされており、都道府県の個別事情に応じて定められた建築基準条例等に規律されるところが大きい。図書館は、建築基準法、建築基準条例をはじめとするこれら関係法令の定めるところにより、一定の要件を満たす場合には、耐火建築物もしくは準耐火建築物でなければならず、避難施設や消火施設を備える必要があり、内装なども法令の求める仕様にしなければならない。

ひるがえって、民間ディベロッパー等が一定規模（原則として一千㎡であるが、三大都市圏の内部においては五〇〇㎡のところがある）以上の開発行為を行おうとしたとき、先に述べた都道府県知事の開発許可が必要であるが、そのときの開発許可の基準が都市計画法第三三条第一項に定められている。そして、その開発が、戸数にして四〇〇〇戸以上、人口にして一四、〇〇〇人以上に及ぶ大規模なものである場合には、それに見合った公共・公益的施設を適切に配置することを求められる。その公共・公益的施設の基準の中に、当該開発区域のセンター地区に文化施設として図書館ないしはその分館を設置することが予定されている（都市計画法施行令二七条）。その趣旨は、公共施行の土地区画整理事業や市街地再開発事業等にも活かされるべきである。

また、都市公園法において、国または地方公共団体が設置する、「都市計画施設」としての公園、緑地、もしくは都市計画区域内の公園、緑地を「都市公園」としている（法二条一項）。この都市公園の中に、都市公園としての効用を発揮するため、もしくはその効用を一層高めるために設置される施設が「公園施設」である（法二条二項）。公園施設として、都市公園法第二条第二項六号に「植物園、動物園、野外劇場その他の教養施設で政令で定めるもの」が規定され、同法施行令第四条第五項に「その他の教養施設」の一つとして図書館があげられている。図書館は、都市生活のオアシスである都市公園にふさわしい施設でもある。

都市計画区域内の地区ごとにその特性に応じて定められる詳細計画である「地区計画」においても、図書館とその分館、分室が適切な位置づけを与えられることが強く望まれる（都市計画法一一条一項五号参照）。

ちなみに、図書館が環境に対して与える負荷について、日本工業規格「し尿浄化槽の容量算定基準」（JIS　A三三〇二）によれば、その設置すべきし尿浄化槽の処理対象人員の算出式を次のように定めている。

n＝〇・〇八A　〔n：処理対象人員、A：図書館の延べ面積（㎡）〕

3　ハートビル法と図書館

新たに新築しようとする図書館は、「ハートビル」でなくてはならない。「ハートビル」とは、高齢者や身体障害者などが安心して気持ちよく利用できる建築物のことである。俗に「ハートビル法」と呼ばれているのが「高齢者、身体障害者等が円滑に利用できる特定建築物の建築の促進に関する法律」で、不特定多数の人々が利用する建築物（特定建築物）に関して、建築主（特定建築主）は、出入口、廊下、階段、エレベーター、便所、駐車場など（特定施設）につき、車椅子で利用できるとか、手摺りをつけたり、滑りにくくしたり、警告ブロックを敷設するなど、高齢者や障害者などが円滑に利用できるようにしなければならないとされている。図書館はその特定施設の一つである（同法施行令一条九号）。公立図書館の場合には、一般に地方公共団体が特定建築主となる。

この「ハートビル法」に基づき、建設大臣が、高齢者、身体障害者等の利用を不可能にしている建築物の障壁を除去するための特定施設に関する基準（基礎的基準）と、高齢者、身体障害者等が特段の不自由なく建築物を利用できるようにするための特定施設に関する基準（誘導的基準）を定める。都道府県知事は、図書館を含む特定建築物を建設しようとする特定建築主に対し、基礎的基準を勘案し、指導、助言を行うことができる。そして、特定建築主は、申請により、誘導的基準を満たす場合には知事の認定を得ることができ、その認定建築物に対しては、国庫からの予算補助や、所得税、法人税、事業所税など税制上の特例措置、一九九九年に日本開発銀行、北海道東北開発公庫が統合された日本政策投資銀行などからの低利融資の支援措置、建築基準法に定められた建築確認手続の簡素化、容積率の特例などを受けることができる。図書館は、高齢者や身体障害者などにやさしい施設でなくてはならないのである。

4　図書館設置にともなう周辺環境への法的効果

図書館は、先にもみた通り、基本的には、あらゆる人々によって身近に利用されるべき生涯学習に仕える公共施設であって、その立地環境を選ばないものである。むしろ、社会的、経済的に劣悪な環境の中にこそ、図書館の提供するサービスが強く望まれ、その猥雑な地区の真っ只中に置かれることこそ望ましいようにも思われる。図書館は、福祉的色彩を濃厚にもつ文化教育施設のはずである。

ところが、わが国の関係法制度は、いささか逆の趣をもっている。俗に「風営法」と略称される「風俗営業等の規制及び業務の適正化等に関する法律」は、キャバレー、ナイトクラブ、バーなどの「風俗営業」、およびソープランドやラブホテルなどの「風俗関連営業」を規律する法律である。この風営法の第二八条第一項は、一団地の官公庁施設、学校、図書館、もしくは児童福祉施設、あるいは都道府県条例で定めるその他の施設の周囲二〇〇メートルの区域内に風俗関連営業を禁止している。すなわち、図書館があれば、そのまわり二〇〇メートル以内にソープランドやラブホテルは存在しえないのである。

同じ趣旨のことが旅館業法にも定められている。旅館業法は、洋式の構造・設備をもつホテル営業、和式の構造・設備をもつ旅館営業、宿泊場所を多数人で共用する構造・設備をもつ簡易宿所営業、および一月以上の期間を単位として宿泊料を得る下宿営業を「旅館業」とし、その旅館業を規律する法律である。旅館業法第三条第三項は、旅館業を営もうとする施設が、大学を除く幼稚園、小学校、中学校、高校、そして児童福祉施設、および公民館、図書館、博物館、ならびに都道府県条例で定める類似の施設の周囲おおむね一〇〇メートル以内に新設されようとし、その設置が上記学校、児童福祉施設、社会教育施設の「清純な施設環境」を著しく害するおそれのある場合には、その許可申請に対し不許可とすることができる旨を規定している。このとき、公立学校については教育委員会、私立学校については知事部局の担当課、児童福祉施設についても所管行政庁の意見を徴することになっているが、図書館を含む社会教育施設に関しては、法上の定めはない（法三条四項）。

もっとも、このような図書館につき、騒音規制法は、学校、保育所、病院、特別擁護老人ホームとならんで、それらが周囲五〇メートルの範囲にない場合と比べて、五デシベル低い騒音環境基準を適用できるものとしている。

三　財政破綻の現状における公立図書館の整備

わが国の財政は、バブルがはじけた後の不況下においても、小さくない痛みは不可避だとしても、積極的に未来を切り拓く情報やバイオなど産業構造の高度化への取り組むよりも、効果の薄い道路や新幹線をはじめとする従来の公共投資にはるかに大きなウエイトをおいてきた。このような無定見な財政運営が傷口を広げ、国と地方公共団体の財政を立ちゆかなくしている。国においては公団、公社などの特殊法人、外郭団体、そして地方公共団体においては、土地開発公社や第三セクターなど、それらのバランスシートの多くは無残な状況にある。国や地方公共団体が自立した経営体でなければならないとして、最近、民間企業で行われている「連結決算」をすれば、すでに倒産している状況にある。

公立図書館運営所要の経費については、財源の均衡化を図る目的をもつ地方交付税法（現実には、地方自治体に必要な財源を国が補塡する制度）の下で算出される基準財政需要額の中に見込まれている。その具体的詳細については、毎年度公表される『地方交付税制度解説（単位費用篇）』で見ることができる。しかし、地方自治体の手にわたる地方交付税交付金は使途を拘束するものではないため、そこで算出された図書館費は必ずしも現実の公立図書館の運営に支出されることにはならない。首長と財政当局の見識が問われている。もっとも、そこで算出された金額は、市民にとって使いでのある公立図書館が保障される程度のものとはなっていない。

現在、公立図書館を設置、運営している地方公共団体の多くは、現実に支出する図書館費を大きく削減し、サービス水準の低下を招いている。また、地方財政危機の中で、新たな住民のニーズと時代の要請に見合った公立図書館の新設、改築も困難さを増している。

1　不況下の図書館機能の拡充と複合施設の見直し

公立図書館の一般的なイメージを示すと、都道府県立図書館や政令指定市などの図書館は多層階の大規模な建築物、一般市の図書館と町村図書館は平屋もしくは二階建てということになろう。公立図書館としては、このような独立施設が望ましいとされてきた。一方、主婦が買物籠をぶらさげ、子どもたちの手を引いて訪れることが期待されてきた公立図書館は、市民の生活動線が重畳的に重なり合う中心市街地に設置されることが絶対条件のように理解されてきた。そのことから、地価の高い中心市街地に公民館や福祉施設、体育館などとの複合施設の一部として、公立図書館が施設供給されることも少なくなかった。これら複合施設建物に入居する個別施設に対し、補助金を与える中央省庁は、メイン・エントランスにそれぞれの看板を掛けさせるほか、別に余計な固有の入口を設けさせたり、補助金と引き換えにそのまちの実態にそぐわない個別施設の仕様を強いることも少なくなかった。従来の公立図書館を含む複合施設には、明確に不合理な縦割り行政の名残が見て取れることもある。

一九九九年に地方分権推進一括法が成立し、翌二〇〇〇年四月にこれが施行された。建前として、国と地方自治体が対等の関係、水平的役割分担の関係になったのである。公立図書館の設置、管理、運営は、自治事務の一つで、それぞれの地方公共団体は、図書館法を目安として、自律的、主体的な図書館行政を展開できるし、そうすることが期待されてもいる。図書館は、古代からの発展の歴史にも明らかなように、その一部に公文書館的機能をもち、美術館、博物館的機能をももつものであったし、コミュニティの学術活動の中心に位置するとともにに、文化創造の拠点施設でもあった。そして、いま生涯学習の受け皿として期待され、市民の情報リテラシー、ネットワーク・リテラシーの涵養をもその任務に加えようとしている。複合的機能をもつ強力で清新な公立図書館像が、それぞれの地方公共団体で模索されるべきときが来ている。

2　PFI法と公立図書館サービス

一九九九年七月、「民間資金等の活用による公共施設等の整備等の促進に関する法律」が制定され、すでに施行されている。この法律はPFI（Private Finance Initiative）法とも呼ばれ、イギリスのメージャー政権が一九九二年に本格的にはじめた民間主導の社会資本等の公共サービス供給政策をなぞったもので、行政が公共サービスを民間事業者から購入して市民に提供するという方式を採用することが多い。

わが国のPFI法に基づき、民間資金を導入、活用し整備を図る「公共施設等」の中に教育文化施設が含まれ、公立図書館がその対象とされる余地があることは間違いない（同法二条一項三号）。いくつかのパソコンを備えた小綺麗な読書空間とそこで働く低賃金の職員がいる施設が民間資金で整備され、市民に提供される。そして、そのサービスを地方公共団体が買い取り、当の民間の主体はリスクを負うことはない。しかし、このような姿は図書館サービスのアウトソーシングの一形態で、従来、図書館界で問題とされてきた図書館サービスの財団委託の変形にすぎない。高度な図書館情報サービスを目指さなければならない二一世紀において、ただ原価圧縮を主要な目的とするこのような手法がもし今後普及するようなことがあるとすれば、図書館サービスの発展にとって問題が多いと言わざるをえまい。

四　情報通信基盤の整備と図書館

アメリカの公共図書館は、学校と同じように、情報スーパーハイウェイにつながり、利用者は自由にサイバースペースに遊ぶことができる。そして、一九九六年電気通信法（1996 Telecommunication Act）第二五四条（h）項は、連邦通信委員会（FCC）に対して、学校と公共図書館を対象とする電気通信サービスの大幅割引サービス（二割〜九割）を維持するために、通信企業各社に課税する権限を賦与している。いわゆる「E-rateプログラム」である。この「E-rateプログラム」の財源確保のためのFCCの課税については、通信企業から不公平課税で違法だとして訴えられ、GTE対FCC事件（GTE Service Corporation, *et al.* v. FCC）として、現在、連邦最高裁判所で審理されている。

しかし、このアメリカの「E-rateプログラム」が、公共図書館のデジタル・サービスの普及に大きな役割を果たしていることは間違いない。また、アメリカの情報通信産業を支える多くの企業が、学校同様、公共図書館に対しても、ハードウェア、ソフトウェアを無償提供し、公共図書館を支援していることも忘れてはならない。

わが国においても、例えば、一九九八年一〇月に生涯学習審議会社会教育分科審議会計画部会図書館専門委員会が「図書館の情報化の必要性とその推進方策について—地域の情報化推進拠点として」と題する報告を公表している。この報告は、これからの公立図書館が「地域住民の公平で自由な情報アクセスを保障・支援する公的機関であり、地域の情報拠点として一層重要な役割」を担うべきものとの基本的認識に立っている。そこではまた、「米国をはじめ諸外国においては、電子化された多様な情報の発信源が急速に拡大発展しており、インターネットによって接続利用できる世界的な『サイバースペース』が実現しつつある」との的確な現状認識が示されている。そして、「今後の高度情報通信社会においても、［わが国の公立］図書館は、電子化された情報に対する住民のニーズに対して、適切に対応していくことが求められる。資料や情報の提供というサービスを通して、人々の様々な活動を支援してきた［公立］図書館は、地域の情報拠点として、電子化された情報を含めた幅広い情報を提供するとともに、人々の情報活用能力の育成を支援する体制をも整備する必要がある」としている。さらに、同専門委員会は、アメリカ議会図書館が中心となって行ってきた「アメリカン・メモリー」を引き、わが国においても、「地域電子図書館」構想を推し進めるべきことを提言している。

遅ればせながら、わが国の小学校、中学校、高校はまもなくサイバースペースに接続されようとしている。次の課題は、国内のすべての公立図書館をボーダレスなネットワークのインターチェンジに仕立て上げることである。デジタル図書館の制度化を一刻も早く実現するべきであろう。そのとき、アメリカの「E-rateプログラム」に学び、学校教育、および図書館のデジタル・サービスに対する情報通信経費につき、特段の配慮がなされなくては、わが国の情報リテラシーは覚束ないものとなる。

（山本順一）

参考文献

1　武田英治編集『図書館法規基準総覧』日本図書館協会　一九九二

II 図書館法各条解説

一章　図書館法の目的・図書館の定義

一　図書館法の目的（第一条）

（この法律の目的）
第一条　この法律は、社会教育法（昭和二十四年法律第二百七号）の精神に基き、図書館の設置及び運営に関して必要な事項を定め、その健全な発達を図り、もつて国民の教育と文化の発展に寄与することを目的とする。

本条は図書館法制定の目的を示す条文である。図書館に関する事項は、戦前においては勅令である図書館令（一八九九年制定）によって規律されていた。これに対し戦後は図書館法という法律によって規律されることとなった。このことの意義は単に法形式が勅令から法律に変わったということにとどまるものではない。すなわち、戦前の図書館行政が議会の関与を受けることなく、天皇の命令たる勅令に基づき遂行されたのに対し、戦後の図書館に関する立法・行政は、すべて国会によって制定される法律を根拠とするという、国民主権の原則に転換したことを意味している。図書館法に関してまずはじめに右の歴史的意義を確認しておきたい。

さて本条は、図書館法が「社会教育法の精神に基」づくものであることを明示し、次いで「図書館の設置及び運営に関して必要な事項を定め」ることにより、図書館の「健全な発達を図り」、「国民の教育と文化の発展に寄与する」という法制定の目的を明らかにしている。本条にいう「社会教育法の精神」とは、社会教育法に「この法律は、教育基本法（中略）の精神に則り、社会教育に関する国及び地方公共団体の任務を明らかにすることを目的とする」（一条）と規定しているように、「教育基本法の精神」と「社会教育に関する国及び地方公共団体の任務」を指している。

教育基本法と図書館法の関係については、すでに「I—二章　憲法・教育基本法と図書館法」において詳しく論じているのでそれにゆずるが、本条は図書館法が教育基本法—社会教育法という法体系上に位置づけ制定されたことを示すのみならず、わが国の歴史上はじめて、図書館が国民の「教育を受ける権利」（憲法二六条）に位置づけられたことを明示した点で、画期的な意義を有するものである。また本条は、「国及び地方公共団体は、この法律及び他の法令の定めるところにより、（中略）すべての国民があらゆる機会、あらゆる場所を利用して、自ら実際生活に即する文化的教養を高め得るような環境を醸成するように努めなければならない」（社会教育法三条）と規定していることを受けて、図書館の「健全な発達」と「国民の教育と文化の発展」に対する、国および地方公共団体の責務を明らかにしたものである。そして国および地方公共団体の図書館に関する行政活動は、「国民相互の間において自主的に行われる自己教育活動」に対する「助長奨励」であり、「図書館法の底を流れるものは、国民に対するサービスの活動」とされたのである。(1)

ところで図書館法は、成立過程においてはほとんどの場合「公共図書館法」という法律名称が使われていた。「公共」の文字がとれて単なる「図書館法」という名称になるのは法律制定五か月前の「図書館法案要綱（案）」（一九四九年一〇月一九日）であった。この経緯について西崎恵は、「図書館と言う言葉は日常使われている言葉で、社会通念としても図書館と言えば公共性をもつ図書施設について使われている。この社会通念をあくまで尊重して立法すべきである」(2)ということで、「公共図書館法」という法律名称は用いられなかったと述べている。

この「公共図書館」という用語については、小倉親雄が早くから、英米の「public library」の翻訳語であるが、原語の public library 概念とは異なる日本的な内容をもつものであることを指摘していた。(3)旧著『図書館法を読む』（一九九〇年）においても、森耕一がこの問題に多くの紙数を充てて論じている。

森によれば、(4)英米において成立した「public library」とは、次の五つの指標を含む概念であった。すなわち、①地域社会のすべての人々に開かれていること、②経費の全額または相当部分が公費によって賄われていること、③無料で利用できること、④法律に基づいていること、⑤民主的機関。こうした指標を含む図書館は「公立」図書館である。ところがわが国の「公共図書館」概念は、「一般公衆の利用に供する」図書館を指し、その設置主体、維持経費の性質については曖昧である。すなわち「公立」「私立」の両方をも含む概念であり、「public library」概念とは異なるものである。

こうした曖昧さは、図書館法が成立過程において「公共図書館法」として議論されてきたことにも見られるように、図書館法にも反映されている。すなわち図書館法の「図書館」概念が公立と私立の双方を含むものとして規定されていることである。森が図書館法解説においてあえて「公共図書館」概念の問題性を強調したのは、単純に学問的厳密性を求めてのことではなかった。そこには一九八〇年代に広がりを見せた公立図書館の管理委託問題があった。森は「公立」を強調することによって、図書館サービスに対する地方自治体の公的責任性を同時に強調しようとしたのである。この森の視点は今日においても依然として有効であろうと思われる。

二　第一条解釈の論点

図書館法は、「図書館の設置及び運営に関する事項」は地方公共団体の事務（自治事務）であるという地方自治の原則に立っている。この見地からすれば、図書館法は地方公共団体に対し、図書館の設置および運営に関する権限を授権すればこと足りるとも考えられる。しかし図書館法は、「図書館の健全な発達を図り」「国民の教育と文化の発展に寄与する」ために、「図書館の設置及び運営に関して必要な事項を定め」、一定の規制を加えている。

こうした規制をもって直ちに図書館の地方自治原則を侵害するものと考えるのは適当ではない。個々の地方自治体の施策を越えて、「全国画一的保障＝ナショナル・ミニマム確保の見地から、それぞれの施設が提供する役務・サービスの最低限度の内容あるいはその利用手続き[5]」等について、法律をもって規定することには積極的な意義があると考えられる。図書館法は後に見るように、図書館奉仕の例示、図書館の専門的職員（司書・司書補）の資格と養成、公立図書館の無料原則と条例による設置手続、私立図書館に対する不干渉の原則などを規定しているが、これらは国民の教育権保障の見地から、図書館の最低条件（ナショナル・ミニマム）を確保しようとするものであり、むしろ図書館法は、そうした条件を確保した上で、それぞれの図書館が「土地の事情及び一般公衆の希望」（三条）にそった積極的、創造的なサービスを展開することを期待し奨励するものである。

また、図書館法に先立って制定された社会教育法第九条において、図書館は「社会教育のための機関」としての位置と性格を与えられた。しかし、このことが「図書館は社会教育機関か」という図書館の基本的性格に対する疑問と法的位置づけの矛盾として長年にわたって議論されてきたことはよく知られている。これについてはすでに「I－三章　社会教育法と図書館法」において論じたのでここではふれない。

三　図書館の定義（第二条）

（定義）
第二条　この法律において「図書館」とは、図書、記録その他必要な資料を収集し、整理し、保存して、一般公衆の利用に供し、その教養、調査研究、レクリエーション等に資することを目的とする施設で、地方公共団体、日本赤十字社又は民法（明治二十九年法律第八十九号）第三十四条の法人が設置するもの（学校に附属する図書館又は図書室を除く。）をいう。

2　前項の図書館のうち、地方公共団体の設置する図書館を公立図書館といい、日本赤十字社又は民法第三十四条の法人の設置する図書館を私立図書館という。

本条は図書館法における「図書館」の定義を示すものである。本条は目的と設置主体の二つの側面から「図書館」を定義している。まず目的についてみると、本条は、「図書館」とは「図書、記録その他必要な資料を収集し、整理し、保存して、一般公衆の利用に供し、その教養、調査研究、レクリエーション等に資することを目的とする施設」であるとし、前半で必要な資料の収集、整理、保存、一般公衆の利用という「図書館」の基本的機能を列挙している。ここに規定されているように、図書館法にいう「図書館」とは、「一般公衆の利用に供」する、いわゆる公共図書館を指している。したがって学校図書館や地方議会図書室など特定の機関組織に付設され、その構成員に対してサービスを行う図書館（室）などは、図書館法の「図書館」には含まれない。それらについては学校図書館法、地方自治法等によって別に規定されている。また「一般公衆の利用に供」することを目的にしている以上、住民は正当な理由がない限りその利用が妨げられることがあってはならないし、差別的な扱いを受けることがあってはならない（地方自治法二四四条）。

なお本条に列挙された図書館の基本的機能については、第三条の「図書館奉仕」においてより具体的な内容が例示されている。例えば図書館が収集する「図書、記録その他必要な資料」については、第三条に「郷土資料、地方行政資料、美術品、レコード、フイルムの収集にも十分留意して、図書、記録、視覚聴覚教育の資料その他必要な資料（以下、「図書館資料」という。）を収集し」と規定していることからも、印刷資料のみを指すものでないことは明らかである。今日においては、電子メディアなども「必要な資料」として考える必要がある。

本条はさらに後半で、「教養、調査研究、レクリエーション等に資する」という図書館の目的を列挙している。この目的規定を、旧図書館令（一九三三年改正）の「図書記録ノ類ヲ蒐集保存シテ公衆ノ閲覧ニ供シ其ノ教養及学術研究ニ資スル」（一条）という規定と比べると、「レクリエーション」が新たに加えられていることが注目される。西崎恵は「国民の図書館に対する要望が、学術研究とか教養とか言ったものよりもっと寛ろいだもっとやわらかい楽しみをも含んできたためで、これに応ずるために、図書館はレクリエーションの面を加えてきた」のであり、図書館法はこうした「図書館の新しい傾向」を反映したものである、とその意義を指摘している。[6] このように「レクリエーション」規定は、「国民が何か楽しもうとする時、これに十分サービスし得る図書館でなければならない」[7] という戦後の新しい図書館像を示すものであった。

ところで図書館法における図書館の目的規定を、法成立過程における目的規定との関連で見ると、法成立過程では、「情報」「自己教育」「芸術鑑賞」「健全な娯楽」「文化施設の実施」など、実に多様な目的規定が登場している。成立した図書館法の「教養、調査研究、レクリエーション」という簡潔な目的規定はむしろ最終段階で登場したものである。すでに「I－三章　社会教育法と図書館法」において論じたように、こうした目的規定が登場した背景には、図書館関係者に根強かった図書館＝文化機関指向があった。最終的に図書館は「社会教育のための機関」としての法的位置づけを与えられ、これらの多様な目的規定も整理統合されたが、「教育的配慮の下に一般公衆の利用に供し、その教養、調査研究、レクリエーション等に資するために必要な事業を行い……」（博物館法二条）と規定した博物館の目的規定に比べ、その「教育」性は弱いものとなっている点が注目される。

四　図書館の設置主体

「図書館」の設置主体に関して本条は、地方公共団体および日本赤十字社、民法第三四条の法人に限定している。このうち地方公共団体が設置する図書館を「公立図書館」といい、日本赤十字社および民法第三四条の法人が設置する図書館を「私立図書館」という。

公立図書館の設置主体である地方公共団体には、普通地方公共団体（都道府県、市町村）と特別地方公共団体（特別区、組合、財産区）がある。また私立図書館の設置主体である民法第三四条の法人とは、「祭祀、宗教、慈善、学術、技芸其他公益ニ関スル社団又ハ財団ニシテ営利ヲ目的トセサル」法人、いわゆる公益法人を指す。日本赤十字社に関しては一九五二年の法改正で付け加えられたものであるが、現在、日本赤十字社が設置する私立図書館は存在しない。

以上の規定により、国は図書館の設置主体になることはできない。また個人、任意団体、営利法人、特別法によって規制される学校法人、福祉法人、宗教法人、特定非営利活動法人等も図書館の設置主体になることはできない。しかし、「図書館と同種の施設は何人もこれを設置することができる」という図書館法第二九条の規定により、これらの個人、団体、法人等が「図書館同種施設」を設置することは自由である。また図書館法は「図書館」の名称独占を規定していないため、これらの「図書館同種施設」に「図書館」の名称を用いることも自由である。名称独占は図書館関係者の強い要求であったが、最終的には「かえって名称を独占することによって、このような全く自由な町の図書館等をつくる気運を無くすることになっては、国民にとっても不利益であるし、一国の教育文化の発展の上からも好ましくない」[8]という理由で名称独占は規定されなかった。なお、私立図書館および図書館同種施設に関しては、「II－八章　私立図書館と図書館同種施設」で改めて詳論する。

「図書館」の設置主体に関しては、次に見るようにいくつか注目すべき点がある。まず旧図書館令（一九三三年改正）との関連でみると、旧図書館令では、公立図書館の設置を「北海道府県、市町村、市町村学校組合、町村学校組合並ニ町村制ヲ施行セザル地域ニ於ケル町村ニ準ズベキ公共団体及其ノ組合」（二条）に認め、私立図書館の設置については、「商工会議所、農会其ノ他ノ公共団体」（四条）、「私人」（五条）に広く認めていた（ただしその設置・廃止は地方長官の許可制）。そのため戦前期には地域の青年団などが経営する小規模図書館が数多く設立されてきたのであった。

これに対し図書館法では、特に私立図書館の設置主体を、日本赤十字社と民法第三四条の法人に狭く限定している。これについて西崎恵は、「公益法人でない、団体又は個人の設置するものは、その経済的基礎も、不明確、不安定を免れず、その隆替も個人的な或は偶然的な理由によって左右され易いので、将来行政対象となる私立図書館を設置するときは、まず公益法人を設立して、法人格をもった主体によって設置されるようにしようとする」ものであり、「図書館の質的向上を図るための施策」であると解説している。[9]しかしこれにより、公益法人を設立することの困難さとも相まって、戦後の私立図書館は四〇館前後と低迷することとなった。また従来私立図書館の扱いを受けていた青年団など法人格をもたない多くの個人、団体の図書館は「図書館同種施設」として扱われることとなった。

次いで、法成立過程において登場した設置主体規定との関連でみると、法成立過程では、国が設置する「国立図書館」を含む法案が多く見られた。文部省および図書館関係者は当時、戦前の帝国図書館を継承再編した国立図書館を設立し、それを頂点とする全国的図書館体系を樹立する構想をもっていたからである。しかしこの「国立図書館」構想は、一九四七年一一月六日の「公立図書館法案―兵藤第四案」を最後にそれ以降の法案からは姿を消す。それは一九四八年二月の国立国会図書館法によって立法府に属する国立国会図書館が設立されたことにより、文部省所管の国立図書館構想が挫折したためであった。

さらに公民館、博物館の設置主体との比較でみると、まず公民館の場合、市町村あるいは「公民館設置の目的をもって民法第三十四条の規定により設立する法人」（社会教育法二一条）に設置主体が限定されている。したがって、国、県、日本赤十字社は設置主体となることはできない。いわゆる市町村主義といわれるゆえんである。博物館の設置主体は、地方公共団体、民法第三四条の法人、「宗教法人又は前項の政令で定める法人」（博物館法二条）となっている。この「政令で定める法人」には、日本赤十字社と日本放送協会が挙げられている（博物館法施行令一条）。したがって博物館の場合は、宗教法人、日本放送協会も私立博物館の設置主体に含まれる点、公民館や図書館の場合以上に広く設置主体を認めている。こうしてみると、図書館の設置主体規定は公民館と博物館の中間を採った観がある。

五　第二条解釈の論点

第二条の問題点および解釈上の論点に関しては次のようなものが考えられる。第一に設置者管理主義が明確でない点である。学校の場合、学校教育法第五条に「学校の設置者は、その設置する学校を管理し」と設置者による管理が規定されている。ところが地方教育行政の組織及び運営に関する法律（地教行法）上は、学校と同じ「教育機関」である図書館についてはこの点が明確になっていない。このことが、八〇年代以降の公立図書館の地方公社等への「管理委託」を法的に容認してきた面がある。

第二に、近年一部の地方公共団体で、図書館法に基づかない公立の図書館を設置する事例が現われている。そしてその場合、多くは地方公社等への「管理委託」を実施している。むしろ「管理委託」を容易にするために図書館法に基づかない図書館を設置しているという方が実態に近い。図書館法第二九条は、「何人」にも「図書館と同種の施設」の設置を認めているので、地方公共団体が図書館同種施設を設置したとしても直ちにそれが違法となるわけではない。しかしながら、元来第二九条の「図書館同種施設」規定は、戦前には私立図書館として認められていたにもかかわらず、図書館法下では私立図書館とは認められない図書館を救済するためにつくられた条文であり、地方公共団体が「図書館同種施設」の設置主体となることはそこでは想定されていなかった。むしろ図書館法は地方公共団体に対し自ら公立図書館を設置し、「その健全な発達を図」る責務を課したのであって、地方公共団体が、図書館法に基づかない公立の図書館を設置することは、こうした図書館法の精神に反する脱法的行為であると言わざるをえない。

第三に、図書館法は私立図書館の設置を日本赤十字社と民法第三四条の法人にのみ認めている。しかし今日的状況の中で、私立図書館の設置主体の範囲については改めて検討課題となっている。例えば、社会福祉法人が設置する点字図書館は、法的には「視覚障害者情報提供施設」（身体障害者福祉法三三条）の扱いを受けている。しかし実質的に「図書館」としての役割を果たしていることから考えて、図書館法上の「私立図書館」に位置づける道が開かれてもよいように思われる。さらに「特定非営利活動促進法」に基づき設立された法人、いわゆるＮＰＯ法人が設置する図書館（例えば「高知こどもの図書館」）も、図書館法上の「私立図書館」ではない。この点の是非も今後検討すべき課題であろう。

（山口源治郎）

注

(1) 西崎恵『図書館法』（復刻）日本図書館協会　一九七〇　四三頁
(2) 西崎恵　前掲書　四八頁
(3) 小倉親雄「パブリック・ライブラリーの思想とわが国の公共図書館」『図書館学会年報』一二巻一号（一九六五年八月）一～二二頁
(4) 森耕一「図書館の定義」『図書館法を読む』日本図書館協会　一九九〇　七一～八七頁
(5) 岡田雅夫「福祉施設設置・管理条例」『条例研究叢書　八　福祉行政・公有財産条例』学陽書房　一九八一　一七三頁
(6) 西崎恵　前掲書　四九頁
(7) 西崎恵　前掲書　二〇頁
(8) 西崎恵　前掲書　四八頁
(9) 西崎恵　前掲書　五三～五四頁

三章　図書館奉仕

（図書館奉仕）

第三条　図書館は、図書館奉仕のため、土地の事情及び一般公衆の希望にそい、更に学校教育を援助し得るように留意し、おおむね左の各号に掲げる事項の実施に努めなければならない。

一　郷土資料、地方行政資料、美術品、レコード、フイルムの収集にも十分留意して、図書、記録、視覚聴覚教育の資料その他必要な資料（以下「図書館資料」という。）を収集し、一般公衆の利用に供すること。

二　図書館資料の分類排列を適切にし、及びその目録を整備すること。

三　図書館の職員が図書館資料について十分な知識を持ち、その利用のための相談に応ずるようにすること。

四　他の図書館、国立国会図書館、地方公共団体の議会に附置する図書室及び学校に附属する図書館又は図書室と緊密に連絡し、協力し、図書館資料の相互貸借を行うこと。
五　分館、閲覧所、配本所等を設置し、及び自動車文庫、貸出文庫の巡回を行うこと。
六　読書会、研究会、鑑賞会、映写会、資料展示会等を主催し、及びその奨励を行うこと。
七　時事に関する情報及び参考資料を紹介し、及び提供すること。
八　学校、博物館、公民館、研究所等と緊密に連絡し、協力すること。

一　図書館奉仕の理念

第三条は図書館がどのような活動をするのかを規定している。そして図書館がどのような活動をするかを規定することによって、図書館法を貫く理念をも表現している。ここでいう図書館法を貫く理念とは、教育基本法・社会教育法の精神に則って、知りたい・学びたい・楽しみたいと考える一般公衆に奉仕するという理念である。この理念を現実のものとし、さらに豊かに発展させていくために、職員はどのように配置されるべきか、国や地方公共団体は何をすべきかといったことが、第三条以下の各条文で展開されていく。図書館法はそのような構造をもっている。

第三条の規定の特徴は二つある。一つは、図書館奉仕という独特な用語が使われていることである。見出しに掲げられたこの語によって、一般公衆に奉仕することが図書館の役割であるとの理念が、だれの目にも明らかになっている。また、人びとに恩恵を施す機関から人びとに奉仕する機関へと、図書館の役割が大きく転換したこともはっきりわかる。

図書館奉仕という語は library service の訳語であると言われ、国立国会図書館法（一九四八年）第二条ですでに用いられている。しかし国立国会図書館とは違って、図書館法の規定する図書館は地域住民が日常的に利用する図書館である。そのような図書館法の中に、図書館奉仕という語が明記されていることの意義は大きい。

社会教育法第三条には「国及び地方公共団体は……すべての国民があらゆる機会、あらゆる場所を利用して、自ら実際生活に即する文化的教養を高め得るような環境を醸成するように努めなければならない」と規定されている。この規定から直接導かれることだが、社会教育行政における国や地方公共団体の役割は、環境を整備することによって、人びとの自主的で自由な自己教育を側面から援助し奨励していくことにある。そうした社会教育法の理念が、図書館法の中で端的に表現されているのが、この図書館奉仕の規定である。

図書館法制定時の文部省社会教育局長であった西崎恵もこの第三条の規定について、「新しい図書館は、国民に奉仕する機関でなければならない。国民が何かを学ぼうとする時、国民が一般的な教養を高めようとするとき、国民が何か楽しもうとする時、これに十分サービスし得る図書館でなければならない。図書館法はこの新しい図書館の行うサービスの活動を図書館奉仕として規定した(1)」と述べている。

図書館が行うのは、恩恵としての教育を人びとに施したり、特定の方向へと人びとを指導したりすることではない。西崎の述べるように、学びたい・教養を高めたい・楽しみたい、あるいは何かを知りたいと思う人びとへの奉仕の活動である。だからこそ図書館は、「土地の事情及び一般公衆の希望」にそわなければならないのである。

ところが、「特色ある図書館づくり」などと言って、特色をもたせること自体が図書館の目的であるかのような誤った意見がみられる。しかも、そこで言われる土地の事情および一般公衆の希望とは、実は行政当局側の都合による「事情」であったり、図書館側の思い込みによる「希望」であることが少なくない。土地の事情や一般公衆の希望とは、農村部だから農業の本が求められているとか、化学工場があるから化学の本が求められているといった単純なものではない。人びとがどのような条件のもとにあって何を求めているかは、図書館を利用する人びとから示される要望の一つ一つに確実に応えていこうとする日常の活動の中から見えてくるものである。

第三条の規定のもう一つの特徴は、図書館がどのような活動をするのかを、例示という形で示したことである。戦前の図書館令（一九三三年）には、図書館がどのような活動をするのかを具体的に示した条文はなく、「図書記録ノ類ヲ蒐集保存シテ公衆ノ閲覧ニ供シ其ノ教養及学術研究ニ資スル」といった設置目的が示されているだけであった。

ところが、新しく例示という形式をとったせいで、第三条に述べられていない活動については、それを実施する必要がないという誤った意見がときおりみられる。しかし「おおむね左の各号に掲げる事項の実施に努めなければならない」と述べられているように、例示されていない活動についても、それが図書館奉仕の理念を現実化させ発展させていくことに役立つなら、実施すべきなのは当然である。

例示という形式をとったことについては西崎も、「図書館奉仕のために図書館が行わなければならない事項の一応の例示にすぎない。時代の動きはその都度図書館に新しいサービスの活動を要求するかもしれない。……第三条の規定は新しい図書館の方向を示すのであって、この規定の上に、多彩な具体的な活動が展開されなければならない」(2)と述べている。

実際のところ図書館は、第三条に規定されていないサービスについても、積極的に実施してきた。例えば、図書館利用に障害のある人びとへのサービス、在住外国人へのサービス、予約サービス、児童へのサービスなどである。それらは、第三条の規定する図書館奉仕の理念を現実のものとし、さらに発展させようとする過程の中から、必然的に生じてきたサービスである。つまり、例示によって示された理念をもとにして、当の例示を越えたサービスを次々と展開させてきたのである。

二　図書館奉仕の具体的例示

図書館法は一九五〇年に制定された法律である。そのために、第三条に例示されている活動の中には、時代の変化に合わせて実施形態を変えてきたものもある。また、第三条には記述がないけれども、一般公衆の求めに応じて積極的に実施されている活動もある。つまり、図書館奉仕の具体的な活動は、人びとの多様で率直な要求と、それぞれの図書館の意欲や創意工夫によって、どこまでも広がり発展していく可能性をもっている。

1　図書館資料

第三条第一号は、図書館の収集・提供する資料について述べたものである。留意点等をいくつか述べたあと、

「その他必要な資料」を収集・提供すると規定している。ここでいう「必要な」とはもちろん「図書館奉仕に必要な」という意味である。つまり、図書館奉仕に必要であるなら、どのような資料であろうと、それを収集・提供していくよう推奨しているのである。

留意点としてあがっている郷土資料や地方行政資料は、人びとが自分たちの身の回りの事情について知り、自分たちのことを自分たちで決定していくという意味で、図書館奉仕には欠かせない資料である。しかも、それらの多くは一般書店では入手しにくい資料でもある。そのために図書館は、そうした資料についても、できるだけ網羅的に収集し、必要な人がいつでも利用できるように努力を続けなければならない。

留意点の中にはまた、美術品やレコードやフィルムもあげられている。これは、図書館奉仕には文字資料だけでなく、音声資料や画像・映像資料なども必要であることを規定したものである。例としてあげられたレコードやフィルムは時代とともに廃れているが、代わりにCDやビデオテープのような同種の資料が、多くの図書館で収集・提供されている。美術品についても、複製絵画を収集・提供する図書館が増えている。

ここには、視覚障害者のための、点字資料・録音テープ・電子媒体資料などはふれられていない。しかし、何かを知りたい・学びたい・楽しみたいと考えるすべての人びとに奉仕しようとするなら、それらは当然必要な資料であり、実際に収集・提供している図書館は多い。同様に、CD－ROMやDVDのような電子媒体資料についてもふれられていないが、やはり図書館奉仕にとって必要な資料との考えから、多くの図書館で収集・提供が始まっている。

このほか近年では、ネットワーク系の電子媒体情報を図書館がどのように提供していくのかが、さかんに論議されている。インターネット上には、各種のデータベースや、官公庁の速報資料、他では得られない特殊な情報など、図書館奉仕のために有用な資料が多数存在している。そのような点からいえば、ネットワーク系の電子媒体情報についても、図書館がそれを「一般公衆の利用に供する」必要のあることは言うまでもない。

このように、現在の図書館が収集・提供している資料の中には、第一号に規定されている資料もあれば、異なる形で規定されているものもあるし、まったく規定されていないものもある。西崎の述べたように、時代の動きが図書館に新しいサービスの活動を要求し、図書館はそれに応えて、第一号の規定の上に、さらに多彩な活動を展開させてきたのである。

なお、ネットワーク系電子媒体情報が、第一号に規定する「図書館資料」にあたるかどうかという問題が取りざたされている。もし図書館資料にあたるのであれば、第一七条の規定によって、その提供に対して「いかなる対価をも徴収してはならない」ことになる。一方「図書館資料」にあたらないのであれば、「すべての住民に奉仕する」という図書館奉仕の理念には反するが、仮に対価を徴収したとしても、それは必ずしも違法とはいえないという解釈もありうる。この問題については、「II－六章　公立図書館における『無料の原則』」に詳しく述べているので、そちらを参照していただきたい。

2　資料の効果的な提供

第二号は、図書館資料を住民に使いやすいように組織化することを述べたものである。図書館法の制定当時の目録は、自館に所蔵する資料のカード目録が主として想定されていたと思われる。しかし近年では、目録情報をインターネットで提供する図書館が増え、自治体を越えた図書館の所蔵状況が一挙に検索できるインターネット上の総合目録も整備されつつある。司書にますます高品質の書誌作成能力が求められているといえる。

第三号は、図書館資料についての十分な知識をもち、それを使おうとする利用者の相談に応じることを、図書館員に求める規定である。当然ながら、ここで図書館員に求められている知識とは、自館に所蔵する資料についてだけの知識ではない。また、利用者の相談に応じるというのも、自館に所蔵している資料についてだけの相談ではない。各種の総合目録や各種のツールを使えば、所蔵していない資料についても、さまざまな相談に応じられるからである。

第四号は、他の図書館や図書室との相互貸借について述べたものである。多様な人びとの多様な資料要求に応えるためには、自館に所蔵している資料だけでは不十分である。そのために、他の図書館と協力し、資料の相互貸借を行うことが必要となる。しかも現代では、インターネットで目録情報を提供する図書館が増えたり、相互貸借のための全国的な指針が作成されるなど、相互貸借のための条件が徐々に整ってきている。

近年ではさらに、複数の自治体が協定を結び、図書館の相互利用を可能にしたり、相互貸借のための運搬車を共同で運行させる例も見られるようになった。また、学校図書館との連携活動も進み、求めに応じて学校図書館へ資料を配送する活動も行われている。

ただし、相互貸借についての課題はまだ多いのも事実である。議会図書室との相互貸借などは、第四号に規定されているにもかかわらず、十分実現されているとはいえない。その試みがすすんでいる大学図書館や専門図書館との相互貸借もこれからの大きな課題であろう。

第二号から第四号までのどれもが、それぞれの図書館がもっている資料を、あらゆる人びとに効果的に使ってもらうために必要な事項を規定したものである。規定そのものは簡略なものであるけれども、その規定をもとにした図書館の創意工夫によって、インターネット上での総合目録や、自治体間の協定による広域利用など、さまざまな取り組みがなされているのである。

なお、第四号に述べられている相互貸借について、自治体間での協議および議会の議決を経なければならないとの意見がときおり見られる。地方自治法第二四四条の三に「普通地方公共団体は、他の普通地方公共団体との協議により、当該他の普通地方公共団体の公の施設を自己の住民の利用に供させることができる」（二項）、「前二項の協議については、関係普通地方公共団体の議会の議決を経なければならない」（三項）と規定されているからである。しかし、この問題に関しては、自治省が一九九〇年に「A町の住民がA町の町立図書館を通じて、B市の市立図書館の図書を利用しても、それはあくまで図書の利用であり、地方自治法第二四四条の三第二項で言う公の施設の利用には該当しないものと考えられる」との見解を出している。[3]異なる自治体の図書館同士が互いに協力し、総合目録の作製や相互貸借を行うことについては、第三条第四号だけでなく第八条（協力の依頼）による規定もある。

（協力の依頼）
第八条　都道府県の教育委員会は、当該都道府県内の図書館奉仕を促進するために、市（特別区を含む。以下同じ。）町村の教育委員会に対し、総合目録の作製、貸出文庫の巡回、図書館資料の相互貸借等に関して協力を求めることができる。

第八条は、都道府県の教育委員会が市町村の教育委員会に対して、図書館奉仕の促進のために協力を依頼することができるとした規定である。先の第三条第四号やこの第八条によって、相互貸借や総合目録などについての自治体の枠を越えた図書館網が推奨されていることがわかる。

ただし第八条は、教育委員会が教育委員会に協力を依頼できると述べているのであって、都道府県立図書館が市町村立図書館に直接依頼するという形はとっていない。また、命令したり指導したりするのでもない。市町村立図書館の活動について責任をもつのは当該市町村の教育委員会であるとの基本的な考え方が存在しているからである。「土地の事情及び一般公衆の希望にそい」という条文も同じ考え方を示している。こうした考え方には、社会教育行政における地方自治・地方分権の理念が表れていると言えよう。

3　サービスポイント

第三条第五号は、図書館奉仕のためにサービスポイントを増やすことを述べている。身近なサービスポイントをたくさんつくることで、「すべての住民が」あらゆる機会、あらゆる場所を利用して、知り・学び・教養を高め・楽しめるような環境を整えるのである。

第五号は、全域サービスの根拠となる規定である。しかし、この条文から直ちに全域サービスが発展してきたわけではない。全域サービスの考え方は、『中小都市における公共図書館の運営』（一九六三年）で定式的に提案され、『市民の図書館』（一九七〇年）で重点目標の一つにあげられてから広まったものである。つまり、図書館活動の基本は資料提供であって、資料提供をあらゆる人びとに行うために組織としての図書館が必要であると認識されるようになって、はじめて全域サービスが発展してきたのである。

相互貸借についても同じことがいえる。第四号の規定は相互貸借についての根拠を与えているが、第四号の規定から直ちに相互貸借が発展してきたのではない。図書館活動の基本が資料提供であることが認められ、その資料提供を確実に行うために予約サービスが発達し、予約された資料を必ず提供するために第四号に基づく相互貸借制度が発展してきたのである。

4　集会・文化活動

第六号は、集会・文化活動について規定したものである。図書館は、資料提供という基本の上に、集会活動や文化活動も発展させなければならない。あらゆる住民に資料と施設とを提供することによって、地域の教育や文化の発展のための中心的な役割を担うのである。

図書館には豊富な資料と集会室があって、それをだれもが自由に利用できる。また、図書館にない資料であっても、必要な資料は何とかして提供してくれる。そのような機能をもつ図書館は、仲間とともに何かを知りたい・学びたい・楽しみたいと考える人たちにとって、最も望ましい公共施設であるといえる。

なお、図書館で実施しているビデオ上映会について、近年、自粛の要望を権利者団体から受けるという問題が生じている。図書館でのビデオ上映会は著作権法第三八条第一項によって認められてはいるものの、ビデオ制作会社・映画館・ビデオレンタル店の営業妨害になり、権利者に対する利益侵害にもなるというのが理由であった。この問題については、日本図書館協会と日本映像ソフト協会の間で協議し、一定の確認はされたが、図書館法を遵守する立場からいえば、ビデオ上映会自体はこの第六号によって推奨されているということは確認しておく必要がある。

5　情報公開機関としての図書館

第七号は、時事に関する資料や情報を、図書館が提供することを述べている。ここでいう時事に関する資料や情報とは、現代社会の状況を知るのに必要なあらゆる資料・情報を指す。それは、仕事に直結する最新情報かもしれないし、地域で新たに生じた課題を解決するための資料かもしれない。新しい条例や規則についての情報かもしれないし、選挙に立候補した人のプロフィールかもしれない。現代の図書館は、そうした資料や情報も、積極的に収集・提供するようになっている。評価の定まった古典的な資料ばかりを収集・提供していた昔の図書館とは違ってきているのである。

第七号の規定に基づいて収集・提供する資料・情報の中で、最も重要なものは、国や地方公共団体の発行する行政資料であろう。図書館は、そのような行政資料を人びとに提供することによって、情報公開機関の一つとして機能するのである。このことの重要性は、地方行政資料に留意しなければならないと、第一号でも強調されていた。こうしたことから、例えば日野市立図書館のように、市役所の一角に市政図書室を設置し、それを市立図書館の一分館として機能させている図書館もある。

このほか、第九条の規定も、情報公開機関としての図書館の役割を支持するものである。第九条は、国や地方公共団体が、その刊行物を、図書館へ優先的に提供していくことを述べているからである。

（公の出版物の収集）
第九条　政府は、都道府県の設置する図書館に対し、官報その他一般公衆に対するこう報の用に供せられる印刷局発行の刊行物を二部提供するものとする。
2　国及び地方公共団体の機関は、公立図書館の求めに応じ、これに対して、それぞれの発行する刊行物その他の資料を無償で提供することができる。

国や地方公共団体が刊行物を提供する際には、それが有償か無償かが問題となる。第二項では無償と明記されているが、第一項には有償とも無償とも書かれていない。西崎によれば、無償で義務づけることは困難であったけれども、実際の提供にあたっては、できるだけ無償で提供するように努力することになっているとのことである。[4]なお、地方公共団体がその地方公共団体の設置する図書館へ、刊行物を無償で提供するのは当然のことであり、条例でそのことを明記している自治体もある。

6　関連機関との協力

第三条第八号は、地域の学校や社会教育施設などとの協力について述べたものである。「学校教育を援助し得るように留意し」との規定や、学校図書館との協力を述べた第四号の規定と関連した事項である。

学校や学校図書館との協力については、今のところ、学校図書館に資料を配送するシステム、学校への出張ブックトーク、学校図書館担当者との研修会といった活動がみられる。今後は、学校におけるカリキュラムが変化したり、学校図書館の働きが活性化することによって、各種の新しい協力関係が広がっていく可能性がある。

なお、座席を借りるだけの自習のことを、学校教育の援助だと言う人がいるかもしれない。しかし、図書館での席貸しは、資料を求めて来館した人たちが図書館を使えなくなるという意味で、図書館の本来の活動を阻害するものである。また、子どもの読書傾向が教師に漏れてしまうことを、学校との連絡・協力の一種だと言う人がいるかもしれない。しかし、プライバシーが守られないなら、自由で自主的な自己教育という理念は失われ、図書館のすべての活動が無意味になってしまう。

さらに第八号によれば、図書館が協力するのは教育施設だけではない。例えば、労働センター、公害研究所、福祉センターといった地域の公的機関が、図書館を中心としたネットワークを形成していくことは、地域住民が地域に存在する情報源を図書館を窓口として利用することを可能にするものであり、知る権利保障の水準を高めるものとなる。そのような協力関係を形成している実例も見られるようになった。


（山本昭和）

注
(1) 西崎恵『図書館法』(復刻) 日本図書館協会 一九七〇 二〇頁

(2) 西崎恵　前掲書　七五頁

(3)『図書館年鑑　一九九一』日本図書館協会　一九九一　三二九頁

(4) 西崎恵　前掲書　七四頁

参考文献

1　西崎恵『図書館法』(復刻)日本図書館協会　一九七〇

2　裏田武夫・小川剛『図書館法成立史資料』日本図書館協会　一九六八

3　裏田武夫ほか『図書館法研究　図書館法制定三〇周年記念図書館法研究シンポジウム記録』日本図書館協会　一九八〇

4「特集　地方分権と図書館法改正を考える」『現代の図書館』三六巻二号(一九九八年六月)六三〜一〇五頁

5「小特集　地方分権と図書館法『改正』」『図書館雑誌』九三巻一〇号(一九九九年一〇月)八三四〜八四一頁

6「特集　図書館法制定五〇周年とこれからの図書館」『図書館雑誌』九四巻四号(二〇〇〇年四月)二三一〜二四三頁

7「シンポジウム　図書館法五〇年」『図書館界』五二巻二号(二〇〇〇年七月)五一〜七五頁

8「特集　図書館法の五〇年」『図書館年鑑　二〇〇〇』日本図書館協会　二〇〇〇　二三三〜二六四頁

三章　司書・司書補とその養成

一　「司書」という職名

図書館に置かれる専門的職員を「司書（補）」と称することについて、図書館法第四条が次のように規定し、司書を法制化している。

（司書及び司書補）
第四条　図書館に置かれる専門的職員を司書及び司書補と称する。
2　司書は、図書館の専門的事務に従事する。
3　司書補は、司書の職務を助ける。

この法が対象とする公立図書館、私立図書館に置かれる専門的職員に対して「司書(補)」という名称を法的根拠をもったものとして与えたということであって、その他の館種の専門職員には直接関係のないことであるが、総務庁統計局の定める日本標準職業分類において「専門的・技術的職業従事者」の細分に「司書」があげられるなど、図書館員＝司書という認識は、今日、ある程度社会の中に定着しているといえよう。

法令上の「司書」は一九〇六（明治三九）年の図書館令改正に際して、第六条に「公立図書館ニ館長、司書及書記ヲ置クコトヲ得」と規定されたのが最初である。その後、図書館令から職員の関係を分離し、その待遇、任用、分限等が公立図書館職員令として一九二一（大正一〇）年に制定されるが、その中で司書は、従来の「置クコトヲ得」から「置ク」と改められ（一条）、その待遇・任務が「司書ハ奏任官又ハ判任官ノ待遇トス。館長ノ指揮ヲ承ケ図書ノ整理、保存及閲覧ニ関スル事務ヲ掌ル」（二条）と規定された。さらに一九三三（昭和八）年の改正で、司書検定試験制度が導入され、それに基づき、一九三六年に公立図書館司書検定試験規程が制定され、司書制度が整備された。

ところが戦後一九四六（昭和二一）年の改正で、公立図書館職員令は全文わずか二か条に縮小され、配置する職員も館長以外はすべて地方事務官に一括され、「司書」という名称は消滅する。そして翌年の憲法施行に伴う既存の命令の処理にかかわって公立図書館職員令は図書館令とともに効力を失うこととなり、図書館法制定までの間、図書館職員について特段の法的規定をもたない状態が続くことになった(1)。それもあって昭和二〇年代前半の図書館法制定運動の中では、ほぼ一貫して、専門職員としての司書の必置、大学レベルの図書館学校における司書養成と検定試験による司書資格取得が法に盛り込むべき重点的な内容の一つとして構想、期待されていた(2)。

このように、戦前にもすでに「司書」の職名があり、資格試験でその資格を取得した人もいたが、一九五〇年の図書館法によってそれとはまったく無関係に、新たに公立図書館等の専門的職員として「司書」が法制化されたのである。

現在、図書館の専門的な仕事に携わる職員に関する法的な根拠をもった職名としては、図書館法による司書のほかには学校図書館法に基づく「司書教諭」があるだけである。司書が直接には公立・私立図書館にのみ関係する専門職員の職名であることは先にも述べたとおりであるが、著作権法が、「図書館等における複製」を認める要件に、「司書又はこれに相当する職員」の配置を掲げており（三一条および同施行令一条の三）、また公・私立大学図書館員や学校図書館員（いわゆる学校司書）の採用にあたって、司書の資格を有するものを特定して選考する場合があるなど、他館種の専門職員についてもその基礎的資格を示すゆるやかな合意として、「司書」が認知されているものとみてよい。

二　職員制度としての司書

図書館法における司書についての規定は、第四条が既述のように図書館に置かれる専門的職員を司書および司書補と称することと、それぞれの職務の大綱を定め、第五条でその資格要件、第六条で資格取得のための講習について規定している。さらに、第一三条が公立図書館の職員に関して、「公立図書館に館長並びに当該図書館を設置する地方公共団体の教育委員会が必要と認める専門的職員……を置く」と規定している。これらを通じて、図書館には必ず司書が配置されねばならないとはなっていない（第一三条関係についての詳細は「II－四章　公立図書館の設置・職員」参照）。しかし、だからといって法の基本的な考え方は、図書館に司書がいてもいなくてもよいということではない。

図書館法案上程の趣旨説明において、当時の文部省社会教育局長は、立法にあたって特に留意した点の一つとして「職員制度の確立」をあげ、「図書館運営は高度の専門的知識と技能を必要とする」が、これまでそれに「必要な資格等の明確な規定を欠いていたため優れた人材を吸収」できず、「素人によって図書館が運営される傾向が強」く、それが図書館の不振を招いてきたと述べている。そのことを考慮しての図書館法制定であった。その趣旨に照らせば、専門的職員としての司書の配置は当然のことであり、どの程度の数を、いかなる要件で配置するか等についての自治体の裁量権を尊重し、法の規定としては司書の配置を奨励するにとどめたと解するのが至当であろう。

司書（補）が担う専門的な事務がどのようなものであるかについて法は、「司書は、図書館の専門的な事務に従事する」「司書補は、司書の職務を助ける」と述べるにとどまり、その具体的な内容にはふれていない。法の構成からすれば、第三条に掲げる図書館奉仕の各号の事項を担える人とみるのが自然であろうが、その点の明文化はない。二〇〇〇年一二月に成案を得、文部省から通知された「公立図書館の設置及び運営上の望ましい基準について」の「職員」の項で、「専門的職員は、資料の収集、整理、保存及び提供、情報サービスその他の専門的業務に従事し、図書館サービスの充実・向上を図るとともに、資料等の提供、紹介等の高度で多様な要求に適切に応えるよう努める」とあるのが、それを補う役割を果たすものとなろう。

司書と司書補の職務の違いについては、法が制定された直後の一九五〇年九月に次官通牒として「司書および司書補の職務内容」が示されている。一三三項目の仕事を総務的職務、整理的職務、奉仕的職務に大別して列挙したものであるが、司書と司書補を職務上区別することは図書館の実務において現実的ではなく、図書館員の仕事を全般的に把握し、職務分析を行う上での参考にする以上の意味をもつ文書とはなっていない（この文書は規制緩和による通知・通達等の見直しの一環として、一九九八年一二月に廃止された）。

二〇〇〇年四月現在、公立図書館の専任職員は一五、一七五人で、そのうち司書（補）有資格者は五〇・〇％となっており、経年変化でも大きくは変わっていない。司書職制度確立の指標として、これまで「司書」の職名を備え、有資格者を特定しての採用制度を実施することが求められてきているが、それを実現している自治体は県や指定都市、市町立の一部に限られており、法の期待するところからはよほど遠いのが現状である。

三　司書の資格要件

司書が図書館の「専門的職員」として社会的に認知されるためには、個々の利用者とその求める資料との確かな出会いを生み出す日々の図書館活動が、住民によって評価し、支持されるようなものであることが欠かせない。そのことの積み重ねが司書を専門家として認めることになる。そのようなはたらきにとって不可欠な専門的知識・技術の習得が、司書が専門的職員であるための基礎的な要件の重要な一つであり、図書館法はそれを「司書（補）となる資格」として第五条で定めている。

（司書及び司書補の資格）
第五条　左の各号の一に該当する者は、司書となる資格を有する。
一　大学又は高等専門学校を卒業した者で第六条の規定による司書の講習を修了したもの
二　大学を卒業した者で大学において図書館に関する科目を履修したもの
三　三年以上司書補（国立国会図書館又は大学若しくは高等専門学校の附属図書館の職員で司書補に相当するものを含む。）として勤務した経験を有する者で第六条の規定による司書の講習を修了したもの
2　次の各号のいずれかに該当する者は、司書補となる資格を有する。
一　司書の資格を有する者
二　高等学校若しくは中等教育学校を卒業した者又は高等専門学校第三学年を修了した者で第六条の規定による司書補の講習を修了したもの

端的にいえば、大学（短大を含む）卒業程度の一般教養と図書館についての一定の学習で「図書館の専門的事務に従事する」司書となる資格が得られ、高校卒業程度の一般教養と図書館に関する学習により「司書の職務を助ける」司書補となる資格が取得できるというのがこの規定である。

これはあくまで司書（補）となる資格があるということであって、それが即司書としての職務を保証するものでないことは言うまでもない。また、司書の資格があればそれで一人前の専門的職員といえるかと問われること

がよくある。これは司書の専門性をどのように理解し、それがいかに形成されると考えるかによって違ってこようが、有為な図書館員は、図書館の役割、はたらきについての専門的知識・技術の基礎的な学習の上に、日常のサービス活動を通じて、利用者との対応の中で不断に形成されるものと考えるならば、ここに掲げる資格要件を満たしていることは、専門的職員へと成長する上での不可欠な最低条件ととらえるべきであろう。司書の資格がなくても優れた図書館員となることはあり得よう。しかし、資格を備えた者の方が、よりその可能性が高いと考えるのが妥当である。

生涯学習審議会社会教育分科審議会が一九九六年の「社会教育主事、学芸員及び司書の養成、研修等の改善方策について」の報告で、社会教育指導者の資質向上と高度な専門性の評価という観点から、「高度で実践的な能力を有する」司書に対し、研修成果等を考慮して、「その専門性を評価する名称を付与する制度を設ける」ことを提起しており、適切な研修体制の整備、専門性の内実、いわゆる「司書のグレード制」の是非等についての議論をよんでいる。

図書館法以前の「司書」と現行の司書の間には法規上の継続性はない。そのため図書館法は法の施行後当分の間の司書の空白を防ぐため、附則において司書資格についての暫定措置を設けた。すでに法制定から五〇年を経過し、その実質的意味はなくなっているが、後で述べる講習の位置づけ、性格等を考える上で関係があるので、その内容を一応略述しておこう。

まず附則第四項で、法施行の際、現に図書館で司書（補）に相当する職務に従事する者は五年間、司書（補）となる資格を有するとし、第六項で、その者が五年の間に司書講習を受ければ、それ以後も司書の資格を有するものとして扱うことにした。この場合の図書館は、公立図書館だけでなく、旧図書館令による私立図書館、国立国会図書館、大学図書館など、この法が適用の対象にしていない図書館をも認めている。第五項では、現に公立・私立図書館で司書相当の職務にある者は司書になったものとするとされた。そのほか旧図書館職員養成所卒業者は有資格とすること、その前身の講習所卒業生や検定試験合格者は司書講習を受ければ司書となる資格を有するものとすることなどが定められた。これらの項目を通して、司書講習が主としてこうした多様な法施行当時の現職者等とのかかわりで始められたことが理解されるのである。

四　司書養成教育

司書となる資格を取得する場、すなわち司書養成教育の方式として、図書館法第五条は、講習を修了すること、大学における図書館学に関する科目の履修、の二つをあげている（司書補については講習のみ）。法の施行当時の状況として、図書館学を開講する大学がごく少なかったことから、多様な現職者等への配慮で設置された講習をまずは司書養成の主たる方式とし、大学における履修を従とする考えが第五条の配列順序にうかがえる。

司書（補）の講習については第六条に定めがある。

（司書及び司書補の講習）

第六条　司書及び司書補の講習は、大学が、文部科学大臣の委嘱を受けて行う。

> 2　司書及び司書補の講習に関し、履修すべき科目、単位その他必要な事項は、文部科学省令で定める。ただし、その履修すべき単位数は、十五単位を下ることができない。

ここでいう「大学」は、当初「教育学部又は学芸学部を有する大学」とあったが、一九五二年に改められた。この条文を受けた省令が図書館法施行規則の第一章（一～九条）で、俗に「講習規程」とよばれている。

講習規程は一九六八年、一九九六年に大幅に改訂された。科目の詳細は次項に譲るが、司書の場合、当初の一五単位が一九単位、さらに二〇単位に増え、六八年改訂により受講資格が大学を卒業した者（受講すれば司書になれる者）から「大学に二年以上在学して、六十二単位以上を修得した者」に改められた（二条）。在学生が受講できることになり、これによって当初の現職者に対する措置という講習の性格が薄まり、図書館員を目指す人を対象とする養成教育のニュアンスを強めた。さらに講習修了証書の授与者を「文部大臣」から「講習を行う大学の長」に改め、修了者の氏名を文部大臣に報告することを義務づけた（八条）。この改正は、司書養成が「大学」で行われることを一層明確にしたという点で評価されるが、他方、講習を司書養成の恒常的な場にしたことで、講習の是非をめぐっての論議をよぶことになった。

五　教育基準とカリキュラム

日本図書館協会（日図協）図書館学教育部会の調べによれば、一九九九年五月現在、司書資格を取得できる教育の場は、一一一大学、七四短大、通信教育四校、講習一二校で、一九九八年度の司書資格取得者数は、大学・短大で一〇、三〇六名、司書講習修了者八三三名となっている。[3] これらが準拠している教育基準が図書館法施行規則第四条である。

この条項は、「司書の講習において司書となる資格を得ようとする者」が修得すべき科目と単位数を第一項で定め、第二項で、受講者がすでに大学において「前項の科目の単位に相当するものとして文部科学大臣が認めたもの」を修得している場合には、それを充当できるとしている。明らかにこれは講習についての規定であって、大学教育には本来関係のないはずのものである。ところが、法第五条第二項において、「大学において図書館に関する科目を履修したもの」としながら、それがどのような内容であるかが明示されていないため、大学における司書養成教育の基準にこれが準用されている。具体的にいえば、司書資格を大学で出そうとすれば、そのための教育課程案を文部科学省に提出し、図書館法施行規則第四条第一項（講習科目）に相当することの認定を受ける必要があるとされている。[4] 社会教育主事の資格取得を定めている社会教育法第九条の四が、司書の場合と同様に講習を第一にあげた上で、その第三号において、「大学において文部科学省令で定める社会教育に関する科目の単位を修得した者」（傍点筆者）と規定しているのとこの点で対照的である。[5] 本来、大学において行う教育の内容について文部科学省が定めたり、認定を受けるのはおかしいという議論があり得よう。しかし司書の場合、社会教育主事のように「省令で定める」という規定を欠き、それを大学が主体的・積極的に生かすだけの条件をもたず、講習が主であるという形を恒常化してきており、「講習科目に相当する」との認定手続きが続けられている。その結果、図書館学を主専攻とし、資格取得を一義的な目的にしていない図書館情報大学などごく一部の大学を除くほとんどの大学の図書館学教育（いわゆる司書課程）では、講習と大差のない開講科目、単位数のカリキュラムとなっている。それぞれの大学における図書館学の位置づけ、認識の弱さがそれに拍車をかけていることも否めない。

施行規則第四条の講習科目・単位数は一九六八年の改正により当初のものから相当に変わり、さらに「情報化をはじめとする社会の急速な変化」への対応と「生涯学習社会にふさわしい開かれた資格制度」を標榜しての九六年改正で大きく変わっている（表1参照）。当初は、必修の甲群一〇科目一一単位、選択が乙・丙群それぞれ二科目二単位以上で合計一五単位以上とされていたのが、六八年改正で、必修九科目一五単位、選択が乙・丙群それぞれ二科目二単位以上の合計一九単位以上となった。単位数では四単位増であるが、演習科目については時間数が講義の二倍（一単位三〇時間）となるので、資格取得に必要な最低時間数は五割程度増えている。科目編成では必修科目を二単位構成とすることで細分を避けたこと、情報管理の新設など図書館をめぐる状況の変化にある程度応えようとしたが、他方で児童奉仕に関連する科目が必修から選択になったこと、図書館史が「図書及び図書館史」へと同じ単位数で扱うべき範囲を広げたことなどに疑問も多い内容であった。

この改訂は、文部省が依頼した「司書講習等改善に関する会議」（議長・岡田温）の、いま直ちに法改正を望むことはできないので、「司書を一級、二級、あるいは上級、下級の二段階に分け、現行法のものを二級または下級に位置づけることによって、将来の本格的な改善の一部として、現行の講習内容を改善する」との合意による審議を経て実施された。(6) 法の本文に「履修すべき単位数は、十五単位を下ることができない」とあるので、単位数を増やすとしてもおのずと限度があり、文部省の当初意向はせいぜい一〜二単位を増やす程度であったとい

う。(7)

この科目構成がその後三〇年近く続いたが、前述の一九九六年四月の生涯学習審議会社会教育分科審議会報告を受けた九六年八月の省令改正により、必修科目一二科目一八単位、選択科目二科目二単位以上の併せて二〇単位以上と改正された。この改訂に向けては、日本図書館研究会の図書館学教育研究グループ、あるいは日図協図

［司書補］

	1950年当初 （単位数）		1996年改正 （単位数）	
必修科目			生涯学習概論	1
	図書館通論	1	図書館の基礎	2
	閲覧と貸出	2	図書館サービスの基礎	2
			レファレンスサービス	1
	参考書解題	1	レファレンス資料の解題	1
	複写技術	1		
	製本と修理	1		
			情報検索サービス	1
			図書館の資料	2
	図書整理法	2	資料の整理	2
	図書の目録と分類	3	資料の整理演習	1
	視聴覚資料	1		
	図書館統計	1		
			児童サービスの基礎	1
			図書館特講	1
甲群	図書館史	1		
	図書館施設	1		
乙群	社会教育	1		
	ジャーナリズム	1		
	速記法	1		

表１　講習規程における履修科目と単位数の変遷

［司書］

	1950年制定当初	(単位数)	1968年改正	(単位数)	1996年改正	(単位数)
甲群（必修）					生涯学習概論	1
	図書館通論	1	図書館通論	2	図書館概論	2
	図書館実務	1			図書館経営論	1
	図書選択法	1	図書館資料論	2	図書館資料論	2
					専門資料論	1
	図書目録法	2	資料目録法	2	資料組織概説	2
			資料目録法演習	1	資料組織演習	2
	図書分類法	1	資料分類法	2		
			資料分類法演習	1		
	レファレンスワーク	1	参考業務	2	情報サービス概説	2
			参考業務演習	1	レファレンスサービス演習	1
					情報検索演習	1
	図書運用法	1	図書館活動	2	図書館サービス論	2
	図書館対外活動	1				
	児童に対する図書館奉仕	1			児童サービス論	1
	視聴覚資料	1				
乙群	学校教育と公共図書館	1	青少年の読書と資料	1		
	成人教育と図書館	1	情報管理	1		
	特殊資料	1	資料整理法特論	1	資料特論	1
	図書館施設	1	図書館の施設と設備	1		
	図書館史	1	図書及び図書館史	1	図書及び図書館史	1
丙群	社会教育	1	社会教育	1		
	社会学	1	社会調査	1		
	ジャーナリズム	1	マス・コミュニケーション	1	コミュニケーション論	1
	図書解題及び図書評論	1	人文・社会科学の書誌解題	1		
			自然科学・技術の書誌解題	1		
			視聴覚教育	1	情報機器論	1
	図書及び印刷史	1			図書館特論	1

書館学教育部会から具体的に二四単位案[8]が提起されるなど、活発な論議が数年間にわたって展開された。

この改正の特徴として以下の点がある。

①「生涯学習概論」一単位を必修に据え、生涯学習にかかわる社会教育主事、学芸員資格との共通部分を盛り込んだ。

②「図書館経営論」（一単位）を新設し、「児童サービス論」（一単位）を必修に復活させた。

③「図書館資料論」に加えて必修で「専門資料論」、選択の「資料特論」を設けて資料に関する学習を強化した。

④「情報検索演習」「情報機器論」など情報関係の科目を強化した。

⑤資料組織関係の単位数を六単位から四単位に縮減した。

⑥選択科目に「図書館特論」一単位を設け、開講機関の裁量幅を生かすことにした。

総単位数が二〇に抑えられたことの不満は残しつつも、科目の再編については図書館経営論、図書館特論の新設などおおむね肯定的に迎えられた。しかし、勤務経験年数や司書教諭、社会教育主事の資格所持者について設けた種々の習得単位減免措置は根拠の乏しい内容であり[9]、大学における切り替えに学年進行の経過措置を認めないなど、文部省の過度な行政指導に問題が目立った。

六八年の改正では手がつけられなかった司書補の科目に関しては、九六年の改正において半世紀ぶりに全面的な手直しがされ、選択科目を廃してすべてを必修科目とする一五単位構成に改められた（表1参照）。

六　法の問題点と大学における司書養成

これまで図書館法の「司書」に関する条項についてみてきたが、そこには次のような問題点が指摘できよう。

① 図書館には司書を必ず置かなければならない旨の明示とそれに対応する配置基準を欠いていること。
② 司書の「専門的職務」についての具体的な明示がないこと。
③ 司書が教育公務員特例法上に位置づけをもたず、研修の根拠が明示されていないこと。
④ 司書養成が制度上、いまなお講習主体となっていること。
⑤ 大学における「図書館に関する科目」について、省令にその明示がないため、講習の基準が事実上、ほとんどの大学における教育基準となっていること。

このうち④に関連しては、講習中心となっているのはおかしいという点での異論はないが、講習そのものの存廃については意見の分かれるところである。また⑤については、それを法もしくは行政指導に求めるべきか否かに論議の余地があろう。前述のように大学教育の内容については本来、個々の大学において自主的、主体的に定めるべき事柄である。ただそれが法規による資格にかかわることから、文部科学省との関係が避けられないという性格の問題である。

大学における図書館学教育の基準としては、司書講習の規定とは別個に大学基準協会が定めた「図書館・情報学教育に関する基準およびその実施方法」（一九八二年）がある。学部もしくは学科レベルでの教育の基準として構想されたもので、基礎部門、メディア・利用部門、情報組織部門、情報システム部門にわたって三八単位以上を履修すべきだとし、最低四名以上の専任教員の配置を前提としている。大学の自主努力により、この程度の水準の教育を達成していくことが本来あるべき姿であろう。法の弱さに問題のすべてを帰すことではすまされない重要な課題である。

（塩見　昇）

注

(1) 西崎恵『図書館法』羽田書店　一九五〇　二二頁
(2) 法案の内容、変遷については、裏田武夫・小川剛『図書館法成立史資料』（日本図書館協会　一九六八）に詳しい。
(3) 『日本の図書館情報学教育　二〇〇〇』日本図書館協会　二〇〇〇
(4) 文部省社会教育局長通知「図書館法施行規則の一部改正について」（一九六八年四月二〇日）
(5) 塩見昇「司書養成のカリキュラムをめぐる当面の課題」『図書館雑誌』八一巻六号（一九八七年六月）三三四～三三五頁
(6) 中島俊教「改訂のねらいと留意点」『図書館雑誌』六二巻六号（一九六八年六月）二一九頁
(7) 昭和六三年度全国図書館大会第一一分科会における岡田温の発言（大会記録　二二七頁）
(8) 『図書館年鑑　一九九五』日本図書館協会　一九九五　二九一～二九五頁
(9) 塩見昇「〈座標〉講習科目の実務経験による減免―やるなら自己申告こそ望ましい」『図書館界』四八巻二号（一九九六年七月）五三頁

四章　公立図書館の設置・職員

一　公立図書館の設置（第一〇条）

（設置）
第十条　公立図書館の設置に関する事項は、当該図書館を設置する地方公共団体の条例で定めなければならない。

一般に「公の施設」の設置・管理については条例によることが定められている。「公の施設」とは、「住民の福祉を増進する目的をもつてその利用に供する施設」（地方自治法二四四条）であり、「普通地方公共団体は、法律又はこれに基づく政令に特別の定めがあるものを除くほか、公の施設の設置及びその管理に関する事項は、条例でこれを定めなければならない」（地方自治法二四四条の二）としている。

もともと、公の施設の設置について特別の法的根拠は要しないとしながらも、[1] この規定について、「公の施設の設置・管理に関する事項につき地方公共団体に条例制定を委任するものではなく、地方公共団体が自らの事務を処理するにつき当然に有する条例制定権を確認するとともに、設置・管理に関する事項についてはこれを必ず条例で規定するべき旨（必要的条例事項）を明らかにしたものであると解され、公の施設の設置管理条例の意義もそこに見い出すことができるものと考えられる」[2] とも言われる。

一方、地方自治法第一四条では、「普通地方公共団体は、法令に違反しない限りにおいて（中略）、条例を制定することができる」とされており、条例が図書館法や教育基本法等に違反する内容を定めることはできない。

ところで、図書館法第一〇条では、「設置」についてのみ条例の制定を求めている。したがって、地方自治法第二四四条の二の規定にもかかわらず図書館の「管理」に関する事項は条例ではなく通常教育委員会規則で定められる。「公の施設の管理とは、それぞれの『公の施設』の目的を達成するのに必要なすべての作用をいう。ということは、公の施設は住民の利用に供することを目的とするので、管理は各施設の目的に適った住民の施設利用を確保する作用であることを意味する。[3]」

「設置」に関して条例で制定する事項としては、「当該施設を設置する旨の宣言規定（公の施設の設置の根拠が法律に定められているものについては、その根拠条文を明示することが多い。）のほか、設置目的、名称、所在地等[4]」とされている。管理に関しては、法律に規定が委ねられているものの他、「何が必要的条例事項であり、何が規則制定事項であるかは、必ずしも明らかではない」とした上で、おおむね、次のようなものがあげられている。すなわち、a　使用料（利用料金）の徴収、減免、b　使用の許可、承認等、c　使用の拒否および使用許可、承認等の取消し、d　その他（①権利の譲渡、転売等の禁止、②原状回復および損害賠償義務、③立入調査、④要許可事項、⑤管理の委託）である。(5)

なお、使用料に関連して言えば、図書館法第一七条で無料の原則が特段に定められている。

稗貫俊文は「条例設置主義の意義は、公の施設の設置にかかわる一般論としてではなく、図書館、博物館の設置の意義に即して明らかにされるべきである」(6)とした上で、条例に定められる事項として、「図書館の設置目的、図書館の組織（本館、分館、分室、ブックモービルの構成と配置）、職員組織と館長の資格等」をあげ、条例設置主義の主たる意義は、資料の選択、収集、提供、廃棄等の図書館（図書館長）の自律的権限や利用者のプライバシーに関する職員の守秘義務を条例に明記することにあるとしている。(7)

日本では、自治体に図書館の設置義務はない。しかし、図書館サービスは、本来、住民の学習権保障の観点から、どのような地域においても必要なものであり、自治体は図書館サービスを実施することに努力すべきであろう。また、都道府県または都道府県教育委員会は図書館未設置自治体の解消に向けての政策・施策をもち、都道府県立図書館は必要な支援と補完サービスを行うことが望まれる。

図書館法制定当時から、図書館を義務設置とするかどうかについては論議があった。図書館が義務設置とならなかったのは、基本的には当時の財政事情による。つまり、自治体に図書館を設置できる財政的裏付けのあるところが多くなかったということと、国も設置のための補助金の財政的裏付けがなかったということである。それに当時は、まず、義務教育の政策・施策を優先しなければならない段階にあった。

図書館法の立案に直接あたった文部事務官の井内慶次郎は次のように説明している。

凡そ地方公共団体のなすべきことは、住民の福祉を図ることであるから、それぞれ図書館の一つ位は建設して住民の利用に供すべきである。特に今日程一般住民の教養の向上や知識、見識の向上が望まれる時はないのであるから、図書館の義務設置は当然といえるかもしれない。しかし図書館の普及状況は市町村については全く不振の一語であって、今直ちに全地方公共団体に義務的に図書館を設置させるとなると、その経費は莫大なものとなるが、国及び地方公共団体の今日の財政状況からしてその負担にたえない。予算面の十分な裏付をしないで、法律で図書館の設置を画一的に義務づけることは、徒らに地方公共団体を窮地に追いこむことになる。趣旨はまことに然りとしても、財政事情よりして義務設置ということにならなかったわけである。したがって図書館に対する世論が非常に成長して色々な障害を越えても設置しようとする地方公共団体が設置するということになるわけである。図書館が従来ややもすると、住民から浮び上ろうとした傾向から考えると、法律の規定によって有無を言わさず図書館を設置させるより、新しい図書館の在り方と必要性を啓蒙して、住民が本当に図書館を欲するようにもってゆくところから図書館運動が展開されることも、考え方によっては、真に住民の図書館を生みだすためには有意義なことともいえるであろう。(8)

義務設置としなかった積極的意義は、住民意思によって図書館がつくられるという住民自治という点にあるということである。したがって、図書館の設置条例は、その自治体の住民意思が明らかになっている内容が望ましいと言える。

二　公立図書館の職員（第一三条）

（職員）
第十三条　公立図書館に館長並びに当該図書館を設置する地方公共団体の教育委員会が必要と認める専門的職員、事務職員及び技術職員を置く。
2　館長は、館務を掌理し、所属職員を監督して、図書館奉仕の機能の達成に努めなければならない。

図書館法第四条第一項で「図書館に置かれる専門的職員を司書及び司書補と称する」と規定しているように、本条で言う「専門的職員」とは「司書及び司書補」のことである。

また、第四条第二項では、「司書は図書館の専門的事務に従事する」と定められている。専門的事務のない図書館というのは考えられないから、館長以外に職員を置くとすると、司書を図書館に置くのは当然と考えられる。

しかし、現実には司書の専門職制度がない自治体も多くある。東京特別区にも司書の専門職制度はない。荒川区の図書館の司書資格を有する職員の配転をめぐって下された「図書館職員配転問題にかんする東京都人事委員会裁決」（一九七八年一〇月二二日）では、次のような法解釈が示されている。

図書館法第一三条第一項は、「公立図書館に館長並びに当該図書館を設置する地方公共団体の教育委員会が必要と認める専門的職員、事務職員及び技術職員を置く」と規定しており、右専門的職員の中に、同法第四条第一項の規定にあるように司書が含まれることは、明らかであるので、公立図書館に司書を置くことは、少なくとも法の要望し、期待するところであることはこれを認めることができる。

しかしながら、右法文から直ちに図書館に必ず司書を置かなければならないと解されるものではなく、司書職の設置は、公立図書館の役割や実態ないし当該図書館のはたす機能および当該地方公共団体の人事行政の方針その他を総合的に勘案して決定されるべき事項である。

この解釈では、図書館法第四条第一項に定められている「専門的職員」と第一三条第一項に定められている「専門的職員」とは必ずしも同一ではないということになる。第一三条に第四条の「専門的職員」との関係について特段の規定がないのに、このような解釈が可能なのか疑問の余地もある。あえて言えば、「専門的職員」と「教育委員会が必要と認める専門的職員」とは異なるということになるが、そうすると、単に「専門的職員」としての司書・司書補と「教育委員会が必要と認める専門的職員」としての「司書・司書補以外の専門的職員」と考える方が自然で、後者に司書・司書補も含まれるというのは、かなり複雑である。また、仮にそのように解釈したとしても、図書館には図書館固有の専門的事務があり、司書はその専門的事務に従事する専門的職員として置かれるというのが図書館法の考え方だから、司書を置かない図書館というのは、図書館法で予定される図書館とは大きく異なるものである。

図書館サービスの中核を担うのは専門的職員としての司書であり、図書館の発展は司書の働きいかんによるが、図書館の仕事は必ずしも、図書館の専門的事務のみではない。それで、必要に応じて、事務職員や技術職員を置くことが定められている。

技術職員の具体的な例としては、ボイラー等の設備の運用・管理等の他、コンピュータ・システムの運用・管理、さらに開発等について、図書館に技術職員を置くということも考えられる。

第一三条第二項に関連して、学校の校長については「校務をつかさどり、所属職員を監督する」（学校教育法二八条三項）と定められているが、これにはいくつかの解釈が存在する。「『校務』について、文部行政解釈は、『学校のはたすべき仕事の全体』（学校業務）と解し、学校教育活動をもそれに含めるようである。これにたいし『校務』を校長処理事務と解し、教諭が行なう教育や事務職員が従事する学校事務を除外する考え方も有る。[9]」

図書館長と司書の関係についても、同様の解釈の余地はあると考えられる。しかし、いずれの立場をとるにせよ、館長は「図書館奉仕の機能の達成に努めなければならない」とされており、住民に責任を負う専門的な教育機関[10]の長としての図書館長のあり方が示されている。

「『館長』は『教育機関』の長として、任免権者に所属職員の任免その他の進退に関する意見具申権をもち（地教行法第三六条[11]）、図書館はこの長の立場に代表されるように一定の独立機関であることが示されている[12]」と考えられる。

「図書館奉仕の機能」を達成するためには、図書館法第二条に定められている図書館の定義から必然的に要求される、図書その他の資料の収集・整理・保存・提供、教養向上・調査研究・レクリエーションへの支援を日常の業務として行うのはもとより、図書館法第三条に示されている地域に根ざした具体的なサービスの実現が求められている。また、広く社会状況や図書館界の動向をとらえて、第一条に述べられているこの法の目的でもある

「国民の教育と文化の発展に寄与」することに努力しなければならない。

英米では図書館長は「library director」、「chief librarian」などと呼ばれる。図書館長とは、単に施設としての図書館の管理者というだけではなく、具体的な図書館サービスの指揮者であるということである。館長の仕事は図書館サービスをつくりあげていくことにあり、定められた事務を行っていればよいというものではない。

ところで、第一三条第三項はいわゆる地方分権推進一括法の成立によって削除された。その条文を挙げておく。

３　全文削除〔昭和三一年六月法律一四八号、昭和三六年六月法律一四五号、昭和三七年五月法律一三三号、平成一一年七月法律八七号一部改正〕　国から第二十条〔図書館の補助〕の規定による補助金の交付を受ける地方公共団体の設置する公立図書館の館長となる者は、司書となる資格を有する者でなければならない。但し、当該図書館の館長となる者のうち、都道府県又は地方自治法（昭和二十二年法律第六十七号）第二百五十二条の十九第一項の指定都市（以下「指定都市」という。）の設置する図書館の館長となる者及び指定都市以外の市の設置する図書館の館長となる者は、更にそれぞれ三年以上又は一年以上図書館の館長又は司書（国立国会図書館又は大学若しくは高等専門学校の附属図書館の職員でこれらの職員に相当するものを含む。）として勤務した経験を有する者でなければならない。

また、国庫補助を受ける際の最低基準（一九条、図書館法施行規則一〇条〜二〇条）も削除され、館長の専任かつ有給という要件（図書館法施行規則一一条）も廃止された。

この項が定めていたのは国庫補助金の交付の際の要件であるが、地方分権推進一括法では、「規制緩和」の立場から、司書有資格館長要件がいわゆる「必置規制」(13)として取り扱われ、削除されるに至ったものである。なお、図書館の建設補助金はこの法改正に先立って事実上廃止されていた。

国庫補助金交付の際の司書有資格館長要件については、町村などで、図書館開設時に有資格の館長を用意できない事例があったため、見直しの声が出ていた。当初は、司書資格の取得要件として大学を卒業していることが求められる点について、見直しの声が一部であがっていたが、最終的には司書有資格館長要件そのものが問題視され撤廃されるに至ったものである。

したがって、この項の廃止は直ちに、図書館の館長には司書資格がなくてもよいということを意味するものではない。補助金という国が関与する仕組みの中でさまざまな条件を設定すること自体が、地方分権の観点から適切ではないという考え方から廃止されたものである。「公立図書館の設置及び運営上の望ましい基準について（報告）」（二〇〇〇年）においても、「司書となる資格を有する者が望ましい」としている。

第二項で述べられた任務を行うためには、館長には司書資格があることが求められる。この第三項の規定は、最低基準にも達しない図書館については、館長有資格を求めても無理があることから設けられたものである。[14] 自治体は、一定の水準以上の図書館を設置し、司書資格を有した館長を配置することに最大限努力すべきである。

なお、図書館法第一三条第三項の撤廃については、改正案が示されている段階から図書館界から反対の声が強く、日本図書館協会でも見解を示している。[15]

（山重壮一）

注

(1)「一般に公の施設の設置・管理に関する事務は、地方公共団体の自ら執行し処理し得る事務——自治事務であり、これについて地方公共団体が条例を制定しうるのは当然であること（憲法九四、自治法一四Ⅰ）、他方、地方公共団体が公の施設の設置・管理を通じて行なう行政は、非権力的手段による役務・サービス供与行政（授益的非権力的行政）であって、住民の権利ないし自由を制限しあるいは義務を課する侵益的権力行政とは異なり、特別の法的根拠を要しない（いわゆる法治主義に関する「侵害留保」説）と解される」（猪野積「条例と規則（二）」『新地方自治法講座　三』ぎょうせい　一九九七　三七三頁）

(2) 猪野積　前掲書　三七三〜三七四頁

(3) 兼子仁・磯野弥生『地方自治法』（自治体法学全集　七）学陽書房　一九八九　二四九〜二五〇頁

(4) 兼子仁・磯野弥生　前掲書　三七五頁

(5) 兼子仁・磯野弥生　前掲書　三七五〜三七八頁

(6) 椎名慎太郎・稗貫俊文『文化・学術法』（現代行政法学全集　二五）ぎょうせい　一九八六　二七〇頁

(7) 椎名慎太郎・稗貫俊文　前掲書　二七〇、二七四頁

(8) 井内慶次郎執筆担当『図書館法の解説』（学校図書館講座［六］）全国学校図書館協議会編　明治図書　一九五一　四〇頁

(9) 兼子仁『教育法』新版（法律学全集　一六―一）有斐閣　一九七八　四六〇〜四六一頁

(10) 「地方公共団体は、法律で定めるところにより、学校、図書館、博物館、公民館その他の教育機関を設置するほか、（後略）」（地方教育行政の組織及び運営に関する法律第三〇条）と、図書館は明確に教育機関として位置づけられている。

(11) 「学校その他の教育機関の長は、この法律及び教育公務員特例法に特別の定がある場合を除き、その所属の職員の任免その他の進退に関する意見を任免権者に対して申し出ることができる。（後略）」（地方教育行政の組織及び運営に関する法律第三六条）

(12) 日本図書館協会『図書館法研究　図書館法制定三十周年記念図書館法研究シンポジウム記録』日本図書館協会　一九

八〇　一一五頁

(13)「地方分権推進委員会中間報告」（平成八年三月二九日）の「第二章　国と地方の新しい関係　四　必置規制」では次のように説明している。

「必置規制とは、必置の意味を広義に解釈すると、地方公共団体における組織や職の設置に関する、国による義務付けのすべてを意味するということができる。」

「地方分権推進法第五条にいう『必置規制』とは、『国が地方公共団体に対し、地方公共団体の行政機関若しくは施設、特別の資格若しくは職名を有する職員又は附属機関を設置しなければならないと義務付けているもの』であり、このなかには法令に基づくものと基づかないものとが含まれている。」

(14)図書館法立案を直接担当した文部事務官の井内慶次郎は次のように述べている。

「専門職員たる司書及び司書補について一定の資格が要求されることは、既に説明したところであるが館長についても一定の資格を要求するかどうかは議論の存するところであった。館長は特に図書館界の技術等を要求されるのではなくて、文化全般に関する広い視野をもった人ならよいではないか。行政能力のある人でもよいではないか。こういった意見も強かったのであるが、図書館法によって新しい図書館の理念が樹立された今日、図書館奉仕の第一線に立つべき館長には、矢張り図書館奉仕に関する専門知識と経験を要求すべきであるとの考えにもとずいてかく規定されたのである。

公立図書館の館長には司書の資格が要求される。しかし国から補助金を交付する際の審査基準（後程説明する。）を超え得ない図書館については、徒らに館長の資格のみを求めても無理であるから、館長の資格は審査基準を超える図書館についてのみ要求することとされたのである。」（井内慶次郎執筆担当　前掲書　六九〜七〇頁）

(15)日本図書館協会「図書館長の司書資格要件（図書館法第一三条第三項）について」一九九七年二月三日

五章　図書館協議会

図書館法第三条は、図書館が行うサービスの活動が、「土地の事情及び一般公衆の希望」にそってなされることを求めている。それを具体的に保障する仕組みの一つであり、図書館運営への住民の参加を制度化することにより、図書館の公共性・民主性を示すのが、第一四～一六条で規定する図書館協議会である。

（図書館協議会）
第十四条　公立図書館に図書館協議会を置くことができる。
2　図書館協議会は、図書館の運営に関し館長の諮問に応ずるとともに、図書館の行う図書館奉仕につき、館長に対して意見を述べる機関とする。
第十五条　図書館協議会の委員は、学校教育及び社会教育の関係者並びに学識経験のある者の中から、教育委員会が任命する。
第十六条　図書館協議会の設置、その委員の定数、任期その他必要な事項については、当該図書館を設置する地方公共団体の条例で定めなければならない。

この条項を盛り込んだ立法の趣旨について、当時の法案提案者は、次のように述べていた。

これは図書館の運営に住民の意見なりが充分に反映し得るようにするためであります。この見地から委員の詮衡の範囲も広く、土地の住民の世論を結集し得るよう第十五条にその範囲を規定したのであります。(1)

一　住民意思の反映

公立図書館の運営が住民の意思を反映してなされるべきだとして、法に図書館協議会の制度がうたわれた根拠は、次の三つの面から考察できよう。

第一は、憲法―地方自治法に基づく「地方自治の本旨」に照らしての原理によるものである。これまで地方自治法第二条に、地方公共団体の行う事務として、「学校、研究所、試験場、図書館、公民館、博物館……その他の教育、学術、文化、勧業……に関する施設を設置し若しくは管理し、又はこれらを使用する権利を規制し、その他教育、学術、文化、勧業……に関する事務を行うこと」を明示してきた（一九九九年七月改正でこの具体的な列挙は削除された）。そして地方自治法の規定する「地方公共団体の組織及び運営に関する事項」は、憲法第九二条によって「地方自治の本旨に基いて」定められるべきだとしている。ここにいう「地方自治の本旨」とは、憲法が住民と自治体に保障している地方自治の根本原理であり、自治体に自治権を保障する「団体自治」

と、住民に地方自治への参加を権利として保障する「住民自治」の二つの原理からなる。(2) そのうち「住民自治」の原理は、地方自治の主人公は住民であり、自治体の行政が極力住民の意思に基づいて行われなければならないということである。「公の施設」の一つである公立図書館の設置・運営が住民の意思を受け、住民参加を重視してなされるべき所以はここにある。

第二は、教育行政への住民参加の重視である。「教育は、不当な支配に服することなく、国民全体に対し直接に責任を負つて行われるべきものである」という教育基本法第一〇条を受けて、教育行政が民意と直結し、かつ自主性をもって行われるように、旧教育委員会法が委員の公選制を定めていた。この制度は一九五六年の地方教育行政の組織及び運営に関する法律の制定で廃止され、現在では、自治体の長が議会の同意を得て任命する制度に改変されてはいるものの、学習者の自主性に一層強く依拠する社会教育の領域では、住民の参加は不可欠な要件として、戦後教育改革の中で重視されてきた。図書館法が図書館協議会を制度化したのもその流れを受けてのことである。

第三には、敗戦直後の一九四六年から始まる図書館法制定運動の中でのアメリカ図書館思想の影響が考えられる。法によって図書館の整備を図ろうとの考えは、占領軍による教育改革の中での図書館重視の政策に意を強くした図書館関係者が、総司令部民間情報教育局（ＧＨＱ／ＣＩＥ）や文部省の関係者と協同しての運動で推進され、一九四六年六月の「図書館法規に規定さるべき事項」以降、一九五〇年の図書館法制定までに数多くの法案・要綱が作られているが、その中では「図書館委員会」あるいは「図書館協議員会」の構想がほぼ一貫して出されている。委員の公選制を採ることも検討されたことがあり、アメリカの行政委員会である図書館委員会が参考にされたことは間違いなかろう。

二　法案準備過程の構想

ここで『図書館法成立史資料』（裏田武夫・小川剛編、日本図書館協会）を基に、図書館法成立までの諸構想の中で、図書館協議会の制度化に至る過程をみてみよう。「図書館委員会」なり「図書館協議員会」なりがすべて民意を反映させる住民参加を想定したものであったとは言い切れない面もあるが、図書館運営への有識者の専門的知見の活用、民間人の参加が考えられてきたことは明らかである。内容的にみると、一九四六年から五〇年までを三期に分けて整理することができる。(3)

まず第一期は一九四七年半ば頃までで、アメリカ側の示唆もあって、欧米にみられる board of trustee あるいは library board のような機関を設けて図書館行政の基幹に据えることが考えられていた。その一例として、日本図書館協会の主催で在京近県の図書館関係者、CIE、文部省の関係者が協議してまとめた一九四七年七月の「公共図書館法案に関する覚書」では、「図書館委員会の構成・権限」について、「1、公選によること。2、館長の任免、予算の決定、其他重要なる事項」としている。戦後初期に多くの町村で、文部次官通牒「公民館の設置運営について」（一九四六年）の趣旨にそって、公民館運営が館長・職員の人事にも責任を負う公選の公民館委員会によってなされていたことも、こうした構想が生まれた背景としてあろう。

第二期は一九四九年の中頃までで、一九四八年七月に教育委員会法が制定され、都道府県・市町村に公選制の教育委員が置かれたことから、その諮問機関として図書館協議員会を設置し、人事を含めて図書館運営全般に関する意見聴取が考えられた。社会教育法の構想が固まる中で、社会教育委員や公民館運営審議会の制度との整合性も考慮され、「公選」による委員会構成というイメージはこの段階ではすでになくなっている。

第三期は、現行法にみられる「館長の諮問機関」としての図書館協議会が登場する一九四九年一〇月の「図書館法案要綱」以降で、公民館運営審議会が館長の諮問機関として制度化され、館長選任権も先議の権限と引き換えに決定権は教育委員会にあるとされたこととの整合性から、こうしたところに落ち着いた。住民自治、参加の原理からすると、当初の構想からよほど後退したことは否めない。

結局のところ、図書館法に定められた図書館協議会は、館長の諮問に応じ、図書館奉仕について「館長に対して意見を述べる」機関とされ、委員の構成枠（選出基盤）をこまかく規定し、任意設置であることから、その設置を条例で定めることにした。

三　図書館協議会の現状と位置づけ

図書館運営への住民意思の反映というそもそもの趣旨にもかかわらず、長年にわたって、図書館協議会の設置を積極的にとらえ、かつ十分な成果をあげている事例は乏しかった。

一九九七年度の文部省学習情報課の調べによると、図書館協議会の設置状況は次の表のようになっている。(4)

	設置団体(うち複数設置)	未設置	設置率
県　立	36 (2)	11	76.6
市区立	493 (3)	108	82.0
町村立	511	289	63.9

一九八四年に日本図書館協会が調べた結果と比べると[(5)]、いずれも設置率が上昇しているが、とりわけ市区立の設置がずいぶん高くなっている（八四年調査では指定都市を除いて六一・四％、指定都市二〇・八％）。住民意思を受けた図書館づくりへの関心の高まりをここに見ることもできよう。しかし、会議の年間開催回数をみると二回以下が市区立、町村立ともに過半数を占めていることから、事業計画・予算の説明、事業報告を受けるという域をさほど出ない大方の実態が推察できる。

図書館協議会への期待感が概して低いのは、「館長の諮問に応じ」、「館長に対して意見を述べる」のでは自治体の施策に対してさほど実効をもたないと考えられがちなためである。しかし、一九六五年九月六日付文部省社会教育局長の東京都教育長あて回答が示すように、図書館協議会は一九五二年八月に改正された地方自治法第一三八条の四第三項に規定する附属機関であるとされている。ここにいう附属機関とは、「執行機関がその内部部局のほかに、必要と認めて設置する機関および行政執行の前提となる調査、調停、審査等を行うために設置される調査会、審議会等の機関[(6)]」であり、この場合の執行機関はいうまでもなく教育委員会を措いてはない。一九五二年の地方自治法改正（附属機関の設置が条例に基づかねばならないことを規定）以前から、図書館協議会の設置は条例によると定められていたことも重要である。それらを総合すれば、図書館協議会の答申や意見具申は、単に図書館長に対してというにとどまらず、当然に設置者であり、発令者である教育委員会によって尊重されるべきものである。清水達郎が、「第一四条二項の後段は、素直に読めば、住民の代表が館長を窓口として図書館の設置者（地方首長）の編み出す図書館政策に民意を反映させる道筋を示して」いるととらえるべきであり、「諮問機関プラス提言機関としての機能をさらに高めていくべきだ」(7)と指摘するのは至当である。

住民からの強い設置要望にもかかわらず、「図書館協議会の提言が実効をもつか否かは疑問」だとして、あえて図書館協議会ではなく「図書館運営協議会」という方式を採ったのが一九八七年の東京都中野区の場合である。この協議会は、「中野区の図書館行政及び図書館運営について協議」し、「中野区教育委員会に対し意見を述べること」を目的とする機関で、委員構成は学識経験者三名、利用者代表六名、図書館職員二名からなる。利用者代表の一部に公募制を導入し、図書館職員が委員に入っているなどユニークな組織形態となっている。こうした方式を採った教育委員会の考えは、法的にみて「図書館協議会と社会教育委員のメンバー構成は大半が重複」しており屋上屋をかさねることになる、他の社会教育施設には協議会はない、「図書館協議会は図書館長の諮問機関となっているが、区における図書館長の権限や立場は必ずしも十分とはいえない」ということで、そのため、「教育委員会直属の付属機関として……意見の幅広い反映が期待され」、「区が目ざしている住民参加の道をさらに補強」し、「図書館の利用者と職員が積極的に協働する新しい図書館の道を求めた」ものだと説明されている。(8)

これに対して、当初から法に基づく図書館協議会の設置を要望してきた「図書館を考える会」の住民からは、「行政や議会とのからみで、条例ではなく規則による協議会が作られた点は、他の自治体に波及してほしくない」との批判が寄せられており、(9)運用のほどが注目されるところであるが、行政当局が図書館協議会の効力をきわめて消極的にとらえているのは遺憾なことである。

法の条文を文字どおり解すれば、館長の諮問がなければ動けないという消極的な協議会ともなりかねないが、協議会自身が図書館の利用実態、住民のニーズの把握に努めることで、必要ならばすすんで図書館運営への意見具申を行うことが、立法の趣旨にかなうものと言えよう。そうした積極性を抜きには、諮問に対する的確な答申も望めまい。そのように図書館協議会を運用することが、図書館運営の責任者である図書館長には求められる。

複数の図書館施設を擁する自治体において、図書館協議会を個々の図書館ごとに設置するか自治体に一つの協議会を置くかの是非が、公民館運営審議会の場合と比べて論じられることがある。一九九九年の社会教育法改正で、公民館運営審議会が従来の必置制から任意設置に改められた際、複数の公民館を設置する自治体では、「当該二以上の公民館について一の公民館運営審議会を置くことができる」とあった規定も削除された。地域施設である公民館においては、それぞれが審議会をもち、地域密着型の運営が原則として考えられるのに対し、図書館の場合は地域性は重視しつつも自治体全域を考慮したシステムとしての運営が重要であり、図書館協議会も個々の施設についてではなく、その自治体の図書館システムに対して設置すると考えるのが妥当であろう。

四　委員の構成

図書館協議会が活発に機能するために、最も重要なのはその委員構成である。一九九九年の法改正が「委員構成の弾力化」を掲げて第一五条の委員の選出枠を修正したのも、そのことに配慮した措置とみられる。改正前の

規定では、「左の各号に掲げる者のうちから、教育委員会が任命する」として、

一　当該図書館を設置する地方公共団体の区域内に設置された学校が推薦した当該学校の代表者

二　当該図書館を設置する地方公共団体の区域内に事務所を有する社会教育関係団体（社会教育法第十条に規定する社会教育関係団体をいう。）が選挙その他の方法により推薦した当該団体の代表者

三　社会教育委員

四　公民館運営審議会委員

五　学識経験のある者

の枠を設けていた。

委員の選出枠を細かく規定したこの内容には、適任者が選べず柔軟な委員構成が困難だとして、これまでおおむね批判的な評価がなされてきた。名前ばかりの「名士」を並べた組織では、ときに委員個々人の見識が刺激を与えることはあっても、せいぜい館長の報告を聞き、その場の思いつきの談論以上のことは期待しがたい、一年ごとに交替する団体の長を充てるのでは継続した討議の積み重ねは望めない、自らが図書館をよく利用し、図書館のことを真剣に考えている人をメンバーに加えることが重要だ、といった指摘である。その中で、第五項の「学識経験者」の枠を活用して、図書館の専門家のほかに子ども文庫や図書館づくり住民運動の関係者、図書館に関心のある議員などを加える配慮をしてきた図書館もあるし、第一項の「学校の代表者」についても、それを学校長（校長会の代表者）とのみ解するのではなく、実際に図書館教育に携わっている教師を充てることもみられた。

九九年の改正では、この区分を廃止して、「学校教育及び社会教育の関係者並びに学識経験のある者の中から」と大枠の提示にとどめた。この表現は、社会教育委員、公民館運営審議会委員の構成を定めた社会教育法、博物館協議会委員の構成を定めた博物館法にも共通した内容となっているのが特徴である（博物館法では社会教育法の関連条文の準用を規定している）。この改正についての文部省説明資料では、「（これまでの規定によって）委員には社会教育委員等と同様に、学校の代表者や社会教育関係団体の代表者などが多く選ばれており、結果として選出範囲が狭くなっている。また、委嘱期間の長期化や人物の固定化などから、住民の意思を十分に取り入れることが困難になっているなどの弊害も発生している。そこで、地域の実状に応じ、多様な人材を図書館協議会の委員に登用できるよう、委員構成を弾力化する」と述べている。(10)

これまでの委員選出枠に批判が強かっただけに、この改正による大綱化はおおむね好評に迎えられたとみてよいが、社会教育委員、公民館運営委員、博物館協議会委員に共通する選出枠の設定は、従来のそれぞれの機関の特性を考慮した微妙な表現の違いをなくしたことに問題を指摘する評価もある。(11)

五　協議会の活性化を図るために

図書館法が図書館運営への住民意思の反映として期待し、中野区当局からはその実効が疑われる図書館協議会は、一部の自治体で図書館行政に強い影響力を発揮し、有効に機能しているものの、全体的には形骸化し、お荷物扱いされているものが少なくないと思われる。なぜそうなるのか。その本来の趣旨を生かし、図書館運営への住民の制度的参加として活性化を図るためにはどのような運用が有効かを考えてみよう。

1　委員の構成

協議会の活性化にとって最も重要なのは委員に適任者を得ることである。九九年改正の趣旨を生かして図書館に関心のある人、日常の生活や活動の中で図書館をよく利用し、図書館運営に見識を備えた人、さらに図書館について学びたいという意欲をもった人で協議会を構成することがまずは重要である。運営協議会委員を公募し、応募の動機や抱負を作文に書いてもらって選考する先述の中野区の方式は、住民意思の反映を図る上できわめて積極的かつユニークな委員の構成法である。

改正前の九九年二月、保谷市図書館協議会が「より活発な図書館協議会の活動を目指して」協議会委員の構成の改善を提言している。一一回におよぶ委員の自主活動としての論議をまとめたもので、選出母体の事情で委員の任期が揃わないこと、社会教育委員等との兼任による負担の大きさ、専任の市民が少ないこと、などの問題点を指摘している。(12)

2　運動の支え

協議会等に加わった委員は、もちろん個人として活動するわけであるが、図書館に寄せる住民の意思を反映させるという意味では、委員を背後から運動が支えていることが重要である。東村山市の専門委員会議に参加した川島恭子が、「気持ちの上では専門家の方達とも対等の立場で出たいと思い、精一杯勉強しながら、毎回緊張して出席しました」[13]と述べているが、それを可能にしたのは、文庫連絡会や「考える会」での話し合い、学習会であった。協議会等の審議と運動との間にフィードバックのあることが、会議を活性化する。

3　事務局、とりわけ図書館長の姿勢と意欲

協議会が十分な成果を上げ得るかそれとも形骸化するかの岐路は、事務局の役割を果たす部分、とりわけ図書館長が、その場に何を期待するかを明確に意識しているかどうかである。館長も行政組織の一員であり、住民要求との板挟みに苦慮することも多かろうが、住民要求に応えるサービスの責任者として、図書館の現状と問題の所在を示す資料・情報を率直に協議会に提供し、検討課題を積極的に提示することが必要である。協議会委員の研修機会を設けることも重要である。

各年度の事業概要等を基に図書館活動の実態を協議会で討議・分析し、問題点や課題を整理し、その結果を次年度の運営方針に反映させるというやり方を恒常化させるならば、とても年二回程度の開催回数ではおさまらないはずである。[14]

4　行動する協議会

図書館協議会でその自治体の図書館整備計画を策定するとなると、協議会が主になって利用実態や住民のニーズの把握を調査するといったことも必要になろう。「図書館を考える」シンポジウムや「図書館まつり」などの事業の企画・実施に協議会が参画したり、[15]『市民の図書館』の勉強会を協議会で行ったというケースもある。協

議会自体が、単なる「諮問機関」という自縛を越えて、積極的に「行動する協議会」をめざすことも本来、法が期待するところである。

5　審議の公開と周知の結集

近年、協議会を公開にし、傍聴を認める図書館が増えている。必ずしも傍聴という形にこだわらずとも、会議の内容を自治体の広報や図書館報などで努めて住民に知らせるなど、周知を図ることで、住民の中にわが町の図書館への関心を高めることを重視すべきである。それによって、さらなる住民の図書館運営への参加が期待できよう。

（塩見　昇）

注

(1) 西崎恵『図書館法』羽田書店　一九五〇　三一頁
(2) 兼子仁『地方自治法』岩波書店　一九八四　二四～二八頁
(3) 各期の詳細な考察、法案の変遷については、塩見昇「図書館運営への住民参加」（日本図書館学会研究委員会編『日本における図書館行政とその施策』日外アソシエーツ　一九八八　一〇四～一二五頁）を参照されたい。
(4) 文部省学習情報課『公立図書館関係資料』「公立図書館における図書館協議会の設置状況」一九九七
(5) 『図書館協議会の設置と活動（調査報告書）』日本図書館協会　一九八五
(6) 自治大学校編『自治用語辞典』帝国地方行政学会　一九七七　七二五～七二六頁

(7)　清水達郎「図書館協議会の機能」『東京新聞』一九八四年三月二七日
(8)　荒畑正子「中野区図書館運営協議会―誕生までの経過とその背景」『図書館雑誌』八二巻四号（一九八八年四月）二〇〇～二〇二頁
(9)　鈴木由美子「図書館大好き人間たちのあゆみ―教育委員準公選の街で」『みんなの図書館』一三二号（一九八八年五月）三〇～三五頁
(10)　一九九九年法改正に際しての文部省説明資料
(11)　伊藤峻「図書館協議会の活性化のために―図書館法改正を機に」『みんなの図書館』二七七号（二〇〇〇年五月）五八～六八頁
(12)　『保谷市図書館協議会委員構成について（提言）』保谷市図書館協議会　一九九九年二月
(13)　川島恭子「『利用者の秘密を守る義務』条例制定をめぐって」『現代の図書館』一三巻四号（一九七五年一二月）一三五～一三八頁
(14)　筆者の経験からも、地域館の新設計画に関して逐一計画図面について協議会で検討し議論するのを恒例化したM市の場合には、小委員会も含めて年間一〇回前後の会議を開いた。他方、事業報告と予算の説明程度にとどまるK市の場合には、年に一～二回しか開催していない。
(15)　一九八八年一〇月に開かれた枚方市の「子どもの本フォーラム」は、図書館運営委員協議会も共催で、企画段階から関与して取り組まれた。

六章　公立図書館における「無料の原則」

一　「無料の原則」の成立過程

（入館料等）
第十七条　公立図書館は、入館料その他図書館資料の利用に対するいかなる対価をも徴収してはならない。

日本の公立図書館において「無料の原則」が確立されたのは、一九五〇年の図書館法によってである。戦前の図書館令には「閲覧料又ハ附帯施設ノ使用料ヲ徴収スルコトヲ得」と規定され、多くの公立図書館において料金が徴収されていた。

法制定後五〇年を経て、私たちはともすれば公立図書館が無料であることを当然のように考えてしまっている。このため、公共サービスの受益者負担といった論議の中で公立図書館にも有料制を導入するべきではと迫られても、なぜ公立図書館は無料でなければならないかを説明することもせずに、図書館法で規定されているから無料なのだということで反論したつもりになっているようなところも見受けられる。

これは第一七条が成立した経緯にもかかわりがある。実際のところ、この「無料の原則」に関しては、日本の図書館界が大きな努力を払った形跡がないのである。

戦後間もない一九四六年にアメリカ合衆国から派遣された教育使節団は、日本の公共図書館の現状に関して「図書館制度が公共的ではあったが、無料制度ではなかった」ことを指摘し、「図書の参照又は借出に付いて如何なる料金も課せられるべきでない。経費は公費によって支弁さるべきである」[1]と述べている。この教育使節団の勧告に基づいた改革を進めるために、総司令部民間情報教育局（ＧＨＱ／ＣＩＥ）に図書館担当官としてキーニーが任命される。彼の「日本に対する統一ある図書館組織」と題されたプランには、図書館システムの必要性とそのための具体的な方策が示されているが、その中で全国的な総合目録を整備することで、「国立図書館を通じて其れ等の所在を確めて之を得る。貸与する図書館が凡ての送料を負担するから読者に対する凡てのサービスは無料である」[2]と、いわゆる相互貸借についても当然のように無料の範囲に含めている。

しかし、その後につくられるいくつかの図書館法案でも、閲覧料を徴収する規定はなくならない。

例えば「図書館法規改正案（近畿案）」（一九四六年八月一五日）では、「第四条　図書館では閲覧料を徴収しない。但し延滞料其の他の使用料についてはこの限りではない。（中略）特別の事情あるときは、政令の定むるところにより、閲覧料を徴収することができる」[3]としている。一九四七年の「公共図書館法案」（文部省）[4]でも、第二条で「公共図書館は、無料閲覧を原則とし」と規定しながら、第九条には「公共図書館にして、閲覧料を徴収しようとするものは、監督庁の認可を受けなければならない」という例外規定が盛り込まれている。

この後、CIEの指導を反映した形で文部省の図書館法案[5]、あるいは日本図書館協会の図書館法案[6]でも「公立図書館では閲覧料をとらないものとする」と規定するのだが、一九四九年一月の文部省の「公共図書館法案―文部省案―」では、またもや閲覧料が復活して次のように規定されている。「第五条　公立公共図書館は、閲覧料を徴収しない。但し、市（大阪市、京都市、神戸市、名古屋市及び横浜市〈以下五大市という。〉を除く。）町村立公共図書館は、都道府県の教育委員会の許可を受けたときは、閲覧料を徴収することができる。[7]」

この但し書きを付けた背景には、当時の図書館界からの要望があったと思われる。閲覧料を廃止することによって「入館者の無制限制度は館内整理上不都合をきたす面がある[8]」のではないかと危惧されていたことなどをみると、公立図書館の無料原則がきわめて表面的にしか理解されていなかった様子が垣間見える。

「無料の原則」の規定にはCIEの強い意向が働いていたことは、法案提出後の衆議院文部委員会（一九五〇年三月二四日）における西崎恵社会教育局長の答弁にも表れている。

先般米国の教育使節団等が参りましたときのアドヴァイスにも、この図書館の公共性と公開性を非常に強調いたしまして、いかなる対価をも徴収すべきものではないということが書いてあるのであります。実は私たちが立案に当りました際にも、十七条には但書をつけまして、もしも事情やむを得ないものがあるときには、監督官庁の認可を受けてとつてもいいとして、当分、救つたらどうかという意見もあつたのでありますが、非常にこの線は関係当局の強い線でありますので、ここに原則を明らかにいたしたのであります。[9]

ここで「関係当局」とあるのはＣＩＥのことである。

翌年に成立した博物館法は、入館料について同様の規定をしながら、「但し、博物館の維持運営のためにやむを得ない事情のある場合は、必要な対価を徴収することができる」という但し書きを付けている。このことからも、ＣＩＥが公立図書館の「無料の原則」については強いこだわりをもっていたことがわかる。公立図書館が十分に整備され、サービスが無料で提供されること、つまりすべての国民が等しく図書館サービスを活用できるということが、その後の日本の社会にとって重要な意義をもつことを確信していたからであろう。

二　近年の有料制論議の背景

一九九八年の生涯学習審議会の答申(10)は「図書館サービスの多様化・高度化と負担の在り方」を検討すべき課題の一つに挙げた。「電子情報等へのアクセスに係る経費の適切な負担の在り方の観点から、サービスを受ける者に一定の負担を求めることが必要となる可能性も予想される」ことから「対価不徴収の原則を維持しつつ、一定の場合に受益者の負担を求めることについて、その適否を検討する必要がある」と、無料制の維持を前提にしながらも、それが適用される範囲の見直しを促すものであった。

無料制が問い直されることになった背景には、二つの側面がある。

一つは、八〇年代以降の社会教育の変化である。行政と民間との役割分担という議論は、社会教育分野において行政が主体的にかかわるべき範囲をきわめて限定的なものにする方向に働いた。こうした流れが、社会教育施設の民間委託や施設の有料化を進めることとなった。結果として、社会教育における学習活動も住民の私的な行為とみなされることで、費用は受益者が負担することが当然のこととされるようになった。

いま一つは、図書館サービスにおける費用構造の変化である。蔵書を基本にした従来の図書館サービスでは、例えば貸出冊数が増加しても、そのことによる新たな費用負担が発生しないという点で、サービスに要する費用は固定的であるといえる。これに対して、外部のデータベースへのアクセスといった新しい図書館サービスの場合、通信費やデータベースの利用料金はその都度必要となる。費用が固定的なサービスであれば無料制は妥当であるとして、その都度費用が発生するようなサービスを無料で維持していくことが果たして妥当かという疑問である。

行政と民間との役割分担論という外的な要因に、図書館サービスの多様化とそれに伴う費用構造の変化という内的な要因が重なって、公立図書館の「無料の原則」が問い直されたわけである。

答申を受けて、生涯学習審議会の図書館専門委員会によってまとめられた報告は、(11)危惧されていた第一七条への但し書きの付加を避けるものとなった。「図書館資料」を「図書館によって主体的に選択、収集、整理、保存され、地域住民の利用に供されている資料」と捉え「したがって、図書館においてインターネットや商用オンラインデータベースといった外部の情報源へアクセスしてその情報を利用することは、図書館法第一七条にいう『図書館資料の利用』には当たらない」ため、「電子化情報サービスに伴う通信料金やデータベース使用料などの対価徴収については、それぞれのサービスの態様に即して、図書館の設置者である地方公共団体の自主的な裁量に委ねられるべき問題と思われる」と、経費の負担にかかわっての第一七条の解釈と運用の方向を示した。

三 「無料の原則」の適用範囲

第一七条には「図書館資料の利用に対するいかなる対価をも徴収してはならない」とされているが、無料原則が適用される範囲はこの「文言の文理的解釈により一義的に得られるとは考え難い(12)」と見るのが妥当である。図書館法は第三条で図書館奉仕について規定している。第一七条が適用される範囲とは、ここにあげられた具体的な図書館奉仕の項目によって示されていると考えるべきである。第三条にあげられていない事柄についても、費用の徴収については当然のことながら公立図書館が無料であることの意義を踏まえた上で、個々に判断されなければならない。

1　複写の料金

利用者に図書館資料の一部をコピーして提供することは著作権法でも認められている。提供されたコピーが利用者の所有となる場合には、コピーの作成に要した経費を徴収することは第一七条に違反しない。コピーが利用者の所有に帰するという点は、図書館資料の利用とは異なると考えられるからである。

所蔵していない資料を利用者から要求されたとき、それが絶版等で入手できないため、他の図書館からコピーで取り寄せることがある。これを図書館の蔵書として利用者に閲覧または貸出という形で提供するような場合には、それにかかわるコピー料金を徴収できないのは当然である。

2　集会室等の利用

「図書館資料の利用」を字義どおりにとれば、図書館に設けられている集会室や展示室などを利用することは、無料の範囲には含まれないだろう。

ただし、法第三条第六号で「読書会、研究会、鑑賞会、映写会、資料展示会等を主催し、及びその奨励を行うこと」が図書館奉仕の項目としてあげられていることから、図書館が主催してこれらの行事を実施するだけではなく、図書館に関係する団体や自主的な活動グループなどが実施する行事なども、積極的に図書館活動の中に位置づけていくことが求められていると考えるべきである。これらの行事を実施することで、住民の図書館に対する興味を呼び起こし、図書館資料の利用につなげていくことが期待されているわけである。少なくとも、集会室等の利用にあたっては、その利用の目的が図書館奉仕の趣旨にそうものについては、無料の範囲に含まれると解釈すべきである。

集会室等の利用が、そのような目的とは合致しない場合には、施設の使用についての料金を徴収することは可能である。ただし、図書館活動とは関係がないとして使用料を徴収するには、目的外使用と判断する際の基準が明確に規定されていなければならない。

近年、施設の複合化によって、併設された他の施設と共用するということで集会室等のスペースが図書館施設には含まれない例も見受けられる。こうしたケースにおいても、図書館奉仕の範疇に含まれる利用にあたっての無料原則の適用は考慮されなければならない。

3　延滞料

資料の最も一般的な利用形態である貸出サービスの場合、資料の貸出期間や貸出冊数が条例・規則で規定されているとき、図書館から資料を借りて、それを定められた期限内に元の状態で（汚損や毀損をせずに）返却することが「図書館資料の利用」にあたると考えられる。このため、定められた貸出期限までに返却されなかった場合に、罰則として延滞料を課すことは第一七条に違反しない。資料を紛失したり著しく毀損した場合に、一定の損失補償を求めることについても同様である。

図書館法が施行された後も延滞料を徴収していた公立図書館はめずらしくなかった。延滞料がなくなっていったのは、これが延滞の防止にそれほど効果がなかったからである。一定期間の貸出停止といった制限措置の方が抑止効果があったために、煩雑な事務手続きを伴う延滞料の徴収は「労多くして効少なし[(13)]」ということとなったのである。延滞料の徴収については、このような点も慎重に検討するべきである。また、実施にあたっては、延滞料に関する規定が条例・規則に定められている必要がある。

4　相互貸借の費用

資料の相互貸借についても、法第三条第四号に他の図書館と「協力し、図書館資料の相互貸借を行うこと」と規定されている。ところでいくつかの公立図書館では、「図書館資料」をその図書館の所蔵する資料ととらえ、相互貸借に伴う経費について、これを利用者から徴収している事例がみられる。

しかし、先に引用したキーニーのプランでは総合目録を整備し、相互貸借によってあらゆる資料を無料で利用できるようにすることが、図書館システムの将来像として提示されている。相互貸借における費用負担の面からみたとき、「図書館資料」を自館所蔵の資料と限定的に解釈することは、都市部の蔵書数の多い図書館の利用者と比較して、地方の小さな町や村の図書館を利用する人たちに不利益を与えることになるのではないかという疑問が残る。

「図書館資料」は限定的に捉えるのではなく、法第三条に基づいて公立図書館において提供されるべき資料と捉えた方が図書館法の成立の経緯からみても自然だと思われる。相互貸借に要する経費については、例えば都道府県単位の図書館システムという枠組みにそってまず資料の流通手段を整えることによって、資料の移動に伴って発生する費用を最小化することを考えるべきであろう。相互貸借でまず求められていることは、公立図書館を利用するだれもが公平に求める資料を利用できるようにするための努力や工夫である。

5　外部の電子情報の利用

ネットワーク系のメディアの出現といったことは、図書館法制定当時には予想されていなかったことである。技術の進歩は図書館で扱うべき資料も変えていく。当初は予想もされていなかった新しいものに対しては、まず図書館法の本来の目的に照らして解釈するべきだろう。その意味で、第一七条の法改正は回避されたが、これらを「図書館資料」には該当しないとすることで対価の徴収は可能であると結論づけた、先の図書館専門委員会の報告の解釈の方法には疑義が残る。

ただし、報告はオンラインによる外部の情報源へのアクセスを有料化すべきとしているのではない。対価の徴収を公立図書館の設置者である自治体の判断に委ねているのであり、このことは図書館サービスが無料であることを前提に、あるサービスがそれを超えるとするのは政策的判断によることを示しているのである。

有料制論議の一つの根拠である費用構造の変化は、定額の通信料金制やデータベースの使用契約を固定料金制にすることによって解消できる。おそらく対価徴収の対象として残るのは、利用量に応じて課金される従量料金制の商用データベースに限られるだろう。無料で実施していくための工夫を積み重ねることではじめて、こうした商用データベースの利用に対価を徴収することへの理解も得られるのではないだろうか。

四　「無料の原則」とこれからの公立図書館

近代公立図書館は、公教育が無償であることと同じように公立図書館の無料制によってすべての人に教育の機会が与えられるという考えのもとに成立した。公立図書館は公費によって運営されるべきものとなったのであり、公立図書館の「無料の原則」もここに由来する。民主主義にとっては、自らの力で考え、自らの責任で判断できる市民の存在が不可欠である。公立図書館はこのような自立した市民を育てるために必要な機関であり、そのためにも無料ですべての市民に公開されなければならない。ここには、図書館に蓄積された蔵書という資源は減るものではなくて使われることによって価値が増す、つまり読書によって人々の知識が深まることは社会にとって有益性が増すことだという考え方がある。

図書館史におけるこうした「無料の原則」の理解は、憲法における生存権にかかわって「知る権利」を保障する機関としての公立図書館という捉え方を導き出した。

今回の法改正は地方分権と規制緩和という二つの要因によってもたらされたものであるが、このことは「無料の原則」に別の側面から光をあてることとなった。

地方分権は中央から地方公共団体への権限の委譲であるが、目的とするところは「地域住民の自己決定権の拡充(14)」である。地域のことはそこに住む住民が決めるべきであるというとき、身近に無料で利用できる公立図書館があることの意義は大きい。求める情報が自由に得られる場があってこそ「自己決定権」も生きたものとなる。

規制緩和が広がるにしたがって、「自己責任」という言葉が聞こえてくるようになった。自己責任といったとき、責任を負わされる個人に対して、自らの責任で決定するのに十分な判断材料としての情報が与えられていることが前提とされるべきだろう。企業などの組織活動に対して個人の自己責任が要求されるということは、個人に対して必要で十分な情報の提供を社会的に保証するということでなければならない。これからの公立図書館にはそうした社会的な仕組みとしての役割も期待されるようになるだろう。

第一七条は改正されなかったことで公立図書館により重い課題を投げかけるものとなった。ネットワーク系メディアの利用にあたっての対価徴収が、図書館の設置者である地方公共団体の判断に委ねられるということは、それぞれの図書館の現場で常に「無料の原則」の意義を問い直すとともに、その意義を具現化していくための努力が求められているということでもある。

（岸本岳文）

注

(1) 裏田武夫・小川剛『図書館法成立史資料』日本図書館協会　一九六八　一〇七頁
(2) 前掲書　一〇八～一一一頁
(3) 前掲書　一四二頁
(4) 前掲書　一七四～一七五頁
(5) 前掲書　二〇六頁
(6) 前掲書　二四一頁
(7) 前掲書　二八一頁
(8) 前掲書　二一八頁
(9) 前掲書　三七〇頁
(10) 生涯学習審議会答申「社会の変化に対応した今後の社会教育行政の在り方について」一九九八
(11) 生涯学習審議会社会教育分科審議会計画部会図書館専門委員会「図書館の情報化の必要性とその推進方策について（報告）」一九九八
(12) 椎名慎太郎・稗貫俊文『文化・学術法』（現代行政法学全集　二五）ぎょうせい　一九八六　三〇四頁
(13) 日本図書館協会『市民の図書館』増補版　日本図書館協会　一九七六　五二頁
(14) 地方分権推進委員会『中間報告―分権型社会の創造』一九九六

七章　公立図書館の基準と補助金

一　公立図書館の基準（第一八条）

図書館法第一八条は、公立図書館の設置および運営上の望ましい基準を定めることを規定した条文である。図書館法の中で、これほど図書館関係者に期待をかけられ、またその期待に背いてきた条文はないだろう。本体ともいうべき「基準」が法制定後五〇年を経過した現在もなお、文部科学大臣告示という形では公示されておらず、いわば「空文」状態に置かれてきた。［「公立図書館の設置及び運営上の望ましい基準」は二〇〇一年七月一八日付け文部科学省告示第一三二号としてようやく公示された。］

（公立図書館の基準）
第十八条　文部科学大臣は、図書館の健全な発達を図るために、公立図書館の設置及び運営上望ましい基準を定め、これを教育委員会に提示するとともに一般公衆に対して示すものとする。

この第一八条は、文部科学大臣が、公立図書館の「健全な発展を図る」ために「設置及び運営上」の「望ましい基準」を策定し、一般公衆に公示することを定めたものである。

「望ましい基準」（本来なら「設置及び運営上の望ましい基準」というべきであるが）の策定については、これまでも幾度となく取り組まれてきた。一九六三年には日本図書館協会公共図書館部会に「行政に関する委員会」が設置され、「基準」の検討を進める中で、「望ましい基準」の重要性に気づき文部省への働きかけを行っている。これを受けて、文部省は社会教育審議会施設部会の中に「公立図書館の基準」を検討する小委員会を設置し、一九六七年には小委員会報告がまとまり、同年七月社会教育局長の「内簡」として、各都道府県教育委員会に送付されたが、公示には至らなかった。(1)

一九七一年には社会教育審議会施設分科会の中に図書館専門委員会が設置され、「望ましい基準」の策定に向けて検討を進め、翌七二年九月には図書館関係者の思いが込められた専門委員会案がまとまったが陽の目を見ず、またこの専門委員会案を修正した文部省案も、社会教育審議会で一応の承認を得られたにもかかわらず、最終的には公示されなかった。(2)

さらに一九九二年には、生涯学習審議会社会教育分科審議会施設部会図書館専門委員会において「公立図書館の設置及び運営に関する基準について（報告）」がまとめ上げられたが、「望ましい基準」としての大臣告示には至らず、生涯学習局長通知という形で都道府県教育委員会に送付されるにとどまっている。

一九九八年一〇月から、再度、生涯学習審議会に図書館専門委員会が設置され、「望ましい基準」の策定に向けての検討が進められ、二〇〇〇年一二月に成案を得、文部省から全国都道府県教育委員会宛に通知された。年度内には法に基づく初めての基準として文部科学大臣告示の形で示される運びである。

二　第一八条の目的

法第一八条に規定されている基準は、公立図書館の「健全な発達を図るため」の「設置及び運営上」の「望ましい基準」である。この「健全な発達」の意味について、文部省社会教育局長として図書館法制定に尽力した西崎恵は、その著書『図書館法』において、「図書館法は、図書館奉仕というサービスの活動を中心に規定されているのであるが、その設置は地方公共団体の義務でないばかりか、設置に際しての認可制度も廃されているのである。したがって図書館奉仕の機能を達成するために是非とも要求される基本的諸条件がみたされない惧れが多分にあるとしなければならない」(3)と述べ、文部大臣の監督のもとに運営されていた旧図書館令下の図書館と異なり、地方公共団体の自発的運営によることになった新図書館法による図書館の場合には、「図書館奉仕の機能を達成するために是非とも要求される基本的諸条件がみたされない惧れ」があるために、全国一律に参照しうる基準を設けることによって、その惧れを取り除こうとしたものであることを明らかにしている。

ところで、図書館法は第一八条とは別に、第一九条に次のような規定を設け、もう一つの基準を定めていた。いわゆる「最低基準」である。

第十九条　国から第二十条の規定による補助金の交付を受けるために必要な公立図書館の設置及び運営上の最低の基準は、文部省令で定める。

また、この規定に基づく基準の詳細は、図書館法施行規則の第二章「最低基準」として示された。この「最低基準」について、法第二一条は、「文部大臣は、前条の規定による補助金を交付する場合においては、当該補助金を受ける地方公共団体の設置する図書館が、第十九条に規定する最低の基準に達しているかどうかを審査し、その基準に達している場合にのみ、当該補助金の交付をしなければならない」と規定し、この基準が、公立図書館が法第二〇条に基づく国庫補助金を受けようとする際の適格性を審査するための基準として規定されたものであることを明記していた。

このように図書館奉仕の機能を達成するために、図書館法は「望ましい基準」と「最低基準」という〈二つの基準〉を用意していた。しかし図書館の現場では、本来の設置および運営上の基準である「望ましい基準」が公示されないこともあり、「最低基準」を設置・運営上の基準であるかのように扱い利用していたため混乱を引き起こしていた。

しかし、この法第一九条および第二一条は、一九九九年七月の地方分権推進一括法の成立に伴う図書館法の改正により全文削除され、また図書館法施行規則についても平成一二年二月二九日付けの文部省令の改正によって、「最低基準」に関する規定は全文削除され、〈二つの基準〉という形はなくなっている。

三　第一八条が生まれるまで

第二次世界大戦後の日本の教育制度のあり方を調査・検討するために来日した第一次米国教育使節団は、一九四六年三月に報告書をまとめ、その後の教育行政に大きな影響を与えた。図書館に関してもいくつかの重要な指摘を行っており、基準に関しても、文部省の公共図書館事業の担当官の配置に伴う、担当官の職務の一つとして「図書館の基準を確立」を掲げていた。そして料金徴収や義務設置の問題などとともに、基準の問題も図書館法制定に向けての焦点の一つになっていた。

一九四七年九月に文部省社会教育局文化課の加藤宗厚・雨宮祐政によりまとめられた「公共図書館法案(4)」では、第五条で「公共図書館を設置しようとするものは、その種類に応じ、この法律で別に定める公共図書館設置基準に従い、監督庁に届け出なければならない」と規定し、さらには「この法律で、公共図書館設置基準とは、公立図書館が設置せられるために必要な最低標準をいう」（八八条）として、図書館の蔵書、経費、経費の比率、職員の職能、職員の定数、施設に分けて、町村・市・都道府県立の各図書館について人口段階別に規定していた。

一九四八年一一月に日本図書館協会がまとめた「公共図書館法案(5)」では、「地方公共団体は、この法律で定める経営及び設置基準に合致した公共図書館を設置しなければならない」（六条）とした上で、「この法律で、基準とは、公共図書館が合理的な図書館計画の基礎を確立し、その内容を充実発展するために必要な最低標準をいう」（七三条）と定義し、人口規模別に蔵書・経費・職員等に関する基準が示されていた。

さらに、この日本図書館協会案をもとに文部省で作成された一九四九年一月の「公共図書館法案(6)」では、第六章「公共図書館基準」において「この章に定める公共図書館基準は、公共図書館が一般公衆に対して図書館奉仕をするための必要且つ最低限度のものであつて、公共図書館を設置し、及び運営するに当つては、この基準を確保し、更にこれをこえるように努めなければならない」（四一条）とし、同時に詳細な基準を含む施行令案も作成された。この案は図書館界の強い圧力のもとに策定されたものであるが、この案を実現するには、当時の金額にして三六億円もの財源を必要としたと言われており、戦後の財政破綻状態の中では実現の可能性はなかった。このため文部省においても、経費を要するものは控えるとの方針のもとで新たな法案の検討が進められ、財政当局と図書館界の圧力の中での妥協案として出されたのが、「望ましい基準」と「最低基準」という二つの基準を含む「図書館法案」であった。

一九五〇年四月三〇日図書館法は公布され、二つの基準が第一八条・第一九条として規定された。さらに同年九月には図書館法施行規則も公布され、「最低基準」は具体化された。しかし「望ましい基準」についてはそのまま放置された。

以上が法第一八条・第一九条にまつわる主な動きであるが、法案がまとまる直前の一九四九年一二月一九日付けの「図書館法案要綱案」においても、まだ二つの基準は姿を現していなかったことをみても、〈二つの基準〉という形は、まさに法案の国会上程寸前に急に浮上した考え方であったことがわかる。

四　第一八条は「望ましい基準」で何を規定しようとしたのか

法制定運動の中では、図書館法の最大の特徴である「図書館奉仕」を実現できる最低限のレベルを示すものとして、「図書館基準」の問題が検討されてきた。またこうした図書館を実現するために、図書館の設置は地方自治体の責任であるとしながらも、基本的には経費の大半を国庫補助に頼ることを前提としていた。すなわち、この基準値に達するために補助金をもらうことを前提に法案が検討されてきたのである。

しかし、こうした方法が財政面から不可能とわかった段階で出てきたのが「望ましい基準」と「最低基準」という考え方であり、図書館奉仕を実現する機能上の基準としての「望ましい基準」と、補助金を出すための「最低基準」に分離することによって、図書館・財政当局双方の了解を得ようとしたものである。

ただ図書館の現場では、「望ましい基準」が公示されないこともあり、唯一の公的基準である「最低基準」のクリアを目標として運営したのである。しかし、〈二つの基準〉の採用によりその性格が変化したとはいえ、「望ましい基準」が上限ラインのようなものを目指したものでないことは明らかであろう。

法制定当時、「望ましい基準」に具体的に何を規定しようとしていたのか、今となっては推測するしかないが、おそらくは図書館法や施行規則等では表現が困難な問題、例えば、第三条に規定された「図書館奉仕」の実現のための基本的考え方、具体的方策といったものが示される予定であったのではないかと思われる。あるいは第一七条の無料原則の範囲といったものが示される可能性もあったかもしれない。

ところで、ここで一つ注意しなければならないことがある。それは図書館界も合意の上で、〈二つの基準〉というシステムを導入したということは、国に対して、財源問題と切り離すことによって、「望ましい基準」には、理念的な目標を掲げることだけでよいとする判断材料を与えてしまったと考えられる点である。このことは、この「望ましい基準」がたとえ決定されたとしても、その中身を実現する手だてが、図書館法の中には担保されていないという点からもいえるかもしれない。図書館法が規定しているのは「教育委員会に提示するとともに、一般公衆に対して示すものとする」ということにすぎない。図書館法にはその基準を実現するための法的強制力をもった規定はない。したがって「望ましい基準」が公示されたとしても、これはあくまでも地方自治体に、基準を超える図書館を実現するための努力目標を示したという意味しか法的にはない。また当然のことながら、この「望ましい基準」を実現するための財政的措置についても、皆無とはいわないものの十分には保障されていない。もちろん法律上の規定はなくても、政策的に予算を付けることは当然あり得ることではあるが、法的予算措置と比較すれば弱さをもっていることは否定できない。

〈二つの基準〉に対するこうした見方が当たっているとすれば、国に基準の公示責任はあるにせよ、基準の中身（理念的なもの）については、日本図書館協会をはじめとする図書館関係者に委ねられていたと考えることもできる。現場からの基準をまとめ上げ、それを国によって公示するというシステムが隠れていたといえるのではないだろうか。この意味では、図書館関係者のより積極的な対応が必要だったといえるかもしれない。

第一九条の「最低基準」が消えた今、将来に向けて、どういう図書館の基準が必要なのか、今一度考えることが求められている。

五　公立図書館と補助金（第二〇条・第二一条）

図書館法は、社会的に影響をもつ経済的・政策的条項が少ないということもあり、これまで大きな改正は免れてきた。しかし、第二〇条から第二三条の補助金の交付に関係した条項については、時の社会状況に伴う影響を受けやすく、事実この五〇年の歴史の中で、第二〇条の全面改訂、第二一条及び第二二条の削除をはじめとして、その基本的性格すら変更させられてきた。

国の補助金は、地方公共団体が行う施策・事業について、地方税や地方交付税といったいわゆる一般財源だけでは賄うことが困難と認められた場合に交付されることになっている。いわゆる「奨励的補助金」といわれているもので、交付にあたっては、法令に根拠を定める法律補助と、政策的な予算措置として補助要綱を定めて交付される政策補助がある。図書館への補助は、図書館法第二〇条に基づき支出を定めた法律補助ということができる。

現行図書館法第二〇条は、次のように規定している。

（図書館の補助）

第二十条　国は、図書館を設置する地方公共団体に対し、予算の範囲内において、図書館の施設、設備に要する経費その他必要な経費の一部を補助することができる。

2　前項の補助金の交付に関し必要な事項は、政令で定める。

前節でもふれたように、図書館法は第二一条において、第一九条に定める「最低基準」をクリアした図書館に対して補助金を交付することができると定めていた。

この補助金としては、「施設」「設備」「その他」と規定されているが、実質的には図書館建設費に対する補助金の帰趨が問題にされた。とりわけこの条文に基づいて交付される補助金の中心的存在であった「公立社会教育施設整備費補助金（図書館建設費補助金）」が、「図書館整備率」が五〇%を超え、全国総合開発計画にいうところのナショナル・ミニマムに達し、その存在価値が低下したという理由から一九九八年度末で廃止されてしまった。条文中の「施設」に要する経費は実質的に空文化されてしまったのである。

「設備」に要する経費等については存続しているとはいえ、図書館が求める図書館振興のための経費の補助という意味では、実質的にこの第二〇条の存在意義はきわめて薄くなったといえる。また「最低基準」の廃止に伴い、第二一条自体の存在価値がなくなったとして、一九九九年の地方分権推進一括法の制定に伴う図書館法の改正により全面削除されている。図書館の振興に役立つ補助金が存続しているのであれば、制限が撤廃されたとして喜ぶ向きもあり得ようが、図書館建設費に対する補助金すら廃止された現在、この制限撤廃の意味はあまりないといえよう。

ところで、この第二〇条の現行規定は、図書館法制定時の規定と同じではない。図書館法が公布されたとき、第二〇条は「国は、図書館を設置する地方公共団体に対し、予算の定めるところに従い、その設置及び運営に要する経費について補助金を交付し、その他必要な援助を行う」と、「設置」だけでなく、「運営」に要する経費についても補助対象としていた。

また第二二条において、「図書館を設置する地方公共団体の各年度における図書館に備えつける図書館資料に要する経費等の前年度における精算額を勘案して行うものとする」とし、図書館法施行令第一条において補助金交付の基準となる経費の範囲を示していた。

すなわち、（1）法第三条第一号に規定する図書館資料の購入に要した経費、（2）法第一三条第一項に規定する図書館の館長および専門的職員の給料（勤務地手当、扶養手当、特殊勤務手当等の諸手当を除く）に要した経費、（3）図書館奉仕の用に供する建物の維持に要した経費、（4）当該建物の減価償却費、以上四つの経費を具体的に示していた。

この規定について西崎恵は、この補助金の性格を、「必要経費の一部を国で負担すると言うのでなく、あくまでも奨励金としての性格のものである」と述べ、さらに「これを大いに奨励するために、できる限り多額の補助金を獲得すべく努力しなければならない」[(7)]と国の予算獲得努力をも述べていた。しかし終戦後の厳しい財政状態の中では、そうした努力は行われず、逆に一九五四年度の予算編成時には、零細補助金はすべて打ち切るとして、図書館法に基づく補助金についても全額削除の方針を打ち出した。これに対し図書館界は反対の声をあげ、何とか前年度の四分の三ほどの額で復活されることになったが、併せて補助内容の変更という大きな代償を伴っていたのである。

国はこの変更のために、「補助金等の臨時特例等に関する法律」を制定した。この法律は文部省のほか厚生・農林・通商産業等の省庁の補助金を一括して処理しようとした法律であるが、図書館関係については次のように規定された。

（図書館法に基く補助の特例）

第三条　公立図書館に関する国の補助については、図書館法（昭和二十五年法律第百十八号）第二十条及び第二十二条の規定によらず、次項及び第三項に定めるところによる。

2　国は、図書館を設置する地方公共団体に対し、予算の範囲内において、左に掲げる経費について、その一部を補助することができる。
一　図書館の施設に要する経費
二　図書館に備え付ける図書館資料その他の設備に要する経費
3　前項の経費の範囲その他補助金の交付に関し必要な事項は、政令で定める。

この改正は、図書館法の条文を棚上げにして効力を停止し、別法で新たな事項を規定するというきわめて荒っぽい改正であるといわざるを得ない。しかも一年間の時限立法のはずが、翌年以降も継続された。さらに、一九五九年の「社会教育法等の一部を改正する法律」の公布に伴う図書館法の改正によって、図書館法第二〇条及び図書館法施行令の条文が、臨時特例法の条文にそっくり変えられるとともに、第二二条は全面削除されてしまったのである。

このように補助金に関係する条項は大きな変更を受けてきた。現行法の規定は、法制定時と比較すれば、見る影もない姿になってしまった。現行法の規定によって図書館の振興を図ることは、ほぼ絶望的なまでになっている。しかしまだ、かすかではあるが糸口が残っているのではないだろうか。

それは、「最低基準」に達した図書館に対して補助金を交付するというシステムは、その基準までは地方交付税法にいうところの基準財政需要額として財源を保障されることを前提として、それ以上の自発的な自治体の努力に対して援助するという性格のものとして理解することができた。すなわち最低基準に達しない図書館には、地方交付税の交付によってまず最低基準の維持を保障し、補助金の交付資格を付与することによって、「望ましい基準」を満たす図書館、すなわち「本来の機能を発揮することのできる図書館」をつくるという体系を見ることができたのである。

しかし「最低基準」がなくなり、「図書館建設費補助金」もなくなった現在、これらのシステムは使えない。ただし、一つだけ存続しているものがある。それは基準財政需要額に基づく地方交付税の交付制度である。現在の基準財政需要額算定のための単位費用については、図書館の実態とは大きくかけ離れていると言われているが、ここには図書館長や職員数についても規定されている。これを図書館の実態に合わせ、大幅な改定を求めていくという道が残されている。もちろん、国に対して図書館の振興方策を求めることも追求することも忘れてはならないことである。

なお、法第二三条は補助金の返還について規定しており、①図書館がこの法律の規定に違反したとき、②地方公共団体が補助金の交付の条件に違反したとき、③地方公共団体が虚偽の方法で補助金の交付を受けたとき、以上三つに該当する場合には、国は補助金の交付をやめるとともに、すでに交付した補助金についても返還させなければならないとしている。

第二十三条　国は、第二十条［図書館の補助］の規定による補助金の交付をした場合において、左の各号の一に該当するときは、当該年度におけるその後の補助金の交付をやめるとともに、既に交付した当該年度の補助金を返還させなければならない。

一　図書館がこの法律の規定に違反したとき。

二　地方公共団体が補助金の交付の条件に違反したとき。
三　地方公共団体が虚偽の方法で補助金の交付を受けたとき。

（前田章夫）

注

(1) 蒲池正夫「公立図書館の施設および運営に関する基準案のできあがるまで」『図書館雑誌』六一巻三号（一九六七年三月）一三三頁
(2) 前川恒雄「公立図書館の設置および運営の基準作成の経過」『図書館雑誌』六七巻一〇号（一九七三年一〇月）四六六頁
裏田武夫「公共図書館発展の活路を求めて―望ましい基準作成の経過」『丸善ライブラリーニュース』九七号（一九七四年三月）九五六頁
(3) 西崎恵『図書館法』（復刻）日本図書館協会　一九七〇　一〇三頁
(4) 裏田武夫・小川剛『図書館法成立史資料』日本図書館協会　一九六八　一七四頁
(5) 裏田武夫・小川剛　前掲書　二五一頁
(6) 裏田武夫・小川剛　前掲書　二八七頁
(7) 西崎恵　前掲書　一〇五、一〇六頁

八章　私立図書館と図書館同種施設

本章では私立図書館を取り上げる。まず「私立図書館」の定義を見直しておこう。図書館法第二条第二項に、「日本赤十字社又は民法第三十四条の法人の設置する図書館を私立図書館という」とある。

一九四七年末をもって失効した旧図書館令（昭和八年六月三〇日勅令第一七五号改正）においては、(1)

第四条　商工会議所、農会其ノ他ノ公共団体ハ図書館ヲ設置スルコトヲ得

前項ノ規定ニ依リ設置シタル図書館ハ私立トス

第五条　私人ハ図書館ヲ設置スルコトヲ得

とあり、個人でも図書館を設置することができた。ただし、設置にあたっては、

第七条　図書館ノ設置廃止ハ道府県立ノモノニ在リテハ文部大臣、其ノ他ノモノニ在リテハ地方長官ノ認可ヲ受クベシ

とあって、道府県立図書館の場合は文部大臣の認可、その他の図書館は、知事の認可を受けることが必要であった。

認可制は「図書館の設置の際に、一定の基本的条件を確保するために、その設置を認可とし、又無闇に廃止させないように、その廃止も認可にかかわらしめるということ自体は、必ずしもデモクラシーの傾向に反するものではない」という解説[(2)]もある。しかし、一九三三年の改正で、公立図書館のみならず私立図書館まですべての図書館を認可制度とし、同時に中央図書館制度を布いて、国と道府県の統制力を強化した。ドイツにおいてナチス政権が誕生し、日本が国際連盟を脱退したこの年は、滝川事件が起きた年でもある。国家主義的な時代の趨勢を反映して、当局からみて、好ましくない図書館がつくられることのないよう、文化統制を維持するための措置であったといえる。

それに対して、一九五〇年に制定された当初の図書館法は、民法第三四条の法人、すなわち公益法人の設置する図書館だけを「私立図書館」として認めていた。この点について、法案審議を行った衆議院文部委員会議録（昭和二五年三月一〇日）では、次のような政府提案理由の説明がある。[(3)]

高瀬文部大臣

第四は、私立図書館についてであります。（中略）そこで本法案においては、その独自性を尊重し、その自主性を確保するために、これに対して不当な統制干渉を及ぼしたりすることのないように、規定いたしたのであります。

西崎政府委員

第三章は、（中略）、私立図書館の独自性を尊重して、これに対して政府及び地方公共団体が、みだりに統制干渉すること等のないように致したいと思います。

また、法立案の当事者井内慶次郎も、「一般社会において行われる図書施設を中心とする活動をできるだけ自由なものにし、国から具体的な実益を受けないようなものまでも規定の対象となることを避け、行政作用と関連のあるものだけを規定の対象としたため[(4)]」と後に解説している。

このように、法制定当初は、私立図書館というのは公益法人の設置するものだけであったが、一九五二年に日本赤十字社法が制定されたときに、図書館法第二条の「民法第三十四条の法人」の前に「日本赤十字社又は」という追加が行われた。

これは、一九四六年末に民法による社団法人として再建の第一歩を踏み出した日本赤十字社を、一九五二年にその国際性と公共性を発揮させるため、新生日本赤十字社として日本赤十字社法が単独立法として成立したときに、民法第三四条法人に係る他の法規とともに一括改訂されたものである。[(5)]また当時の新聞『時事新報』の記事に、「郵送もする―日赤本社（港区芝公園五号地）の日赤図書館に点字図書館が附設され十五日開館した[(6)]」とあることからも、当時の日本赤十字社には、図書館が設置され、相当の活発な活動を展開している姿がみられる。

また、同法の第三九条に、「国又は地方公共団体は、日本赤十字社が、その業務の実施に必要な施設又は設備を整備する場合において、必要があると認めるときは、日本赤十字社に対し、補助金を支出し、又は通常の条件よりも日本赤十字社に有利な条件で、貸付金を支出し、若しくはその他の財産を譲渡し、若しくは貸し付けることができる」という規定があり、そのあとの但し書きの中に、「私立図書館の事業についての補助金の交付に関する図書館法第二十六条［国及び地方公共団体との関係］の規定の適用を妨げない」という条項が付加されている。[(7)]

一　私立図書館のノー・サポート、ノー・コントロール

制定当時の図書館法には、法人が図書館を設置しようとする際、または廃止する際には、都道府県の教育委員会に届け出なければならない（二四条）という規定があったが、一九六七年に、官公庁の「許可、認可等の整理に関する法律」が公布施行された際に、第一一条とともに、この第二四条は削除された。(8)

（都道府県の教育委員会との関係）
第二十五条　都道府県の教育委員会は、私立図書館に対し、指導資料の作製及び調査研究のために必要な報告を求めることができる。
２　都道府県の教育委員会は、私立図書館に対し、その求めに応じて、私立図書館の設置及び運営に関して、専門的、技術的の指導又は助言を与えることができる。

教育委員会制度が改正される以前には、文部大臣から都道府県の教育委員会に対して、都道府県の教育委員会から市町村の教育委員会に対して、「求めに応じて、……指導又は助言を与えることができる」という規定（七条）が設けられていたが、旧教育委員会法の廃止にともなって、この第七条が削除され、その際に、私立図書館に対する指導・助言のことが、第二五条の第二項に移されたものである。そして、西崎恵は、専門的・技術的な「私立図書館の実状についてもこれを把握し、適切な指導助言を可能にするためには、私立図書館の実態を把握

する必要が大いにある」[9]ので、府県の教育委員会が、私立図書館から必要な報告を求めることができるようにした、と解説している。この条項は、現実には、「都道府県の教育委員会は、その都道府県内の図書館奉仕を総合的に促進する役割を有するものであるから」[10]、都道府県の教育委員会が直接に、私立図書館に対して指導・助言を与える、と考えるよりも教育委員会部局内の都道府県図書館が実際には、私立図書館からの求めに応じて、適切な助言を与えることができる、と読み替えた方が現在の実態に則しているし、また県域図書館サービス網の構築と展開を通じての、図書館協力の推進と全域サービスの深化という趣旨にも適合していよう。

（国及び地方公共団体との関係）
第二十六条　国及び地方公共団体は、私立図書館の事業に干渉を加え、又は図書館を設置する法人に対し、補助金を交付してはならない。

西崎は、「国や地方公共団体は私立図書館の自主性と自由を尊重して、その活動に深入りしてはならないという原則であって」[11]、ノー・サポート、ノー・コントロールの原則が根拠になっている、と説明している。したがって、私立図書館の場合は、どのような蔵書構成をとろうとも、設置者の意思次第であって、そのことに関して、国または地方自治体が干渉を加えることはできない。

しかし、先に取り上げた公立図書館設置に関する設置および運営に関する補助（特に第二〇条）をめぐっての審議状況からも[12]、法制定当時の国庫財政の逼迫がうかがわれ、ましてや私立図書館に対する補助は現実的なものとして、審議の対象にはならなかった。

しかし、井内がのちに「私立図書館の範囲について、将来重点的に国や県の施策としてとりあげるものとして」(13)とあるように、まったくの助成対象外として考えられていたわけでもない、という側面も考えられる。また図書館法施行後の早い時期に、私立学校等に対する国家補助と比較して私立図書館事業に対する補助制度のないことを批判する声も出ている。(14)

第二十七条　国及び地方公共団体は、私立図書館に対し、その求めに応じて、必要な物資の確保につき、援助を与えることができる。

この規定は、「当初は統制経済の時代であって、そういう状況下で入手困難な物資に関して、その入手について援助するという意味のものであった」(15)とされている。しかし、「必要な物資の確保につき、援助を」が土地、建物、機器・備品、資料の範囲に解釈できるとすれば、私立図書館に対する「援助」の道が存在する可能性は考えられる。また、私立学校振興助成法との関連の検討も要請されるところである。

（入館料等）
第二十八条　私立図書館は、入館料その他図書館資料の利用に対する対価を徴収することができる。

これは、公立図書館に対する対価の徴収を禁じた第一七条の規定とくらべると、対照的な条項である。私立図書館は、「図書館資料の利用に対する対価を徴収することができる」ので、自らの運営方針と判断のもとに有料制であってもよい。既述のとおり、私立図書館は、第二六条によって国または地方公共団体から補助金を受け取ることはできない。そして、第二八条によって有料であっても問題はない。ただし、公益法人により設置される図書館である以上、その対価は公益の範囲内の金額であることはいうまでもない。

二　図書館同種施設

(図書館同種施設)
第二十九条　図書館と同種の施設は、何人もこれを設置することができる。
2　第二十五条第二項の規定は、前項の施設について準用する。

前述のとおり、旧図書館令の時代には、商工会議所などの団体はもちろん、個人でも図書館を設置することができた。ただし、文化統制の目的をもった許認可制度の下であったことはすでに述べた。それに対して、一九五〇年の図書館法は、公益法人（のちに日本赤十字社が追加される）の設置するものだけを「私立図書館」とよんで、法の対象とした。この点について、井内は次のように説明している。

図書館法の性格が一般社会において行われる図書施設を中心とする活動をできるだけ自由なものにし、国から具体的な実益を受けないようなものまで規定の対象となることを避け、行政作用と関連のあるものだけを規定の対象としたためである。そして具体的には、私立図書館の範囲について、将来重点的に国や県の施策としてとりあげるものとして、日本赤十字社と公益法人の設置するものに限ったのである。[16]

旧図書館令の時代には私立図書館として扱われていたが、図書館法では、私立図書館から除外されるものをどうするかという問題に対して、この第二九条がある。

この条項は、「別にあってもなくても余り意味のない当然のことをきめたものである」[17]が、これによって個人でも、公益法人でない団体でも、図書館を設置することができるし、「図書館」という名称を使用することもできるのである。なお、清水正三は「私には図書館法の真髄を示し図書館法の民主的発展を裏づける重大な条文のように思える。（中略）戦後の図書館法が民衆の知る権利、学習する権利を保障する観点から、中央図書館制度や認可制度を撤廃したのは、当然であるが二九条は、このことを積極的に宣言した」[18]とこの条項を積極的に高く評価しようとしている。

私立図書館は、一九四六年には八五四館存在したが、図書館法制定後の五四年には五七館に急減し、二〇〇〇年にはわずかに二六館にとどまっている。[19]

しかし、いわゆる図書館法によらない図書館が増加する傾向にあり、これらは図書館法からみれば、「図書館同種施設」である。[20]これらの「図書館同種施設」は、現行の法体系ではどのような法的根拠に基づいているのであろうか。

図書館法によらない図書館の例に先鞭をつけたのは京都市があげられる。京都市の場合、図書館の設置者は京都市であるが、その管理運営を京都市社会教育振興財団に委託している。[21] こうした場合、すでに述べた図書館法「第一章　総則」の「この法律の目的（第一条）」、「定義（第二条）」、「図書館奉仕（第三条）」などの図書館法の基本に立ち帰り、図書館は何をするところか、何のために図書館はあるのか、を考えてみる必要がある。

行政事務の安易な官・民分担論は、図書館の管理委託にいきつく。官が管理する運営では硬直したサービスしかできない、民間の智恵とノウハウを活かす、行財政改革の一環などさまざまな説明がなされる。また、貸出（貸出作業ではない）などは非専門的業務として図書館業務を矮小化しようとする傾向がある。また最近では高度情報化社会に対応した新たな図書館サービスの展開・推進の文脈のもとに、図書館サービスの一部有料化へ道を開こうとする動きも激しい。[22]

しかし、図書館サービスは資料・情報の提供を通して、地域住民の生活・職業・生存と精神的自由に深くかかわる住民の基本的権利の保障を行うものであり、サービスの普遍性と発展の可能性をもつものでなければならない。この意味において、基本的に地方自治体自身が住民に対して、図書館の設置・運営に直接に責任をもつべきである。また、組織的な業務の委託ではないが、非常勤・臨時・派遣職員の増大により、運営実態は委託と何ら変わらない図書館も増加している。

委託によって懸念される問題点として、『公立図書館の任務と目標　解説　増補版』では次の指摘がある。[23]

委託によって予想される問題点としては、直営なら、図書館業務は情報公開や住民監査の対象となるが、委託された場合には、図書館経営に住民の意思が反映しにくく、議会の監視も行き届きにくくなるとともに、予算の確保など事業の継続性に不安がある。また、利用者のプライバシーにかかわる守秘義務があいまいな上に、将来に向けて事業の発展を支える職員の専門的力量を育成・蓄積していくことの困難さなどもある。さらに、国家賠償法の規定によると、職員と利用者の間で損害賠償にからむ問題が発生した場合、地方自治体職員であれば地方公共団体のみが当事者となって職員個人の責任は追及されないのに対し、財団運営の図書館においては国家賠償法は適用されないため、財団自体の責任とともに、民法七〇九条の規定により職員個人の責任も追及されるという事態も予測される。しかし、それらが顕在化するのは突発的ないしは相当の年数を経た後であるところに問題の深刻さがあり、目先の安易な理由から委託という誤った選択をとるべきではない。

一方、一九八〇年代から図書館法によらず、通産省、農林水産省、自治省、防衛施設庁などの省庁からの補助金による図書館建設や、図書館を含んだ複合施設の設置が増加している。こうした単独立法である図書館法によらない「図書館」は、図書館法の立法趣旨からしても、違法ではないが適当とは言い難いものと指摘できよう。また、こうした社会教育施設にあらざる公の施設は図書館法から見れば、図書館同種施設もしくは、図書館法に図書館の名称独占規定が存在しないことをもって「図書館」を名乗る脱法行為の側面も懸念される。

三　NPOと図書館法

次に通称NPO法（特定非営利活動促進法）(24)と図書館の関係について取り上げる。すでに同法に基づく法人に対して、いくつかの図書館業務委託が始まっている。本来、NPO（Nonprofit Organization）は、「民間非営利組織」であり、このNPO団体のうち、NPO法によって法人化した一部の団体がNPO法人である。[25] NPO法は民法第三四条の特別法として位置づけられており、この意味ではNPO法人は、社会福祉法人、学校法人、宗教法人などと同様の制度的位置にある。その活動分野として、次の一二分野で、不特定かつ多数のものの利益の増進に寄与することを目的としている（同法二条一項）。

（1）保健、医療又は福祉の増進を図る活動。
（2）社会教育の推進を図る活動。
（3）まちづくりの推進を図る活動。
（4）文化、芸術又はスポーツの振興を図る活動。
（5）環境の保全を図る活動。
（6）災害救援活動。
（7）地域安全活動。
（8）人権の擁護又は平和の推進を図る活動。
（9）国際協力の活動。
（10）男女共同参画社会の形成の促進を図る活動。
（11）子どもの健全育成を図る活動。
（12）前各号に掲げる活動を行う団体の運営又は活動に関する連絡、助言又は援助の活動。

ＮＰＯ法人が独自に図書館を設置・運営する場合は、次のように考えられる。現在の図書館法は、私立図書館の設置主体を日本赤十字社と民法第三四条の公益法人に限定しているため、ＮＰＯ法人による図書館は、図書館法上は図書館同種施設としかならない。しかし、設置の主体がＮＰＯ法人であれば、ＮＰＯ法が民法第三四条の特別法としての位置づけからも、ＮＰＯ法人を民法による公益法人と同等の法人と見なして、図書館法第二条第二項による私立図書館と位置づける道が検討されてもよいのではなかろうか。また、法人格をもたないＮＰＯによる図書館は、図書館法第二九条による図書館同種施設であり、「図書館と同種の施設は、何人もこれを設置することができる」（二九条）。

問題になるのは、図書館の管理・運営をＮＰＯ法人に委託する場合である。本論に入る前に、図書館活動へのボランティアの参加はどのように考えられてきたのかを確認しておきたい。先の『公立図書館の任務と目標　解説　増補版』では、ボランティアの参加を次のように位置づけている。[26]

多様な図書館活動の中には、ボランティアの参加で内容が豊かになるものも少なくない。しかし、本来職員の手でなされるべき仕事をボランティアに依存することは、図書館サービスの発展を妨げることになり、あってはならない。

この『任務と目標』の考え方の基本は、従来の自発的、自主的市民団体が、法人格をもたないＮＰＯ団体として語られても、その内容に変化はない。

では、ＮＰＯ法人に対して、図書館の管理運営の全部や一部を委託する場合は、どのように考えられるのだろうか。住民に対して、知る権利を保障する図書館の資料・情報の提供は地方自治体として公的に果たす義務がある。図書館法の第一条「図書館の設置及び運営に関して必要な事項を定め、その健全な発達を図り、もつて国民の教育と文化の発展に寄与することを目的とする」は、この精神を明文化したものである。

地方自治法第二四四条の二「公の施設の管理委託[27]」を根拠法令として、図書館の管理委託を地方公社に委託することが行われてきたし、その委託に伴う問題点の指摘も厳しくなされてきた。NPO法人は、同法が対象として規定している「公共団体」ではないが、同法の規定する「公共的団体」であるが、法的整合性の検証とともに、行政責任がどのように担保されるのかは、厳しく問われる必要がある。一方、NPO法人は、社会活動を行う市民団体が法人格を獲得することで、その自発的、自主的活動をより豊かに展開することが趣旨である。しかし、NPO法人からみて現在進行中の図書館の委託管理は、委託契約の下に事実上、委託者である行政の「下請け」に陥ることはないのだろうか。自治体とNPO法人の対等な協働、パートナーシップによって、経済性と質の高いサービスの展開を目指すNPO協調型運営、としてNPO法人への図書館の委託管理を積極的に評価しようとする意見もある。しかし、抽象的に述べられる協働、パートナーシップが、実は単なる「下請け」の言い換えであってはならないし、委託先がNPO法人であっても、先に述べた行政責任が放棄されることがあってはならない。一方で、図書館の専門的職務、根幹的業務は図書館職員等で行うといい、他方ではNPO法人との協働、パートナーシップを住民参加の文脈で述べる動きが進んでいる。[28]

NPO活動は、財政的基盤を確立した組織的で継続的な市民活動であるべきだし、事業受託は具体的な事業単位での協働という方向が確保される必要がある。また、NPO法人の制度への組み込みの進行に伴い、政府・行政からの独立性、対抗的政策提言能力が希薄化することがあってはならない。

高知県でNPO法人による「高知こどもの図書館」が開館し（一九九九年一二月一一日）、宮崎市でも図書館業務の一部がNPO法人に委託された（二〇〇〇年四月）。今後の展開を慎重に見守りたい。

四　PFIと図書館

最後にPFI（プライベート・ファイナンス・イニシアチブ）法[29]と図書館について取り上げる。最初にPFI法について、概観しておく。PFI法は、第三セクターの失敗例——特に民間部門が公共部門の最終的リスク負担に依存するモラルハザード（倫理の欠如）と公共部門の財政的負担増の拡大——を踏まえた内容となっており、事業展開には次のような必要条件が付されている。

・官民の役割・責任分担を契約で明確化すること。また、事業の公共性や安全性についても契約で明記する。

・公共サービス提供期間中の国や地方公共団体の財政支出軽減が図れるか、または、一定の財政支出を行っても、地方公共団体単独事業に比して、質・量ともに水準の高い公共サービスを提供できる目処があること。

しかし、PFI事業は参加民間部門へのインセンティブ（誘因）付与と参加リスク負担はトレードオフの関係にある。自治省は二〇〇〇年三月に、PFI促進のために同法による公共施設の整備に対する財政措置を発表した[30]。ただ、財政措置を一定割合で行うと民間部門のインセンティブに歪みをもたらす。一方、補助を一定額にすると補助額が少ないと参加意欲が減少する。基本的には、行政の恣意性を極力排除した、事業の社会便益の提供評価と補助額との比較が行えるような透明な公共性評価基準の確立が求められる。さらには、固定資産税軽減や原価償却期間の短縮などに関する議論もある。また、事業資金調達については、事業収益と事業資産を担保としたプロジェクト・ファイナンスの手法が当面の主流になろうが、事業期間が二〇～三〇年にわたることを考慮すると、長期的には直接金融の手段としてＰＦＩ証券市場の創設やＰＦＩ投資信託の設立なども課題となる。なお、地方公共団体によるＰＦＩ事業は、その一方で地域住民の理解と合意が大前提であることは論をまたない。

さて、ＰＦＩ法第二条の中に「公営住宅及び公益的施設」がその対象とされており、その内訳には「教育文化施設」が含まれている。図書館もこの教育文化施設の範疇に属するといえる。(31)図書館をＰＦＩ事業で整備し、運営は地方公共団体が直接に行う方式は、原則として、条例設置による図書館として問題はない。さらに図書館の日常運営をもＰＦＩ事業として行おうとする場合は、公立図書館として運営するには、既述の図書館法第一七条の規定により「無料原則」が働き、独立採算制は成り立たない。また、ＰＦＩ事業主体を第三セクターとした場合は、地方公共団体の図書館設置・運営のあり方との関連で問題が残る。ＰＦＩ事業主体の財団法人が、一部運営を受託する方式では、従来の第三セクターへの委託管理となんら変わることはない、という問題点が指摘できる。(32)

いずれにせよ、ＰＦＩ事業推進の判断基準は、先に述べたように「公共サービス提供期間中の国や地方公共団体の財政支出軽減が図れる」という財政的判断基準とともに、「一定の財政支出を（ＰＦＩ事業に対して）行っても、地方公共団体単独事業に比して、質・量ともに水準の高い公共サービスを提供できる目処があること」が導入条件となる。

ＰＦＩ推進促進者側では、公立図書館の関連分野の民間企業群においてその設置計画、建設、運営などすべての側面に関して相当のノウハウが蓄積されており、さらには公立図書館における新たな図書館業務運営システムの構築の可能性すら主張されている。公立図書館の専門職集団である司書の力量の証明とそれに対する行政内部および地域住民の理解の獲得に一層の努力が要求される。たゆまぬ自己研鑽と司書集団としての力量確保の上に立った、新しい情報環境に対応した図書館サービスの豊かなイメージを具体的に日常の図書館活動の中で地道にかつ力強く展開していくことが、いま大きな課題である。

（北　克一）

注

(1) 裏田武夫・小川剛『図書館法成立史資料』日本図書館協会　一九六八　九一頁
(2) 西崎恵『図書館法』（復刻）日本図書館協会　一九七〇　五九頁
(3) 裏田武夫・小川剛　前掲書　三六二、三六六頁
(4) 井内慶次郎執筆担当『図書館法の解説』（学校図書館学講座）全国学校図書館協議会　一九五四　三八頁
(5) 「日本の赤十字」刊行委員会編『日本の赤十字』日本赤十字社　一九五五　二三四、二三六〜二四〇頁
(6) 『新聞集成図書館　Ⅳ巻―昭和戦後編―』大空社　一九九二　六〇頁
(7) 「日本の赤十字」刊行委員会編　前掲書　二三六頁
(8) 第二四条（届出）は、昭和四二年法律一二〇号において、全文削除された。「認可・許可の整理に関する法律」（昭和四二年八月一日法律一二〇号）による図書館法第一一条および第二四条改正。
「第二四条（届出）　図書館を設置しようとする法人又は設置する法人は、図書館を設置し、又は廃止し、若しくは設置者を変更しようとするときは、あらかじめ、その旨を都道府県の教育委員会に届け出なければならない。」

(9) 西崎恵　前掲書　一〇三頁
(10) 西崎恵　前掲書　一〇八頁
　ただし、「地方分権の推進を図るための関係法律の整備等に関する法律」（一九九九年七月八日成立）に伴い、「地方教育行政の組織及び運営に関する法律」第四九条が削除され、都道府県教育委員会がその行政区域全域の教育行政に関する基準を策定する教育法上の根拠規定が消えたことにより、図書館行政への影響も懸念される。
(11) 西崎恵　前掲書　一〇六頁
(12) 例えば、裏田武夫・小川剛　前掲書　三六八頁
(13) 井内慶次郎執筆担当　前掲書　三八頁
(14) 例えば、綿貫実「私立図書館と図書館法」『図書館雑誌』四六巻六号（一九五二年六月）一三八頁
　また例えば、「図書館法三十周年記念　図書館法研究シンポジウム」において、小林文人は「社会教育法制と図書館法」と題した講演の中で同様の指摘をしている（『図書館法研究　図書館法三十周年記念図書館法研究シンポジウム記録』日本図書館協会　一九八〇　九七頁　所収）。
(15) 森耕一『図書館法を読む』補訂版　日本図書館協会　一九九五　一九二頁
(16) 井内慶次郎執筆担当　前掲書　三八頁
(17) 井内慶次郎執筆担当　前掲書　三九頁
(18) 清水正三「図書館法二九条について―図書館同種施設の意義」『図書館と本の周辺』一（一九七四年）九～一二頁
(19) 日本図書館協会図書館調査委員会『日本の図書館　統計と名簿二〇〇〇』日本図書館協会　二〇〇〇　一五八頁
(20) 例えば、『日本の図書館』調査を担当する日本図書館協会図書館調査委員会は、一九九九年に「『日本の図書館』における公共図書館の集計基準について」（『図書館雑誌』九三巻五号　三六八～三七〇頁）において、「実質的な図書館をカウントすべきか、法的な図書館をカウントすべきか」と自問し、『日本の図書館』の「数字がどれほど厳密で正しいものか、残念ながら、現状は、はなはだ心もとない」とした上で、調査のための新しい具体基準を「公立図書館の集

計対象基準（案）」として示している。同「基準（案）」が、多様な図書館、図書館類似施設の遍在する現状の中で、調査対象とする新しい「基準（案）」を示すにおいて、相互に排他的でない自己撞着に陥っていること自体、図書館の置かれている現状の困難さがある。

(21) 例えば、京都市以外にも、東京足立区、守口市などの例がある。

(22) 例えば、生涯学習審議会答申「新しい情報通信技術を活用した生涯学習の推進方策について（答申）」（二〇〇〇年一一月）の中の「新たな図書館サービスの展開」に次の記述がある。

「例えば、インターネット等に接続することにより、外部のデータベース等の情報を提供することができ、（その際、情報等を図書館の端末を通じて提供するような場合については、図書館設置者の裁量により有料とすることも考えられます。）……。」

(23) 日本図書館協会図書館政策特別委員会編『公立図書館の任務と目標　解説』増補版　日本図書館協会　一九九五　二三頁

また、管理委託問題については、例えば次の文献が参考になる。松岡要『図書館のリストラ』図書館問題研究会山口支部　一九九六。山口源治郎「図書館を委託にしてよいのか（1）、（2）」『みんなの図書館』二七四、二七五（二〇〇〇年二、三月）四二～五七、四一～四九頁

(24) 「特定非営利活動促進法」は一九九八年三月一九日成立、同年一二月一日施行。税制上の優遇措置については、定められていない。附則として、施行後三年以内の見直し条項があり、争点として、この税制優遇措置が争点となることが予測される。ちなみに、米国における一九九八年のＮＰＯへの寄付は、一七五〇億ドル（約一九兆円）であった（『日本経済新聞』二〇〇〇年六月一五日夕刊）。

なお、法人の認可システムは「認証」である。対象団体の事務所が一つの都道府県内の場合は、所轄庁は都道府県知事で団体委任事務となっている。このように、法人法としては、初めて団体委任事務をとり、都道府県ごとに施行のための条例制定を義務づけている。また、対象法人は、社会的責任を負う事業経営団体として情報公開が義務づけ

られている。

(25) 例えば、次を参照されたい。

細谷洋子「NPO（民間非営利組織）と図書館活動」『みんなの図書館』二六二（一九九九年二月）四六～五八頁。

山岡義典「図書館活動とNPO」『図書館雑誌』九四巻六号（二〇〇〇年六月）四一八～四一九頁

(26) 日本図書館協会図書館政策特別委員会編　前掲書　二八頁

なお、NPO団体から見れば、そこに収容されるボランティアは、NPOの無償スタッフとして位置づけられよう。

(27) 地方自治法第二四四条の二第三項（公の施設の管理委託）「（前略）公の施設の設置の目的を効果的に達成するため必要があると認めるときは、条例の定めるところにより、その管理を普通地方公共団体が出資している法人で政令で定めるもの又は公共団体若しくは公共的団体に委託することができる。」

(28) 本来的に、図書館運営における住民参加については、図書館協議会の設置が、図書館法第一四～一六条にあることを忘れてはならない。また、NPO法人が図書館運営の意思決定を全面的に持つのであれば、図書館法上は図書館同種施設としての意思決定である。

(29) 正式には、「民間資金等の活用による公共施設等の整備等の促進に関する法律」。一九九九年九月二四日に施行された。一九九一年に英国のメージャー首相がバリュー・フォー・マネー（VFM）――税金に対して可能な限り質の高い公共サービスを提供する――のビジョンを提唱した。基本的には、公共施設の建設や運営を民間主体にして、公共部門はサービスの購入者の役割を受け持つという構想である。

(30) 自治事務次官「地方公共団体におけるPFI事業について」（平成一二年三月二九日　自治画第六七号）。

(31) すでに、例えば神奈川県において社会教育施設である美術館の新館が、PFI事業として検討されている。

(32) 委託先の第三セクターを財団法人以外の法人格、例えば株式会社組織とし、図書館同種施設として有料運営を行う委託形式の事業モデルの可能性すら、一部の事業参入企画者の間では検討がされている。このモデルでは、公立図書館サービスのすべてを取り扱うことは現実的ではなく、いわゆる電子図書館サービス部分を広域的に展開する構想が検討されている。

III

現代図書館の法的諸問題

一章　公立図書館の管理委託と図書館法

一九九八年九月に出された生涯学習審議会答申「社会の変化に対応した今後の社会教育行政の在り方について」において、社会教育施設の委託について許容する項目が盛り込まれた。図書館を公社、財団など自治体の外郭団体に委託する構想は、地方行革が推進される中、多くのところで一旦は検討され、また実施に移されたところも少なからずあった。公立図書館の管理は教育委員会が行うことが制度上明らかであり、それをさしおいてまで実施に移すことには矛盾がある。

これに加えて最近は、ＮＰＯ法人（特定非営利活動法人）に委ねることやＰＦＩ（Private Finance Initiative）方式により図書館を設置し運営をすることなども検討されている。図書館の管理方法はますます複雑な状況になっており、生涯学習審議会答申がそれにいっそう拍車をかけるものになりかねない。ここでは、公立図書館の管理委託の問題について、これまで論議されてきた法制度との関連、および委託の中心的な問題である職員の問題について述べたい。

一　生涯学習審議会の答申

生涯学習審議会答申には、次のように記されている。

社会教育施設の管理の民間委託の検討

近年、博物館等の社会教育施設の管理を、地方自治法第二四四条の二の規定に基づき、地方公共団体出資の法人等に委託するケースが出てきている。文部省は、こうした委託について、社会教育施設運営の基幹に関わる部分については委託にはなじまないとして、消極的な立場をとってきている。しかしながら、施設の機能の高度化や住民サービスの向上のためには、上記のような法人等に委託する方がかえって効率的な場合もあることや、施設の特性や状況が地域により様々であることから、今後、地方公共団体がその財政的基盤を保証した上で、社会教育施設の管理を適切な法人等に委託することについては、国庫補助により整備された施設を含め、地方公共団体の自主的な判断と責任にゆだねる方向で検討する必要がある。

これは、「地方公共団体の主体的な行政運営に資するよう、社会教育施設の運営等の弾力化を進める」として出された方針であり、この社会教育施設の中に公立図書館も入ることは否定されていない。委託について「消極的な立場をとってきている」と記しているように、文部省のこれまでの方針の転換である。本答申に至る半年ほど前、その「中間報告」について、文部省社会教育課長は全国的な社会教育関係団体を集めた会議で、この項について次のように説明を行った（一九九八年四月八日「文部省と語る会」）。

社会教育施設の管理の民間委託の問題でございます。現行におきましても地方自治法によりまして地方公共団体が出資する法人に委託するケースがかなり多くなっております。スポーツとか文化のそういった施設については法律がなくてかなり自由にできるようになっておりますが、いわゆる社会教育施設については公民館、図書館、博物館についてはそれぞれ法律がありまして、法律による若干の縛りがあるということなどもございまして、これまで文部省としてはこれらは教育的機関であるので教育機関の基幹的な部分については委託になじまないという観点で行政を進めてきたわけでございますけれども、これからのことを考えますと、やっぱり施設がより高度化していく、サービスをもっと向上してほしいという要求に対して今のシステムで十分対応できるかどうか、むしろ地域の実情を踏まえて地方自治体が責任を持った上で、必要な経費をつけながら施設を管理、あるいは事業を展開していったほうがいいのではないかということもあり、具体的な法律で館長とか必要な職員を置くというような規定との整合性が十分まだ議論が詰め切れておりませんので、そういう点を含めて今後議論をしたいと思っているわけでございます。基本的な方向としては、地方公共団体の自主的な判断と責任に委ねていく方向で検討していきたいという結論になってございますが、さらに今後詰めていく必要があろうと思っております。

以上のことを整理してみると、図書館の管理委託については、次の点の解明が求められているといえる。

①　図書館には図書館法があるが、法定されていない他の社会教育施設との差異は何か
②　図書館は教育機関であるが、図書館にとって教育機関の要件は何か
③　図書館法により規定された館長および司書の配置と委託との関連
④　直営よりも委託する方が効率的な場合とは何か

⑤　図書館の管理を受託する適切な法人等とは何か
⑥　その法人等の財政的基盤の保証と法人等の自立性確保との関連

これらはいずれも、一九八〇年代以降追究してきた図書館の委託問題の論点である。
文部省は一九八六年三月の国会において、図書館の委託について次のように述べている。

公立の図書館につきましては、図書館法の定め等々から考えまして、基幹的な業務につきましては民間への委託にはなじまない、施設設備の保守あるいは清掃、警備、そういった部分につきましては民間委託を推進しているというのが現状でございます。

公立図書館につきましては、図書館の公共性というのが一つあるかと思います。それから同時に、図書館でございますと社会教育の基幹的な施設でもあるわけでございますから、ありていに申し上げれば館長及び司書の業務につきましては、原則として委託になじまないものというのが文部省の考え方でございます。

生涯学習審議会答申は、これを変えるような内容をもっておらず、今後の検討課題の提起にとどまっている。

二　地方自治法　公の施設の委託

図書館の管理委託の法的根拠については、地方自治法第二四四条の二第三項を挙げるところが通例である。

（公の施設の設置、管理及び廃止）

第二百四十四条の二

3　普通地方公共団体は、公の施設の設置の目的を効果的に達成するため必要があると認めるときは、条例の定めるところにより、その管理を普通地方公共団体が出資している法人で政令で定めるもの又は公共団体若しくは公共的団体に委託することができる。

この条文は、図書館を委託する場合にあてはめてみると、次の三つの要件が必要であることを述べている。すなわち、

①　図書館の設置目的を効果的に達成するために、その必要があるとき、

②　条例により、

③　地方公共団体出資の法人、または公共団体、あるいは公共的団体に委託することができる。

①の委託することのできる場合については、公の施設が「住民の福祉を増進する目的をもつてその利用に供するための施設」（地方自治法二四四条）であることから公の施設の管理を委託することにより、地方公共団体が自ら管理するよりも、一層向上したサービスを住民が享受することになり、ひいては住民の福祉が更に増進されることになる場合を指す。

図書館を委託する場合、その理由として、民間による柔軟な運営、夜間・通年開館、人件費削減等の減量経営などを挙げることが多いが、しかしこれらは法でいう「［図書館の］目的を効果的に達成するため」という委託を可能とする根拠にはならない。住民の資料要求に応えるという図書館の基本的な目的の達成に照らしてどうかの追求がない。開館時間・開館日の拡大はきわめて重要な課題であるが、図書館の設置目的の基本的事項ではない。生涯学習審議会答申は「施設の高度化や住民サービスの向上のためには、委託する方が効率的な場合があ

る」としているが、これも同様である。

②の委託については条例により定めるとは、行政当局の恣意、判断だけでなく住民を代表する議会の意思が必要とするものである。公の施設の設置およびその管理については、条例により定めるとされており（地方自治法二四四条の二　一項）、その管理を委託することは、住民の権利に直接関係する事項を含むものであるから当然条例事項になるものである。さらに委託の条件、委託の相手方、その他委託に関する基本的事項は、条例で定めるべきこととされており（昭和三八年一二月一九日自治省通知）、委託する事務の内容、委託先の特定、経費の支払に関することも規定することになる。

③の委託先については、「個人」は排され三種類の団体に限定されている。公の施設が住民福祉の増進など公共目的を達成するために設置されており、委託する場合、その施設の性格と委託先団体の活動内容、目的、所在地、組織・財政基盤などを捉え、総合的に判断されるべきことである。

「地方公共団体が出資している法人で政令で定めるもの」とは、地方自治法施行令第一七三条の三、および同施行規則第一七条で定められている。地方公共団体が二分の一以上出資している法人、または地方公共団体が四分の一以上出資し、その公の施設の管理を業務としており、職員を役職員等に派遣している法人で、経営の安定が確保され、十分な社会的な信用を有するものとされている。公の施設は公共の利益のために多数の住民に対して均等に役務を提供することを目的としており、その公正な管理を確保する必要があるため、営利を目的とする企業には公の施設の管理委託はできないとされてきた。しかし九一年の法改正により、上記の要件を満たせば株式会社であっても委託先として認められることとなった。

「公共団体」とは、当該地方公共団体以外の地方公共団体のほか、土地改良区など一定区域の一定資格要件を有する者によって構成される公法人である。

「公共的団体」とは公共的活動を営む団体すべてを言い、法人格の有無は問われない。しかし公の施設の管理を受託する以上、委託契約を結ぶことのできる組織的財政的な基盤、能力が必要である。

以上の委託先として認められる団体には、その施設が行うサービス、事業についての専門的知識、処理能力があることを求めることは当然である。自治体からの行政事務を受託するだけの単なる外郭団体であってはならない。「公の施設の設置目的を効果的に達成」しうる団体であるべきである。

バブル経済が破綻し、自治体の外郭団体の経営が困難になり、「倒産」、あるいは自治体資金の投入、などで批判が強まっている。公の施設の受託団体も、その経営状況について厳しい目が注がれている。その団体が自立して機能できるような計画をもち、経営していたかが問われているのである。

東京都は、市区町村が設立する公社等について、その予算に占める管理費と事業費の割合は四対六とすることを求めている（公益法人設立許可基準）。事業実施を中心とする団体であることを示すものである。公益法人協会は、「行政庁からの受託事業のみ、若しくは自主事業以上に受託事業を主体とする法人の設立は認められません」（「行政補完法人の現状と問題点」一九九二年）と説明している。自主事業による収入を、受託事業収入を加えた事業収入全体で割り、その団体の自主自立度合いを測る指標もある（事業主体性基準）。これが五割を超えないと自治体が外部に委託した効果はない。「倒産」「公的資金投入」はこの点についての追求がなされず、安易に公社、財団をつくってきた結果ともいえる。

図書館事業には経済的収益は生じない。運営にかかわる経費はすべて自治体からの委託料等で賄うことになる。受託団体の事業主体性基準はゼロである。したがって図書館のみを受託することは考えにくい。他の受託施設等の収益を合算することにより、みせかけの自主自立度合いを示すことにもなる。

三　図書館の委託

図書館は公の施設であり、地方自治法が適用される。一方図書館は教育機関であり（地方教育行政の組織及び運営に関する法律三〇条）、教育委員会が管理する（同法二三条一号）。教育機関とは「教育、学術および文化に関する事業……を行うことを主目的とし、専属の物的施設および人的施設を備え、かつ、管理者の管理の下に自らの意思をもって継続的に事業の運営を行う機関である」（一九五七年文部省初等中等教育局長通知）。図書館は、教育委員会の管理の下で、自らの意思をもって事業運営を行うものとされているのである。

これに関連して、例えば東京都教育委員会は、図書館等法定された教育機関についての委託はできないとする次のような見解をもっている。

教育機関には、その設置目的や事業内容を法律で規定しているものと、条例により任意に規定することができることになっているものとがある。法律で定められている学校、図書館、博物館については、その事業内容を実現するための手続き等を考慮すると、これらの管理運営を全面的に地方公共団体以外の機関に委託することは適切ではないと考える。……公の施設としての教育機関の管理委託については、法律によって設置者が限定され設置者管理主義が定められているなど特定の定めのあるものについては、管理委託できない。その他については、教育機関であるという理由のみで管理の委託が禁止されているわけではない。教育機関で委託になじまないものは、上記の考え方から、具体的には学校、図書館、博物館、公民館である。（一九八五年四月二六日）

当時東京都教育委員会所管施設の委託を行うにあたって出された考え方で、この内容で議会答弁をし、この立場で市区町村への行政指導を行った。地方教育行政の組織及び運営に関する法律（地教行法）第三〇条「地方公共団体は、法律で定めるところにより、学校、図書館、博物館、公民館その他の教育機関を設置する」で明記された学校（学校教育法）、図書館（図書館法）、博物館（博物館法）、公民館（社会教育法）を特定して委託できないというものである。

文部省は先にみたように、館長および司書の業務については委託できないとしている。館長の業務について図書館法には、「館長は、館務を掌理し、所属職員を監督して、図書館奉仕の機能の達成に努めなければならない」とあり、「公立図書館の設置及び運営上の望ましい基準について（報告）」（「望ましい基準（報告）」（二〇〇〇年））では「館長は、図書館の管理運営に必要な知識・経験を有し、図書館の役割及び任務を自覚して、図書館機能を十分発揮できるよう不断に努めるものとする」とある。司書については、「司書および司書補の職務内容」（一九九八年一二月廃止）で細かく規定されており、「望ましい基準（報告）」（二〇〇〇年）においても「資料の収集、整理、保存及び提供、情報サービスその他の専門的業務に従事し、図書館サービスの充実・向上を図るとともに、資料等の提供・紹介等の住民の高度で多様な要求に適切に応えるよう努めるものとする」とある。これらを素直にみれば、図書館固有の業務は司書の仕事であり、他に委ねる余地はない。

自治省筋も、「図書館法の適用を受ける図書館は、職の設置、職員の配置ともに、公立図書館の設置者たる地方公共団体が行うものと解されている。したがって、公立図書館の職員の配置を管理受託者に委ねることはできない」（『市町村事務要覧』）としている。図書館には、教育委員会職員である司書の配置が前提となっている考えである。

そこで、受託する団体が司書の派遣を委託先、教育委員会に求めることがある。委託先がそのような便法を使って、教育機関としての体裁を整えようとしているともいえる。「図書館の基幹的業務である館長および司書の業務は委託できない」とする制度上の問題との矛盾を繕おうとするもので、館長のみを派遣する事例もある。

そもそも自治体が設立する外郭団体、公社、財団には、もともと図書館業務を受託するために設立されたものはなく、社会教育や文化、スポーツ、あるいは福祉、コミュニティ等の公共施設について一般的総合的に管理するための受け皿としてつくられたものが多い。受託団体には個々の施設特有のサービスについての専門性は有していないという実態がある。そこで、そのための専門的要員を委託元の自治体に求めることが起きるのである。専門企業に再委託をするという奇妙な現象も起きることとなる。「公の施設の設置目的を効果的に達成する」ために委託するのに、受託先に専門性がないのである。

以上のように、教育委員会の管理、教育機関、図書館の館長および司書の業務、さらに受託団体の実態、などから図書館の委託が可能とする論拠は見出せない。冒頭紹介した生涯学習審議会答申には、その答えが用意されておらず、問題提起にとどまっているのである。

図書館の委託について、実際に起こっている事例に関連した問題について指摘しておきたい。

一つ、再委託の問題である。受託団体に、図書館業務の専門性が欠如しているためにその専門的業務や、夜間・休日開館の業務を他の団体に委ねることである。これは、条例により委託内容、委託先などを特定している関係から許されることではない。委託元の自治体の判断が入る余地も少なくなる。

二つ、時間を限って委託することの問題である。夜間・休日開館について、他の団体に委ねることである。時間帯によって管理および運営をする主体が異なることになり、責任区分の一体性が損なわれる。「設置の目的を効果的に達成するため」委託するのであるから、時間を限って委託することが図書館の設置目的達成になるのか、疑問が残る。

三つ、受託団体のことである。図書館において、臨時職員等により任意団体をつくり、そことの契約により業務を委託する例がある。この団体は公共目的でつくられていないこと、労働契約を結ぶ能力をもつものではないことなどにより、違法的行為といわざるを得ない。

四　委託の労働問題

図書館の管理、運営すべてを委託した事例は、現在のところないようである。委託内容が根幹的業務か、館長および司書の業務かについては種々論議があるとしても、教育委員会が関与する余地を残している。

そこから図書館で働く職員の雇用、指揮命令の関係で複雑な状況が生まれる。教育委員会の管理の下、一部業務を委託し、受託団体が図書館の現場に職員を派遣してきたとき、教育委員会職員（公務員）と受託団体職員が混在することになる。逆に図書館の管理を委託したとき、図書館現場には教育委員会から派遣された職員（公務員）と受託団体の職員が混在することになる。いずれの場合も、その雇用主が複数存在することになる。後者の場合、教育委員会職員の身分を保持したまま、一時的に受託団体職員となるわけだが、その間実態として教育委員会からの指示、命令がないとは思われない。若干なりとも図書館運営に教育委員会が関与するために、それも円滑に行うために派遣しているから、完全に離れることはできない。

派遣労働者の存在は、雇用主とその労働者の労働力の使用者が異なることである。これは一般的には排除されることであり、労働基準法で「中間搾取の排除」（六条）をうたい、職業安定法は「労働者供給事業の禁止」（四四条）を規定している。「労働者派遣事業の適正な運営の確保及び派遣労働者の就業条件の整備等に関する法律」（労働者派遣法）が一九八六年七月に施行され、状況の変化が生まれたが、原則をふまえどのように調整、活用していくかが課題である。

労働者派遣法はその後たびたび改正され、その対象事業の拡大がなされてきた。現在では一部事業を除き、原則自由となった。図書館においても、この法律に基づいた派遣は多くなると思われるが、これまでの事例では目録入力等特定の一時的な業務を除き、多くはないようである。それよりも「請負契約」や図書館の現場で業務を行う委託などの「脱法的な」ものが目立つ。

職業安定法施行規則第四条には、「契約の形式が請負契約であっても、次の各号のすべてに該当する場合を除き、……労働者供給の事業を行う者とする」として、違法とみなされる行為を挙げている。すなわち、①作業の完成について事業主としての財政上および法律上のすべての責任を負う、②作業に従事する労働者を、指揮監督する、③作業に従事する労働者に対し、使用者として法律に規定されたすべての義務を負う、④自ら提供する機械、設備、器材もしくはその作業に必要な材料、資材を使用しまたは企画もしくは専門的な技術もしくは専門的な経験を必要とする作業を行うものであって、単に肉体的な労働力を提供するものではないこと、である。これら四項目のすべてが実行されていなければ、労働者供給の事業となり、違法となる。つまり請負った側が自ら行うこととして、業務遂行の方法、始業・終業の時刻、休日、休暇、服務上の規律等の指示、管理、労働者の配置等の決定、業務遂行に要する資金・器材等の調達などがあるということである。図書館側にいささかも雇用者性があってはならず、業務遂行の指揮命令は受託者側が行うということである。受託者は企業だけでなく、公社、財団であっても同様である。

労働者派遣事業を行う企業からの派遣の場合、この問題はない。しかし継続的に長期にわたって派遣を求めることは適法ではなく、その場合は自らの職員として雇用することが求められている。

以上は、教育委員会もしくは図書館が外部から派遣を求めた場合である。逆に受託した外郭団体等に教育委員会や図書館の職員を派遣した場合はどうか。これも同様、受託した側が教育委員会もしくは図書館の職員に対する指揮命令はできない。いずれにしても、図書館の管理、人事管理・監督が二重になるのである。

教育委員会や図書館の職員を外郭団体に派遣することは、地方公務員法との関連での問題が起きる。公社、財団という公益法人であっても、そこで行われる業務は完全な公務とはいえない。公務員が、自治体で行われる公務をさしおいて派遣されるには、それなりの合理性が必要となる。日本の公務員制度は労働基本権を著しく制限し、職務専念義務をほぼ無条件に課すような内容をもっている。したがってこれまで法律で認めている場合を除き、公社、財団に派遣する場合は、休職、もしくは職務専念義務の免除により行われてきた（職務命令による例もあるが、これは違法である。退職による例を挙げることがあるが、これはまったく論外である）。

いずれも便法であり、そのため「第三セクター」などへの公務員の派遣について、公金の不当支出であるとの住民監査請求や行政訴訟があいついだ。その結果はほとんど提訴側の勝訴に終わっている。その多くは公益法人とはいえ、もっぱら営利を目的とするものであったため、このような結果となったという側面もあるが、一九九八年四月の最高裁判決は、「職務専念義務の免除」「給与条例上の勤務をしないことについての承認」についての適法性の判断については、派遣の目的、派遣先法人の性格、派遣先法人の具体的な事業内容、派遣職員が従事する職務の内容、派遣期間、派遣人数等を総合的に考慮する必要があるとし、派遣先での業務内容・職務内容とその自治体の政策との関係などについて十分審理を尽くした上で、自治体の行政目的達成のために公益上必要であったかを検討すべきであるとしている。

自治省調査では、一九九八年四月現在、公益法人等への職員の派遣は三万九千人に及んでおり、またそれらの職員は前記の便法により派遣している状況にあるという。

こういった背景のもとで二〇〇〇年四月、「公益法人等への一般職の地方公務員の派遣等に関する法律」が公布された（施行は二〇〇二年四月一日）。地方公務員法の特例法としての性格をもち、これにより制度的には一定の整備がなされることになった。その内容は、①職員派遣の対象団体を条例で規定、②対象団体の業務内容、従事業務を職員に明示、③職員の同意を得て、最高五年まで派遣、④期間満了後は復職、というものである。内容としてはこれまで、多くの自治体でみられたことを追認したものといえる。

しかし図書館にとっての問題は、これでは長期にわたって司書が図書館業務に従事できないことである。仮に図書館が委託され、この法律に基づき受託団体に司書を派遣する場合、最高五年間しか、その業務に就けないということである。長い経験を有し、専門性を高めることが最も必要とされる司書の業務であるが、それが保障されないこととなる。期間を区切ることは、先に述べた公務員制度からの当然の帰結であり、これを延ばすことを求めているわけではない。問題の解決にならないことを強調しておきたい。

五　NPO法人への委託

NPO（Nonprofit Organization　民間非営利組織）の社会的貢献活動を促進するために、「特定非営利活動促進法」（NPO法）が一九九八年一二月に施行された。社会教育など一二の分野およびこれら活動団体への援助の活動を含め、合わせて一二の公益活動をする非営利団体に対して、法人格を認めるものである。NPO法人に対する寄付、援助、およびNPOが行う寄付活動についての税制上の優遇措置については、後の課題とされ、その効果は十分発揮されているとはいえないが、ボランティア活動などが社会的に認知されるものであり、意義は大きい。

図書館が、これらNPO法人の活動に対してサービスを実施することは、今後の課題である。これらNPOは、一定の組織、基盤をもち社会的影響力をもって、活動を展開している。資料、情報の提供を基礎的サービスとする図書館にとって、そのかかわりは小さくないはずである。

図書館事業に直接かかわることとして、NPO法人が設立し運営する図書館や読書活動が考えられ、すでにその実際例もある。これは、これまでの地域文庫や親子読書運動の蓄積の上にたつ発展形態といえる。これまで図書館は、団体貸出のほか文庫等が行う事業に職員を派遣するなど行ってきたが、地域全体の図書館サービスを展開していくために、さらに進んだ事業の実施、あるいは計画の策定が求められる。

一方、図書館の実施する業務をこれらNPO法人に委託する動きもある。これまで図書館はボランティアが活動する場として提供、利用されてきた。多様な図書館活動の中には、ボランティアの参加により豊かな内容をもつことが少なくないからである。しかし多くのところで懸念、もしくは困難を来たしているように、図書館の要員不足、図書館員の専門的知識・能力の欠如を、これにより補うことが少なからずある。しかし本来司書が行うことをボランティアに依存することは、その発展にならない。

図書館業務をNPO法人に委託する場合、NPO法人の社会的役割を踏まえた創意が求められ、工夫も必要となるが、ここにおいても先に述べた地方自治法の公の施設の意味合い、教育機関としての保障、職員の管理・監督の原則が適用されることは当然である。図書館によるボランティアの場の提供ではなく、図書館あるいは教育委員会とNPO法人との間の契約に基づく実施であり、委託業務の内容、受託NPO法人の内容、派遣職員との労働関係などについて、より整理されなくてはならない。

受託団体がNPO法人であるがゆえに、その業務はNPO法人の目的にかなった独自性があるのかとの視点が重要となる。行政事務の補完、「下請け」の機関であってはならない。

ＮＰＯ法人への支援、援助等は、今日自治体の重要な役割であり、そのための施策も実施されているが、それはＮＰＯ法人の自立性が前提であり、誤解を招く便宜供与であってはならない。

六　ＰＦＩによる図書館建設と管理

ＰＦＩとは、公的部門が提供してきた社会資本の整備を民間資本に委ねる手法で、公共施設等の設計、建設、管理、運営に民間の資金とノウハウを活用して、効率的で質の高い公共サービスを提供しようとする方式である。地方公共団体が、公共施設等の建設、およびそこで行われる公共サービス等についてＰＦＩ事業者とＰＦＩ契約をし、このことにより財政負担の軽減を図ろうとするものであり、民間事業者にとっては新たな事業機会の創出をもたらすものである。その促進のために、一九九九年九月「民間資金等の活用による公共施設等の整備等の促進に関する法律」（ＰＦＩ法）が施行され、二〇〇〇年三月には自治省から財政上、税制上、その他制度上の諸点について解明する自治事務次官通知が出された。

ＰＦＩ法では第二条第三号に事業の対象として「……教育文化施設、……等の公益的施設」とあり、この中に図書館事業も入るとみられる。図書館事業は本来無料で実施されるために、この事業からは経済的収益が生じない。したがってＰＦＩ契約にあたって地方公共団体は、ＰＦＩ事業者に独立採算を求めることはできない。地方公共団体と民間事業者との共同経営体をつくりＰＦＩ契約をする場合、それは私設の図書館となり、教育委員会の権限は及ばない。そこで考えられるＰＦＩ契約は、図書館建設の経費を長期分割払いするほか、そこで実施されるサービス、事業について「購入」するものとなる。

この「購入」の対象となる事業が課題である。先にみたように館長および司書の業務は委託できないとされており、この場合も同様である。先の自治省事務次官通知において、「第六　公の施設関係」が挙げられ、地方自治法第二四四条の二第三項に関連しての考え方が示されているが、これにおいてもかなり限定的になっており、図書館業務にかかわる「弾力化」はみられない。

しかし、図書館業務におけるＰＦＩの手法の導入は、事実上すでに相当な内容で実施されているため可能であり、有効である旨の主張がある。例えば次のような点である。

①　図書館の施設建設、設計だけでなく、その運営方法やその後の全域奉仕展開の計画など、あるべき図書館の姿を示す基本計画の策定については、コンサルティングとして民間事業者に実績がある。

②　図書整理の業務については、相当委託化されており、人材派遣の例もある。

③　目録データ（ＭＡＲＣ）は、民間で作成されたものの購入によっている。その他書誌データの作成、集中的処理のための受託実績や人材派遣も多い。

④　根幹的業務といわれている選書の業務について、その情報の提供は民間事業者が行っている。選定対象図書の予備選定的なことも行われている。

⑤　資料の保存、製本等のほか、自動車図書館の運行、資料の相互貸借のための搬送などは民間事業者が行っている例が多い。

⑥　効率的な図書館運営のための図書館業務プロセスの改善提案を行っている民間事業者もある。

⑦　図書館の電子図書館化は、民間事業者のかかわりなくしてはできない。以上のような主張のほか、通信系外部情報へアクセスするための経費負担については利用者の負担も可能とする考えも有力な背景となっている。公立図書館事業のコンソーシアム化――地方公共団体を越えた組織を支える組織としての可能性としての期待もある。

これらは、現行制度との調整を必要としており、引き続き検討していくべき課題である。ＰＦＩについては、行政改革の手法の一つとして多くのところで一旦は検討の対象とされている。その場合、図書館が「成長する有機体」となる保障が大切であって、「角を矯めて」殺すような事態は避けなければならない。

（松岡　要）

参考文献

1　『図書館の委託を考える　資料と解説』図書館問題研究会　一九九六
2　「公の施設」『市町村事務要覧』ぎょうせい（加除式）
3　「福祉行政・公有財産条例」『条例研究叢書』八　学陽書房　一九八一
4　長野士郎『逐条地方自治法』第一二次改訂新版　学陽書房　一九九六
5　木田宏『逐条解説地方教育行政の組織及び運営に関する法律』第二次改訂　第一法規出版　一九九三
6　松岡要「図書館の公社への管理委託」『地域と自治体』第二四集　自治体研究社　一九九七
7　松岡要『図書館のリストラ』図書館問題研究会　一九九六
8　「第三セクターの法的検証」『地域と自治体』第二五集　自治体研究社　一九九九
9　松岡要「図書館の『非正規職員』の問題を考える」『図書館評論』三二号（一九九一年五月）

10 公務員人事問題研究会『行政における外部委託・派遣労働者の活用実務』学陽書房　一九八九
11 地方公務員任用制度研究会『地方公共団体の臨時・非常勤職員等の身分取扱』学陽書房　一九九四
12 早川征一郎『国・地方自治体の非常勤職員―制度・実態とその課題』自治体研究社　一九九四

二章　著作権法と図書館法

一　図書館と著作権の接点

図書館は、図書館法第二条第一項にいうとおり、「図書、記録その他必要な資料を収集し、整理し、保存して、一般公衆の利用に供し、その教養、調査研究、レクリエーション等に資することを目的とする施設」である。すなわち、図書館は、直接、自館内に所蔵する資料と情報を利用者に提供するほか、最近、広く行われるようになったが、利用者の求めに応じて、ＩＬＬ（図書館間相互貸借）等によって自館外の図書館その他の機関から調達した資料と情報をも利用者に提供している（同法三条四号）。これらの資料と情報の多くは、それぞれの著作者が「思想又は感情を創作的に表現した」（著作権法二条一項一号）「著作物」であって、一般にその有形、無形の複製や改変などの利用行為、伝達、流通にかかわる諸行為は、当該著作物を生産した著作者が一身専属的に保有する著作者人格権と、著作者および著作者から権利の一部または全部の移転を受けた者の有する著作権、そして著作者から著作権の一部または全部の使用許諾を受けた者の権利利益によって規律される。

ちなみに、有形の複製というのは、複写機を用いた複写、録音、録画等の行為を言い、無形の複製というのは、朗読、上演、演奏、上映、公衆送信等の行為をいう。原則として、第三者が著作権の存する著作物を複製、利用しようとする場合には、著作権者からその著作物の複製、利用につき許諾を得る必要があり、その許諾を得る行為を「著作権処理」という。

著作権法により法的に保護された著作物を取扱う図書館は、利用者の便益拡大を図り、業務を積極的に展開するにあたって、著作権法の関係諸規定について、十分な理解と法的確信をもつ必要がある。

また、これまでベルヌ条約や万国著作権条約により著作権制度の国際的なハーモナイゼーションが図られてきたが、最近では、著作権を含む知的財産権の国際貿易を対象とする「世界貿易機関を設立するマラケシュ協定」の「附属書一C　知的所有権の貿易関連の側面に関する協定」やＷＩＰＯ（世界知的所有権機関）著作権条約などが新たに国際舞台で締結されている。一九九六年にジュネーブで作成され、最近のわが国の著作権法改正の方向を定めたＷＩＰＯ著作権条約の前文には、「ベルヌ条約において既に定められている、著作者の権利と、とくに教育、研究、情報へのアクセスといったより大きな公共の利益との間のバランスを維持する必要性を認め」とある。「教育、研究、情報へのアクセスといったより大きな公共の利益」の中には、当然、公共図書館における公衆の著作物利用が含まれるはずである。

二　著作権法により保護されない資料、情報、および著作権の認められない著作物

公共図書館は、図書館法第三条各号の定める任務を果たすために、その利用者に対して著作権のある著作物を利用に供する。このとき、その図書館サービスに対応する著作権法の規定は、主として第三一条と第三八条である。両条については、後に詳細に論ずることとするが、まず、その前提として、公共図書館の現場の職員が認識しておくことが望ましい著作権法の基礎的知識についてふれておきたい。

1　著作権の切れた著作物

わが国の著作権法は、著作権の存続期間について、当該著作物の著作者が死亡した年の翌年の一月一日より起算して五〇年後まで及ぶものとしている（著作権法五一条）。したがって、その期間が経過し、パブリック・ドメイン（社会の共有財産）に属するものとなった著作物については、原則として、いかように利用しようとも、法的に問題が発生する余地はない。例えば、インターネット上に「青空文庫」（http://www.aozora.gr.jp）というホームページがたてられている。そこには、芥川龍之介、夏目漱石、森鷗外など、死後五〇年を経過した著作者の作品がアップロードされており、必要とあれば、だれでもがそれらの作品をダウンロードして自由に利用することができる。ということは、図書館においても、それら著作権が切れた作品の利用については、なんら著作権法上の制約はなく、その作品全体をコピーしても法的に責任を問われることはない。ただし、図書館の外において、

著作権の切れた特定の作品につき、特定の出版社が刊行した出版物を営利的に利用しようとすれば、著作権法上主張しうる法的権利ではないが、実務上「版面権」に近いものを認め、処理する場合がある。

2　年鑑、統計書、ダイレクトリー、データベースなど

著作権の認められる著作物は、先に確認したとおり、人間の「思想又は感情を創作的に表現した」（法二条一項一号）ものでなくてはならない。したがって、特定個人の思いや気持ちの表出をともなわない単なる記号や片言隻句、そして事実やデータとその集合である統計などは著作物ではない。それら著作物ではないものが編集されて、年鑑、統計書、ダイレクトリー、データベースなどができあがる。

図書館において、職員および利用者がこれら年鑑、統計書、ダイレクトリー、データベースなどの内容をなす個々のデータやその一部を紙や電子媒体で複製、利用するとき、著作権を気にかける必要はない。ただし、相当の分量にわたり複製、利用する場合、異なる事情が発生することには留意しなければならない。個々の記号や符号、データや事実に著作権が発生することはないが、それらが一定の考えにしたがって選択、分類、配列、編集されている出版物については、編集著作物として「編集著作権」の保護を受ける（法一二条）。また、データや数値など、それ自体には著作権がないものの集合であるデータベースについても、「情報の選択又は体系的な構成によつて創作性」（法一二条の二）をもつデータベースには「データベースの著作権」が認められる。そのために、特定の編集著作物やデータベースから一定程度を超える中身を抽出し、それ自体からもとの編集著作物やデータベースの存在と構成がすかしみえる形になる場合には、「編集著作権」「データベースの著作権」を侵害すること

になりかねない。

雑誌の目次などは、記事・論文のタイトル、執筆者、掲載ページといった語句、特定人物を識別する符号である氏名、アラビア数字からなるもので、著作物にあたるはずもなく、その複製、利用になんらの制約もない。図書館において行われるコンテンツ・シート・サービスをさえぎる著作権法上の根拠は存在しない。

3　法令、判例、通達など

著作権法第一三条は、憲法その他の法令、国または地方公共団体の機関が発する告示、訓令、通達その他これらに類するもの、さらには裁判所の判決、決定、命令および審判ならびに行政庁の採決および決定で裁判に準ずる手続により行われるものについては、著作権、著作者人格権の対象とならないことを定めている。したがって、各種六法や判例集に掲載されている国の法律、政令、規則、通達等や、地方公共団体の条例や規則、要綱等、そして裁判所の判決や決定、行政委員会などの準司法的手続による審決などの複製、利用は、民間の出版社、データベース・プロデューサーが作成する各種六法や判例集の編集著作権、データベースの著作権を侵害する程度におよばない限り、自由に行える。

現行著作権法の通説的理解にしたがえば、政府や地方公共団体が税金を用い作成する国民に周知させるための白書などの政府刊行物等には著作権が認められている。しかし、このような国民から信託されて政治行政を行う政府が、国民主権の民主主義社会を構築してゆく場合の基礎的情報として提供しながら、その国民の無償で自由な利用にまかせない余地を残すことには問題がないわけではなかろう。アメリカの連邦政府が公表する政府刊行物、政府情報には、著作権の成立が認められていない。

4　新聞記事

社説やコラム、特集記事、学芸欄等を除くわが国の新聞記事の大半は、政府や地方公共団体、企業や団体、そして個人といった情報源から提供されるもので、記者会見の際に記者に手渡されるリリースなど、そのまま記事に使用できるものも少なくない。しかも、新聞を含むマスメディアは、時事の事件を報道する場合において、その事件にかかわる著作物を自由に利用することが認められている（法四一条）。それは、マスメディアに期待されている国民の知る権利に奉仕する社会的機能のゆえに認められた特権と理解することができる。民主主義社会のデータとして流通することが予定されているわけで、歴史的事実を踏まえながら著作者の虚偽が織り込まれる歴史小説や、現下の具体的諸事実にそって多面的な検討を加え再構成されるノンフィクション作品とは、その性質と本質を大きく異にする。

しかし、わが国の著作権法の通説的解釈によれば、死亡記事や官民の組織における人事異動の記事等だけが「事実の伝達にすぎない雑報及び時事の報道」にあたり、著作権ある言語の著作物として認められないものとされ（法一〇条二項）、それ以外のほとんどすべての報道記事に著作権を認めていることには問題がないとはいえないように思われる。新聞記事等の公共的利用と営利企業としての新聞社を含むマスメディア企業の経営との間に適切なバランスをとることが望まれる。

ちなみに、図書館における新聞記事のクリッピングは次に検討する著作権法第三一条の認めるところである。

また、図書館における新聞記事データベースの利用については、後にふれることとする。

三　私的使用のための複製

わが国著作権法は、第三〇条以下に著作権者の有する著作権を制限する諸規定をおいている。すなわち、これら諸規定に該当する著作物の複製、利用行為は、著作権者の許諾を得ることなく、自由に行うことができる建前である。その趣旨は著作権法の目的規定である第一条が言うとおり、著作者等の権利の保護を図りつつも、著作物という「文化的所産の公正な利用」とバランスをとり、「文化の発展に寄与」せんとするところにある。これら著作権制限規定の冒頭にかかげられているのが「私的使用のための複製」を認める著作権法第三〇条である。

法第三〇条は、個人や家族、親しい友人の間など限られた範囲内でその著作物を利用する場合においては、著作権者の許諾を得る必要がないものとし、自由に複製することを許している。この規定の書きぶりからは、直接的には、複写機や録音録画機器を用いての有形の複製を思い浮かべることになるが、著作権法の研究者などの間でときに使用される概念である「無形の複製」にあたる朗読、上演、演奏についても、個人や家庭など限られた範囲内で行われる場合には、著作権者に許諾を求める必要はなく、自由になしうる（これら私的領域でひそかに行われるものを法で規律しようとしても、実効性を担保できるはずもない）。

すなわち、私たちがレクリエーションや調査研究のために資料を複写したり、好みの音楽やビデオを録音・録画する行為などは著作権法第三〇条の範囲内にあるもので、著作権処理を必要としない（デジタル方式の録音・

録画については、著作権者に所定の補償金を支払うことになっているが、デジタル録音・録画機器およびその媒体の蔵出しのときに課せられ、私的使用を享受する利用者にはその補償金は意識されない形になっている）。

この「私的使用」の法理は、私的使用という著作物の利用形態にかかわるもので、ひそやかな個人的空間への適用にとどまるものではない。図書館を含む公開の場においても、公衆に向けての利用形態でない限り、「私的使用」の法理の射程距離の中にあると考えることができる。アメリカの著作権法の解釈においてもまた、わが国の著作権法第三〇条のいう私的使用の法理をその内容の一部に含むアメリカ著作権法第一〇七条に定める公正使用（fair use）の規定は、図書館や公文書館における複製が著作権者の許諾を必要としない旨を定めた第一〇八条と重畳適用の余地があるとされている。図書館における図書や雑誌などの複写サービス以外に、図書館において利用者が自分の好きな詩の一節を書き写したり（有形の複製行為にあたる）、また外観は演奏権や上映権といった支分権が関係しかねない無形の複製にあたる館内の個人用ブースでのＣＤやビデオの視聴をしたりすることは、利用者個人の合法的な図書館資料の占有に基づくもので、許諾なしの私的使用を適法とする第三〇条の立法趣旨の射程距離の範囲内にあると解釈することもできよう。

四　わが国著作権制度における図書館固有の位置づけ

図書館は、わが国の著作権制度において特異な位置を占めている。それは、わが国固有のものではなくて、旧著作権法が一九七〇（昭和四五）年に全面改正され、現行著作権法として再出発するにあたり、諸外国の関係法制に学び、新たに制度として整えられたものである（アメリカ著作権法の第一〇八条もその一つである）。その図書館の著作権制度上の特別の取扱いのことを、ときに「図書館の特権」（library privilege）と呼ぶことがある。

この図書館の特権を定めた規定が、著作権法第三一条である。対象とされる「図書館」については、著作権法施行令第一条の三に、国立国会図書館、図書館法第二条第一項の定めにしたがい設置、管理、運営される公共図書館、大学図書館等、法令に基づき設置された一般公衆の利用に開かれた図書館、および文化庁長官が指定する図書館とされている（学校図書館が含まれていないが、学校図書館においては著作権法第三〇条と第三五条により同様の「特権」を享受していると理解することもできよう）。

1　図書館資料の保存と蔵書構築

図書館が所蔵し、利用者の利用に供している資料は、度重なる利用によって、汚損し、破損することは避けられない。資料本体の一部が損傷、欠損したとき、図書館は同じ資料の該当する部分を複製し、補修することができる。また、時の経過にともなう図書館資料の物理的劣化も避けられない。著作権法第三一条二号は、「図書館資料の保存のため必要がある場合」には、著作権処理をすることなく、図書館が当該資料を複製することを認めている。著作権の存続期間が経過した貴重資料についてはこの第三一条二号をまつことなく、複製保存することができるし、別途利用のためにあらたに複製を制作することもできる。著作権が残存しているにもかかわらず、酸性紙など媒体材料の劣化によって、あるいは地震や水害などの災害に遭遇して補修不可能な程度にまで被災したような場合、図書館は同種の媒体に複製することができるだけでなく、マイクロフィルム化や最近では電子化するなど媒体変換を含めて、当該情報資料を保存することができる。前にふれた新聞や雑誌の記事をクリッピングして、図書館資料に加える場合については、現物を切り台紙に貼りつけるときには所有権に基づく使用であるが、その必要とされた記事が貼りつけられた台紙を複製保管する場合には、この著作権法第三一条二号が効いてくる。

一方、図書館は利用者の求める資料の提供を使命としている。したがって、図書館は、潜在的利用者を含む利用者のニーズに見合った資料コレクションの充実に努めなければならない。そのとき、所蔵していれば相当程度の利用が見込まれる特定資料が絶版その他の事情で受け入れることが困難な場合、著作権法第三一条三号は、当該資料を所蔵する図書館に対して、著作権処理をすることなく、その資料全体の複製を依頼し、出来上がった複製物をコレクションに加えることを容認している。一部の大学図書館などでは、一般的に行われており、生涯学習の深化にともない公共図書館にも今後広まるものと思われる.

2　複写サービス

かつて図書館利用者は図書館資料の利用にあたり、必要な箇所を脳裏に刻みつけるだけでなく、自分のノートなどに書写、描写してきた。ところが、近年の複製技術の進歩は、利用者自身のそのような書写、描写に代えて、図書館の複写サービスで対応することを可能にした。また、図書館が利用者に対して提供する情報資料についても、図書や雑誌といった紙媒体だけでなく、種々さまざまな視聴覚資料や、最近では電子媒体のマルチメディア資料にまで広がってきた。図書館が利用者のために提供する複製サービスの範囲は、これまで「複写サービス」という言葉が使われてきたところからもうかがわれるとおり、図書や雑誌論文の複写機による複製と考えられてきたが、図書館の特権を定めた著作権法第三一条の柱書きをみる限り、図書や雑誌論文の複写に限定されなければならないものでもなさそうである。すなわち、公共図書館においては、営利を目的としない事業として、図書、記録その他の資料にあらわされた著作物を複製することができるとされており、図書館の録音、録画、映像その他の複製サービスに踏み込む余地があるようにも読める。

著作権法第三一条一号は、図書館は、複写サービスとして、「利用者の求めに応じ、その調査研究の用に供するために、公表された著作物の一部分（発行後相当期間を経過した定期刊行物に掲載された個々の著作物にあっては、その全部）の複製物を一人につき一部提供する」ことができると定めている。「調査研究の用」とあるが、何も高度な学術研究をさしているわけではなく、実質的には図書館に来館する一般市民が抱えているありきたりの情報ニーズを満たす活動のことを指しているわけで、この語に特段の意味があるわけではない。「公表された著作物」であるから、公表されていない未公刊のものは対象とならない。そして、ひとりに一部、コピーしたものを提供でき、しかもその許される複製の範囲は定期刊行物掲載の著作物以外は「一部分」とされている。主務官庁である文化庁は、この「一部分」という語句につき「半分まで」との有権解釈を示している。例えば、実務的にも、住宅地図などの場合、その一枚の図葉は一個の著作物にあたるとされ、著作権処理することなく図書館における複写サービスとして許容されるのはその一枚の図葉の半葉だとしているところが少なくない。しかし、このような中途半端な言葉尻を捉えた対応は諸外国の図書館で行われておらず、また市民の健全な常識にかなっているようにも感じられず、第三一条の比較法的な意義を踏まえれば、合理的な法解釈だとも思えない。

定期刊行物については、そこに掲載された記事、論文の全体を対象として、図書館は複写サービスを提供できるとされている。しかし、それは「発行後相当期間を経過」したバックナンバーとされ、最新号は複写サービスの対象から除かれているかのように見える．しかし、この場合は本則に立ち返り、法解釈上は「一部分の複製」は許容していると読むべきである［補注］。ところが、公共図書館のなかには、最新号については複写サービスを全く認めないところがある。一方、多くの市民は、鮮度の高い情報であるから、複写サービスを受けてまでほしがる。図書館における定期刊行物の複写サービスの禁止は、当該定期刊行物を出版している出版社の利益と均衡をとるものとの説明が一般に行われる。しかし、大衆雑誌の場合は、市民の生活行動を考えればわかるとおり、通勤・通学・買物の途上、書店で購入した方が機会便益に優れており、図書館所蔵のものを複写してニーズを満たそうとするものの割合はさまで多いものとは考えられない。また、公共図書館が所蔵する学術雑誌のタイトル数は一般に少ない。商業出版社の刊行する学術雑誌の複写の問題は、学術研究のあり方を踏まえて真剣に議論されるべき問題であろう。

現実には、コイン式複写機を導入している大学図書館や多くの公共図書館において、雑誌の最新号に掲載された記事、論文が複製され、利用者の情報ニーズを満たしている部分がある。また、公共図書館が受け入れている雑誌の利用については、利用者のマナーにかかわる問題であるが、多くの公共図書館が紛失と切り取りに悩んでおり、雑誌架から引き上げてカウンターで閲覧に応じているところもある。

図書館の複写サービスについて定めた著作権法第三一条の文言に関連して、問題とされるべき点がもう一つある。それは「利用者の求めに応じ」という言葉である。図書館利用者が自ら書架から選び取った資料や、レファレンス・サービス等、図書館司書の支援を得て探し出した特定の資料を複写サービスの対象とする場合には問題はない。ところが、有能な図書館司書が、一定の利用者層につき、彼らの恒常的情報ニーズというものを把握した上で、新たに生産された情報資料の中から該当するものを抽出し、積極的にそれを複製、提供しようとすると著作権法上問題ありとされかねない。それは、利用者自身が情報資料を特定したものではなく、図書館が「利用者の求めに応じ」たことにならないというのである。もっとも、コンテンツ・シート・サービスや新刊案内を利用者に回覧ないしは配布し、複写サービスの対象を特定させる迂回措置をとればまず「適法」であろう。機会均等の生涯学習社会の一層の整備という観点からしても、「利用者の求め」の幅をそのように狭く解釈することに合理性があるのだろうか。

3　ＩＬＬサービス

図書館の世界においては、古くから、利用者が自館の所蔵していない資料の利用を求めてきたときには、短期間、他の図書館から現物資料の貸与を受け、場合によっては、それを自館の他の資料と同じ条件で利用者に閲覧、貸出してきた。図書館法第三条四号がＩＬＬの根拠規定である。近年では、利用者の求める資料とその部分が事前に特定されていれば、所蔵館に対して複写依頼をすることが一般的である。このとき、一方に著作権法第三一条一号にいう図書館における複写サービスは、利用者が来館した図書館で所蔵する資料に限られるという理解もある。しかし、図書館実務においては、国際的にも、利用者のリクエストを受けての図書館間の複写依頼は一般的に行われている。利用者の求める情報資料は草の根をわけても提供するのが図書館だとの理解にしたがえば、図書館という概念は単館を意味するはずはなく、図書館ネットワークを意味することになり、利用者の求めに応える図書館間の複製物のやりとりは著作権法第三一条一号と図書館法第三条四号とが交錯するところで適法と理解されるべきものと考える。すでに図書館の世界で広く行われ、定着している公共的サービスを後追い的に違法とする法解釈はとるべきではなかろう。

4　障害者サービスと著作権

公共図書館の利用者の中には、障害をもつ人たちも少なくない。従前から、著作権法第三七条は、視覚障害者のために公表された著作物の点訳については、それをだれが行う場合でも著作権処理を不要としてきた。この著作物の点訳については、二〇〇〇年の著作権法改正でさらに一歩前進した。最近、コンピュータによる点訳システムが普及してきたが、著作物の複製にあたる点字データのデジタル情報としての蓄積、およびそのホームページへのアップロード、およびインターネットを通じての点字データの公衆送信がだれでも自由に行えるようになった（三七条二項）。これでネットワークを通じて、点訳された著作物は広く流通する可能性を与えられ、点字可読者にとっては大きな福音を得たことになる。

しかるに、点字を読める視覚障害者は、視覚障害者の中では少数派である。多くの視覚障害者は、録音資料に期待するところが大きい。厚生省が視覚障害者のためにCD－ROMのデイジー（DAISY）図書を開発し、点字図書館に備えられているが、当然、視覚障害者の読書ニーズのすべてを満たせるはずもない。視覚障害者の多くにとって、晴眼者と同等の情報アクセスを確保するためには、著作物の自由な録音化に向けての著作権法の改正が望まれる。現在、公共図書館が、視覚障害者のために、小説や学術図書等の言語の著作物につき、録音資料を作成しようとする場合には、奥付に「アイマーク」が付してあればその旨の出版社への通知だけでよいとされるが、そのような出版物はごく少数で、一般には著作権処理をしなければならず、許諾をしぶる著作権者が少なくない。もっとも、図書館で行う視覚障害者に対する対面朗読については、後にもふれる著作権法第三八条第一項により、著作権処理をまぬがれ、ボランティア等を活用するなどして、これを自由に行うことができる。このとき、対面朗読サービスを受ける当事者である視覚障害者がその朗読を私的に録音したり、ボランティア等がその視覚障害者の手足となって録音してあげることは、先にふれた著作権法第三〇条の私的使用の法理が及ぶものと理解する余地はある。しかし、現行著作権法は、著作権者の許諾なく、そこで録音されたものを公衆利用のための図書館資料として図書館が活用することは許していない。

さらに付け加えておくと、さきにあげた二〇〇〇年の著作権法改正は、新たに第三七条の二の規定を設け、聴覚障害者のために、政令で定められた聴覚障害者福祉事業を行う者による放送番組等の字幕によるリアルタイム送信（リアルタイム字幕）が、著作権者の許諾なく、自由に行えるようになった。

5　図書館行事

公共図書館では、子どもたちを対象として、お話会や紙芝居などが開かれることが一般的である。これらは原著作物の無形の複製である口述（朗読）、上演にあたるが、非営利無償のイベントで著作権法第三八条第一項に該当するので、著作権処理を必要としない。また、ときに公共図書館で行われる映画鑑賞会やビデオ鑑賞会、そしてＣＤやカセット等を用いた音楽鑑賞会などについても、この著作権法第三八条第一項によって、自由に行うことができる。

ひとこと付言しておくと、映画鑑賞会やビデオ鑑賞会、そして館内視聴については著作権法第三八条第一項の範囲内にあるが、映画やビデオ等の映画の著作物にあたる図書館資料の館外貸出サービスについては、権利者に「相当な額の補償金」の支払を前提としている（法三八条五項）。ただし、関係権利者との間で日本図書館協会がその補償金について処理をしたビデオソフトを図書館が受け入れた場合には、図書館はそのビデオソフトを自由に貸出サービスに供することができる。

五　デジタル環境における図書館と著作権

最近の急速な情報通信技術の発展は、公共図書館に対して、利用者へのインターネット情報資源や商用データベースの利用提供を迫っている。インターネット情報資源については、アクセス制限やコピープロテクションが施されていない限り、当該著作物の画面上の閲覧や一定程度のハードコピーへの出力などについては、「黙示の許諾」がなされていると解さざるを得ず、館内におけるインターネットの利用については、著作権法上まず問題はない。また、高度情報社会において、情報ネットワークの一つの主要なノードの役割をになうべき図書館は、自らのホームページをもつことが望ましく、案内情報やＷｅｂＯＰＡＣなどをそこで公開しなければならない。さらには、リンクを張るなどして、自らの図書館利用者の情報ニーズを満たすであろうと思われるインターネット情報資源を組織化し、図書や雑誌など伝統的な図書館資料と併せて、有機的に利用できる環境を整備する必要がある。館外のホームページにリンクを張る場合には、マナーとして相手方の同意を得ることが一般的であるが、そこへのショートカットの道筋をつけるにすぎず、相手方ホームページ上の著作物を利用するわけではないので、リンクを張るという行為自体は、著作権法上、許諾なく自由に行えるものである（不法行為上の責任は別である）。

新聞記事データベースや書誌データベースなどの有料の商用データベースやコンピュータ・ソフトウェアを図書館が利用者に提供する場合においては、その利用については、著作権法によるよりも関係業者との契約に規律されることが一般的である。図書館としては、関係業者のいいなりになるのではなく、サイトライセンスとして合理的で妥当な利用条件が実現できない場合には、その契約締結を見合わせることも考慮せざるを得ない。関係業者の提示する約款の中に、著作権法上第三〇条から第四九条の権利制限規定に該当する行為であるにもかかわらずそれを禁止しようとする条項が含まれている場合、もしくは著作権法の保護の範囲外にあるデータや事実等、すでにパブリック・ドメインに帰している著作権の切れた著作物の利用などを禁止、拘束しようとする条項が含まれている場合には、図書館は利用者の利益と便益を念頭において行動するべきである。

二〇〇〇年八月二一日、国際図書館連盟（ＩＦＬＡ）は、エルサレムの年次大会において、「デジタル環境における著作権に関する国際図書館連盟の立場」（IFLA Position on Copyright in the Digital Environment）と題する声明を採択している。ＩＦＬＡは、国際的な著作権論議の場において、世界の図書館とその利用者の利害を代表する旨を確認し、「権利保有者に対し、強力で効果的な利益保護を与えるとともに、創造性、革新、研究開発、教育と学習を促進するために、著作物について適切なアクセスを与えることによって、社会全体の発展をうながす均衡のとれた著作権法制度を支持する」と述べている。そして、デジタル環境において、「著作権が過度に保護されることになれば、競争と革新が制限され、創造の芽が摘み取られてしまう」との懸念を明らかにし、情報貧困者（information-have-nots）を情報格差の底辺に押しやることのないよう、図書館利用者のすべてが、対価を支払うことなく、また不当な使用許諾を強いられることなく、デジタル形式の著作物を利用できるようにしなければならない、との信念を世界に表明した。わが国の図書館関係者には、この声明の趣旨を十分に理解し、著作権制度との関係で、デジタル環境下における図書館サービスについて責任をもつ覚悟が求められている。

（山本順一）

［補注］第一刷では最新号の複写サービスは禁止されているかのごとき、誤解を与える記述になっていたので、正確を期し、法解釈上「一部分の複製」は許容されている点を明らかにした。

参考文献

1 金井重彦・小倉秀夫編『著作権法コンメンタール』上巻　東京布井出版　二〇〇〇

2 加戸守行『著作権法逐条講義』三訂新版　著作権情報センター　二〇〇〇

3 山本順一『電子時代の著作権』勉誠出版　一九九九

三章　図書館の条件整備と図書館法

二〇世紀から二一世紀へという大きな時代の変わり目の中で、公立図書館を取り巻く環境も急激に変化してきている。公立図書館の振興を図る上での重要な要素である図書館法などの法的環境はもとより、経済的・社会的環境も大きく変化している。二一世紀の公立図書館の振興を図るためには、こうした変化に対して、的確かつ多面的な検討と積極的な対応が必要となっている。

ここでは図書館法の制定以降、半世紀にわたる国や地方自治体等による公立図書館の振興のための施策を辿る中から、その特徴と問題点を確認し、二一世紀に向けての公立図書館の振興や行財政をめぐる現代的課題とその解決策について考えていくことにする。

一　国の図書館政策をめぐって

図書館法を公布するにあたり、国は公立図書館整備のための二つの課題を規定した。一つは一定の基準（「最低基準」）を上回る図書館事業に対する補助金の交付であり、もう一つは「公立図書館の設置及び運営に関する基準」（通称「望ましい基準」）の公示である。いずれも国に課せられた宿題ともいえるものではあるが、補助金こそわずかとはいえ交付されてきたが、「望ましい基準」については、数度にわたる策定の動きはあったが、法公布後五〇年にわたって放置されてきた。

「望ましい基準」についての検討が始まったのは、一九六〇年代の半ばになってからである。『中小都市における公共図書館の運営』（「中小レポート」一九六三年）などを受けて、ようやく図書館が高揚しはじめ、活発な図書館と貧しい図書館の格差が明らかになることによって、図書館界も、そして国も、「望ましい基準」の必要性に気がついたといえる。

一九六七年になり社会教育審議会が初めて「望ましい基準（案）」を文部大臣に報告した。しかしこれは具体化されないままに終わった。一九七一年に入って再度社会教育審議会で検討することになり、そのために図書館専門委員会が設置された。ここでは当時の活発化し始めた図書館の状況も反映して、図書館運営のあり方や具体的な数値目標を含む案がまとめられたが、再び公示には至らなかった。この案は正式の「基準」とはならなかったが、図書館の設置・運営の基準として有効な内容をもつものであり、「案」という形ではあったが、全国的に活発になっていた図書館づくり住民運動の自治体に対する要望・提案や自治体の図書館計画の中に取り入れられるなど、各地で活用された。

その後、一九九二年に新たに生涯学習審議会図書館専門委員会においてまとめられた基準案の報告が、文部省生涯学習局長通知という形で都道府県教育長宛に示されたが、法が求める公示には至らず、二〇〇〇年末になってようやく大臣告示としての基準が出される状況が生まれている。

一方、補助金については、当初から一貫して零細な補助金しか出されなかった。例えば、東京都が自らの図書館振興策に基づいて、七一年に一億六千万円の補助金を予算化したとき、国の図書館建設費補助はわずか九千万円であった。その翌年一挙に五億円に増額され、その後徐々に増え、八二年には二一億円を超えるが、他の補助金と比較すると零細であることには変わりはない。臨調行革が実施に移されると同時に毎年およそ一割ずつ削減され、八七年以降は一一億円台で据え置きとなった。しかもこの図書館建設費補助金（正式名称は「公立社会教育施設整備費補助金」という）は、財政構造改革の一環としての小規模補助金整理の一つとして、一九九七年度の一一館分六億円余をもって廃止された。四〇年以上にわたって実施され、この間に行政改革のあおりから大幅に減額されるなどあったが、この補助金を受けて建設された図書館は九一七館にのぼり、それなりの成果をあげてきたものだけに、公立図書館の振興という面では大きな痛手といえる。

なお国は、この図書館建設費補助金廃止の理由として「図書館整備率」が五四・九％とナショナル・ミニマムに達し、補助制度の意義が薄れたことをあげた。この「図書館整備率」という指標は、人口一万人未満の町村の数を除いた自治体数を母数とする図書館設置率であるとされているが、これまで全く使用されたことはなく、補助金の廃止のために考え出されたものと思われる。しかし現実には、全自治体の設置率は五〇％を超えたところであり、町村だけでは三七％で、六割以上の町村に図書館がないという事実が消えるものではない。とりわけ一万人未満の財政的に脆弱な町村にこそ、国としての積極的な施策が必要であるにもかかわらず、「図書館整備率」という数値を持ち出してまで補助制度の廃止を決めたのは、市町村合併や広域連合等の広域行政を進めることにより、名目上の未設置自治体を減らしていこうとする国の意図の現れといえるかもしれない。

なお、この間の国の図書館振興策の中にもユニークで注目される事業はあった。例えば、一九六〇年代に実施された「農村モデル図書館事業」は、図書館建設費補助のほかに、自動車図書館購入費、図書購入費をセットにして交付するもので、五年間にわたって全国八か所に交付された。補助金の額自体はそれほどではなかったが、それまでにない補助事業だけにかなり期待された。しかし、各ブロックに一館ずつ措置しただけで終了となったため、他に波及するほどの効果は発揮されずじまいであった。

このように国は、図書館の振興という面では、これまでこれといった成果のあがる施策を展開してこなかった。この間、図書館振興に力を発揮したのは、全国レベルでは日本図書館協会（日図協）、地域レベルでは各地で展開された図書館づくり住民運動をはじめとする民間の図書館関係団体による政策提言と、いくつかの地方公共団体による自主的図書館振興政策であった。

二　図書館振興をめぐる日本図書館協会の取り組み

公立図書館が、図書館法に掲げられた「図書館奉仕」の理念を具体化したサービスを全国各地で展開しはじめたのは一九六〇年代の後半からであるが、そこに至る契機と弾みをつけたのが日本図書館協会による政策提示であった。

その一つは一九六三年に刊行された「中小レポート」であり、もう一つは公共図書館振興プロジェクトの結果として一九七〇年に刊行された『市民の図書館』である。そして一九八〇年代の後半には、「望ましい基準」に代わる日図協としての「基準」として『公立図書館の任務と目標』が提起された。国による「望ましい基準」が示されない中で、大きな役割を果たしたといえよう。

1　『中小都市における公共図書館の運営』

日図協では、一九六〇年から三年間、文部省からの補助を得て、中小公共図書館の運営基準を策定することを決め、東京近辺の若い図書館員を集めて「中小公共図書館運営基準委員会」を設置した。全国各地の中小都市の図書館の実地調査や、海外の図書館の調査なども行い、その結果を『中小都市における公共図書館の運営』として一九六三年に刊行した。「中小公共図書館こそ公共図書館のすべてである」という命題のもとに、公共図書館を住民の「知る自由」を保障する機関としてとらえ、基本的機能を資料提供であるとするなど、その後の公立図書館の発展の基礎となる考え方を提起した。

しかも「中小レポート」の刊行後も、全国各地で討論の場を設け、図書館員の意識を変えるための努力を行った。こうした努力と、日野市をはじめとする東京三多摩地域や、北海道の置戸町など各地の図書館での実践により、その有効性が実証されていったのである。

特に一九六五年九月に建物ではなく自動車図書館の運行から始め、貸出と予約に徹した図書館サービスを実行した日野市立図書館の活動がもたらした衝撃は大きかった。「貸出の重視」「全域奉仕」「資料が第一」という簡潔かつ明快な運営方針の下に、市民の近くに本を積んで出かけることにより、従来の図書館のイメージを覆したのである。この日野市立図書館の運営を指揮したのが「中小レポート」作成に参加した前川恒雄であり、それを支えたのが日図協の事務局長から日野市長になった有山崧であった。日野市立図書館は、図書館とは建物でなく活動そのものであるという見本を示したのである。

2 『市民の図書館』

日野市立図書館やそれに続く各地の図書館の活躍を受けて、日図協では一九六八年に「公共図書館振興プロジェクト」を起こし、その成果を『市民の図書館』として一九七〇年に刊行した。

この『市民の図書館』は、日野市立図書館の実践をベースにまとめられたもので、公共図書館は住民の知る自由を保障する機関であり、その基本的機能は資料提供であるとし、「住民の求める図書を自由に気軽に貸し出すこと」「児童の読書要求にこたえ、徹底して児童にサービスすること」「図書館を市民の身近かに置くために、全域へサービス網をはりめぐらすこと」という三つを重点目標として掲げ、身近に図書館を設置することが政策的重点であることを示した。この提起は、単に国に図書館設置を求めるのではなく、住民の要求に基づいて地方自治体による主体的事業として行うべきものであるという図書館法の精神を確認し、地方自治体の役割を強調するものであった。

この一九七〇年代初頭という時期は六〇年代の高度経済成長政策による歪みが顕在化し、各地で消費者運動や公害反対運動、さらには地域の子どもたちのよい読書環境をつくろうと、家庭文庫や地域文庫が活発化した時期である。そうした時代の中で、住民自身が図書館の大切さに気づくとともに、図書館員もまた自分たちのやるべきことを見い出した時期であり、その中で『市民の図書館』は時宜を得た政策として活用されたのである。

3　『公立図書館の任務と目標』

一九八〇年代に入ると、図書館法の精神に反して図書館の管理・運営を公社・財団に委託したり、嘱託・臨時職員を大量導入するなど、公立図書館の機能を矮小化し、その存在を否定するような動きが出てきた。このため日図協では一九八三年九月に「図書館政策特別委員会」を改組し、「望ましい基準」に代わるべき基準が今こそ必要であるとの立場から検討に入った。四年間の検討の末、一九八七年九月に『公立図書館の任務と目標』と題する最終報告書を公表した。さらに一九八九年一月には、これに加筆修正し、解説をつけた『「公立図書館の任務と目標」解説』を刊行するとともに、全国各地で普及のための研修会を実施し、現在も継続している。

この『任務と目標』は、「中小レポート」『市民の図書館』が提起した図書館としての基本的機能を確認した上で、この二つのレポートではほとんどふれられていなかった県立図書館の役割について明確化したのが特徴である。

市町村立図書館を支え、発展させるための不可欠のシステムとして県立図書館を位置づけ、その具体的な指針を提示するとともに、県立図書館と県教育委員会が協調して未設置自治体に対する図書館振興策を策定し、県の行政施策として市町村立図書館の充実に取り組むことの必要性を指摘したのである。県立図書館は市町村立図書館から信頼され、そのための働きが円滑に機能することによって市町村立図書館に対する住民の評価を高めるものとなり、さらには未設置自治体における図書館要求につながっていくという図書館振興のシナリオを提示したのがこの文書である。

4　その他の振興のための活動

日図協では、これらの活動以外にもさまざまな形で図書館振興のための活動を行っており、特に今後の図書館づくりの中心となる町村図書館の振興に力を入れている。一九八二年には町村図書館の問題を検討する臨時委員会を発足させ、一九八七年には「町村図書館活動推進委員会」（町村委員会）が発足している。町村委員会では、図書館づくりの解説パンフレットを発行したり、未設置町村の担当者や図書館振興業務に携わる県職員などを対象とした「町村図書館づくりセミナー」を全国各地で開催するなど、図書館未設置町村の解消にむけての啓蒙活動を続けている。

さらに日図協では、一九九七〜九八年度の二か年にわたり文部省から「町村図書館設置促進のための調査研究」（通称・Lプロジェクト21）の委嘱を受け、全国調査等を実施し調査報告書を刊行した。さらにこれらの調査をもとに、日本における町村図書館振興に向けての図書館ビジョン（Lプラン21）をまとめる作業を続けている。新たな図書館振興のための指針となることを期待したい。

三　地方自治体の図書館振興策

図書館の設置・運営は、地方公共団体の自治事務であるといっても、現実には図書館を設置し運営していくためには莫大な経費がかかるものであり、特段の財政収入が見込めない市町村の場合には、国や都道府県からの財政支援等がないと困難なものがある。こうした市町村の状況に対して、市町村における図書館整備を県の行政課題として捉え、具体的な施策を行うところが出てきた。その先鞭を切ったのが一九七〇年に「図書館政策の課題と対策」を発表した東京都である。また東京都の振興策が一九七六年度で中断した後に、全国のモデルとなる図書館振興策を策定し、県内の図書館の振興に成功したのが滋賀県である。いずれも図書館サービスを提供するための具体的なビジョンを明確に示すとともに、市町村への補助金交付や財政調整という形で実を伴う援助を行った。この施策の成功により、全国各地で県単独の補助金を含む図書館振興策が企画・実施され、図書館振興の大きな力になった。

1　東京都の図書館振興策

東京都では、一九六九年一一月に当時の美濃部都知事と都下公立図書館長を交えた懇談会の席上、知事から現場の図書館長を交えたプロジェクトチームの構想が示され、翌月にはチームが設置された。翌一九七〇年四月には自治体としては初めての図書館振興策である「図書館政策の課題と対策―東京都の公共図書館の振興施策」を発表した。この振興策は、都の中期計画にも組み入れられ、都の重点施策の一つとして実行に移された。この補助事業は、オイルショックにより都の財政が悪化した一九七六年度で打ち切られたが、この間に一四億円を超える補助金がつぎ込まれ、東京都下の図書館は大きく躍進した。

この振興策は、すべての都民に図書館サービスを提供するための数値目標を含む具体的な課題を提示し、さらに都下市町村への補助金交付や、特別区に対する財政調整を含んだ総合的な振興策であった。詳細は省くが、「住民の二〇％を登録者に」「年間一人当たり四冊の貸出し」といったサービス目標から、「七〇〇メートル圏に一館の地区図書館と各市区町村に中心館を」「市区町村立図書館に協力援助する都立図書館を」といった図書館システムの大きな枠組みの形成に至るビジョンを含んでいた。専門職制度の確立の問題など未解決のまま事業は終了してしまったが、ここで示された考え方や具体的施策のいくつかは、他県の振興策の中に引き継がれた。

2　滋賀県の図書館振興策

滋賀県は、読書普及運動に力を入れていたこともあり、『市民の図書館』が刊行された後も長く大きな変化は起こらなかった。県立図書館の新館が開館した一九八〇年に、県内の市町村図書館は五館しかなく、県立図書館のサービスを市町村図書館を通じて行うにしても、市町村の設置率が一割という状態では、県立図書館の役割も果たせず、図書館のシステムも作れないとして、県としての図書館振興が始まった。県教育委員会の中に設置された文化課と県立図書館が連携し、図書館づくりには市町村長の理解が大切であるとして、市町村長を対象とした研修会を開催するなど積極的な対応を行った。また図書館振興の要として、日野市から前川恒雄を県立図書館長として招聘し、県内の公立図書館の振興に取り組んだのである。

一九八一年からは、図書館建設に対する補助に加えて、東京都の経験にならって図書費の補助も実施された。この振興施策によって滋賀県内の人口規模の大きな市町を中心に、公立図書館は大きく動き出すことになる。さらに一九九一年には、補助対象町村の人口規模も小さくなっていくことに対応して、図書館の建築面積が六〇〇

㎡以下のものには補助しないという下限を設けるとともに、開館時二万冊の補助も追加している。人口や財政規模が小さくなっても、住民の期待に応えていける図書館、名前だけではない図書館をつくることを目指したのである。

このほか県内の図書館の建設にあたっては、全国から実務経験豊かな中堅司書を準備室長としてむかえ、数年かけて準備するなど、将来を見越した図書館システムづくりに取り組んできた。そうした県および県立図書館、さらには当該自治体の努力が実を結んで、全国的にも低位にあった滋賀県の図書館を全国一の図書館県にしたといえよう。

四　図書館振興に向けての現代的課題

公立図書館の振興をめぐって、国、日図協、地方自治体による取り組みの一端を見てきた。もちろん現在の日本の公立図書館が抱えている課題はさまざまな要素が複雑に絡んでおり、同じ手法が有効かどうかは何とも言えないが、時代は変わっても、図書館の基本は変わらない以上、その解決のためのヒントがこれらの取り組みの中に含まれているのではないだろうか。

ところで、現在の日本の公立図書館が抱える課題は多岐にわたっているが、中でも最も大きな課題は、町村における設置率が三七％であり、六割以上の町村に図書館が設置されていないことであろう。この小稿のまとめにかえて、この点を少し考えてみることにする。

1　図書館未設置町村の解消にむけて――過疎化・高齢化への対応

図書館法は、制定にあたり公立図書館の義務設置を規定しなかった。このことは公立図書館がその地域の住民の意思に基づいて、地方自治体の責任において設置・運営されるべきという強い信念のもとに制定されたことを示している。

しかし市部はともかくとして、町村部については、一部を除いて財政力も低く、その不足を補う国や県からの支援も十分でなかったため、図書館はもちろんのこと公共設備全般が不十分なままに長年おかれている。図書館の設置率が一〇〇%という県もあるが、そうした県においても、図書館とは名ばかりの施設も少なくない。

こういう状態が続いている町や村に図書館を設置し運営することは、国や県はもとより、日図協などに対しても課せられた大きな課題ということができる。

現在、全国には二五〇〇余の町村があり、市区町村数の八〇%弱にもあたる。個々の町村の人口規模が小さいことは当然であるが、このうち八千人未満の町村は一二五五と町村全体の約半数（四九・一%）を占めている。しかも人口構成を見ると、都市部に比べて高齢者比率が高く、生産年齢といえる青壮年層や子どもの比率が低い町村が多く、しかも全体的に減少傾向にある。いわゆる過疎化の進行である。

こうした傾向は、さらに地域経済力の低下をもたらし、自主財源をもたない町村を増やすという悪循環を起こしている。まさに地方自治体としての存立そのものが危なくなっているのである。こうした厳しい状況の中での図書館振興を考え、具体的方策を示すことが求められている。きわめて困難な問題である。

こうした動向に対して、国は中核となる市を中心に周辺の町村を合併させたり、広域連合等のシステムにより、過疎に悩む自治体の課題を解消しようとしている。自治体の行政区域が拡大することにより、きめ細かな施策がなされないのではないかとの不安をもちながらも、自治体存亡の危機の中での次善の選択として、広域行政は拡大している。広域連合も、一部事務組合のような従来の広域行政組織よりも自治体側の期待は大きい。

このままこの動向が続けば、現在でも一館しか図書館をもたない町村が大半という中で、合併により図書館がますます遠い存在となりかねない。『市民の図書館』で示された全域奉仕網の形成とは程遠い図書館がつくられるおそれが強くなっている。

2　図書館の役割・機能を知らせる

過疎地域で財政基盤が脆弱なことは、図書館存立の根幹にかかわることではあるが、北海道の置戸町など、それを乗り越えて地域に根ざしたすばらしいサービスを展開している町村も少なからずある。移動図書館車の威力を最大限活用し、きめの細かな全域サービスを実施するとともに、地域の産業育成のための資料提供に努力したことが住民に受け入れられているのである。

こうした活動をもっと知らせることに力を入れる必要がある。特に図書館経営は財源的なゆとりのあるときにだけ行われるものではないことを関係者、中でも町村長や議員に理解してもらうような活動が必要である。すばらしい活動をしている図書館では、例外なく首長なり議会による支援ないし理解が得られている。その意味で、町村長や議員向けに、まちづくり、まち興こしに果たす図書館の役割、地域の情報拠点としての役割を、具体例を示しながらパンフレットにしたり、セミナーを開催したり、積極的に対応していくことが必要であろう。

過疎化に悩んでいる町村の中には、地域活性化の切り札の一つとして、生涯学習への取り組みを進めているところもある。そして地域活性化のための拠点として、図書館への期待が大きくなっている。日図協によるLプロジェクトの調査においても、読書、資料・情報提供の場以外に、「住民のコミュニケーションの場」「地域の情報基地」「人づくり」の機能をもつものとして町村長が図書館を考えていることが明らかになっている。これを一つのチャンスとして積極的に取り組む必要があるだろう。

3　財源の確保を進める

図書館をつくり、育てるためには相当の財源が必要なことはいうまでもない。しかし現在の地方財政のシステムでは、町村が自主的に活用できる財源を確保することはかなりの困難がある。長期的には、税の配分見直しや課税自主権の確立、あるいは地方交付税の見直しによる一般財源の増額など、町村が一般財源で措置できるようなシステムを確立することが必要である。地方分権の動きがこのまま進めば、これらが実現する方向に向かう可能性がないとはいえないが、しかし現状では補助金もしくは起債に依存せざるを得ない。しかも図書館法に基づく図書館建設のための補助金交付制度は事実上廃止されてしまっている以上、他省庁の補助金を活用したり、他の財源を活用しなくてはならない。

一九九八年の文部省による補助金の廃止、「最低基準」の廃止に伴い、多くの県で、県レベルの補助金交付制度も連動して廃止されてしまったが、新たな形での再構築が必要である。国としても、県が独自に図書館整備のための補助事業をもつことを奨励すべきであろう。

公立図書館の振興を中心に、これまでのさまざまな取り組みと現状の一端を見てきた。現在の公立図書館が抱えるさまざまな課題の解決にどの程度役に立つかはわからないが、手をこまねいていても状況を変えることはできないであろうから、こういうときにこそ、思い切って打って出るくらいの意気込みが必要ではないだろうか。

高度情報化、高齢化など、図書館をめぐる社会環境が大きく変化するこれからの社会の中で、公立図書館がその社会的任務を果たすためには、積極的に将来への態勢づくりに乗り出し、社会に訴えていくことによって活路を見い出すことが大切であろう。滋賀県の図書館振興に向けての取り組みをはじめとして、各地の図書館で頑張っている人々の努力を生かし、広げていくことが今大切ではないだろうか。いつの時代も、図書館は単独で生きているものではなく、その時代に生きる人々の求めるものをつかみ、それに応える中で存在価値を創り出してきた。二一世紀になってもそのことだけは変わることはないであろう。

生涯学習審議会図書館専門委員会は、「図書館の情報化の必要性とその推進方策について—地域の情報化推進拠点として—」（一九九八年一〇月）において、「これからの公立図書館は、地域住民の公平で自由な情報アクセスを保障・支援する公的機関であり、地域の情報拠点として一層重要な役割が求められる。したがって、地域間に情報格差を生じないためにも、図書館の未設置地域に公立図書館を設置していくことは今後も必要である」と述べているが、公立図書館が何をすべきか、確たる信念、確たる方向をもちながら、図書館の将来を考え、実現していくことが必要であろう。

（前田章夫）

参考文献

1　図書館問題研究会『まちの図書館　北海道のある自治体の実践』日本図書館協会　一九八一
2　関千枝子『図書館の誕生　ドキュメント日野市立図書館の二〇年』日本図書館協会　一九八六
3　前田章夫「公立図書館の基準法制」（『生涯学習計画と社会教育の条件整備』エイデル研究所　一九九〇　所収）
4　『町村図書館設置促進のための調査研究　Lプロジェクト21　報告書』Ⅰ・Ⅱ　日本図書館協会　一九九八、一九九九

四章　図書館法と条例・規則

一　図書館条例・規則（自治立法）研究の意義

近年の地方分権論議の中で、改めて地方自治体の自治立法権と法解釈自主権の重要性が注目されている。(1) 地方自治体が国の従属団体ではなく、「地域統治主体」（兼子仁）としての実質的役割を果たすためには、当然のことながら、地域の実情、住民生活の必要に即した政策決定がなされ、行政が行われる必要がある。条例・規則など自治立法権と法解釈自主権はこうした地方分権の実質を保障するものにほかならない。また五十嵐敬喜と小川明雄は、「専門家や市民が議員や政党と協力して」作り上げる「市民立法」の重要性を指摘しているが、(2) 住民自治の観点から条例・規則を考える際の重要な視点である。

元来、公立図書館に関する事務は地方自治体の固有事務（自治事務）である。図書館法も、条例による設置の手続き、無料原則、図書館協議会等を除き、公立図書館の設置及び管理に関して基本的事項を例示することはあっても特段の規制を加えてはいない。公立図書館の設置・運営に関して、どのような内容の条例や規則を制定するかはそれぞれの地方自治体の自主的判断に委ねられているのである。そのため後にも検討するように、図書館の条例・規則の内容は地方自治体により実に多様である。そこにはそれぞれの地方自治体が思い描く図書館像が凝集されているといってよい。

そこで本章では近年の図書館条例・規則の現状と研究の成果を踏まえながら、地方分権時代にふさわしい図書館の条例・規則（自治立法）のあり方とその課題を考えたい。

図書館の条例・規則の重要性に関しては、六〇年代以降、図書館が利用者＝住民サービスへの指向を強める中で、改めてその認識が深められてきた。『中小都市における公共図書館の運営』（一九六三年）は、「条例、規則は、あくまでも住民によりよい図書館奉仕を行うためのルールであると理解すべき」であり、「図書館が描いている奉仕の目的、方法をできる限り実現されやすい内容にするよう努力」すべきであると図書館条例・規則の重要性に言及している。(3)

浪江虔もいち早く図書館の条例と館則（運営規則）に着目した一人である。浪江は東京都および静岡県下の図書館条例・規則の調査を踏まえ、「風紀を害するおそれのある者」というような、判断基準の曖昧な入館制限規定が多くの館則に見られることを指摘し、憲法、教育基本法の精神に反するものだと批判し、条例や館則の見直しを提唱したのである。(4)

『市民の図書館』（一九七〇年）は、図書館条例・規則についてその基本的考え方と内容をモデルを示しながら論じ、条例・規則は「市民に対してどのような図書館を作り、どのようなサービスをするかを、市が市民に約束するものである。だから木ではなをくくったような条例ではなく、図書館の新しいサービスが条例によってはっきり示されるような条文としなければならない」こと、「規則はあくまで、図書館の機能を最高度に発揮するためのものであって、従来の館則にしばしば見られる『入館者心得』式の取締規則であってはならない」ことを指摘している。(5)また新たに、図書館固有の規則として「資料管理規則」が必要であること、図書館サービスを行う上で「館長は事務局各課長とちがった独自の権限を持つべき」(6)であることが指摘されたのであった。

清水正三編『公共図書館の管理』（一九七一年）は、『市民の図書館』の見地を踏襲しつつ、「利用者に良いサービスをするために不可欠な資料の選択・購入、廃棄についての館長の権限を明確にすることと、専門的な業務を遂行するための特殊な手続き、勤務体制などに合った規則の制定をすること、そうして司書を重視し、司書による図書館経営を当然の前提とすること」(7)を条例・規則の内容として挙げている。また一九七六年には日本図書館協会が『公共図書館条例規則規程集』を刊行し、「条例・規則等を考えなおすため」の素材を提供している。

こうして六〇～七〇年代までに、市民のための図書館条例・規則の基本的な考え方と内容が示されていく中で、先駆的な図書館サービスの展開と図書館づくりへの住民の参加を基礎に、図書館法理念を越える図書館条例・規則がいくつかの自治体で創造されていった。日野市立図書館における図書館網規定、図書館長の有資格規定、東村山市における利用者のプライバシー保護の規定、館長の資料管理権規定、地域図書館活動への援助の規定などがそれである。

しかしながら他方で、全国的なあるいは地域的な図書館条例・規則の実態については、十分明らかにされてきたとは言いがたい。そうした中で一九八四年に前田章夫が大阪府下の図書館条例・規則について、(8)一九九七～九八年に山口源治郎、広井ひより、戸室幸治が東京多摩地域の図書館条例・規則について調査を実施している。(9) これらの調査の対象となった地域は図書館サービスの先進的な地域であるが、先にふれた図書館長の有資格規定、利用者のプライバシー保護の規定、独自に図書館設置の目的を規定する事例など興味深い結果が報告されている。

二　図書館に関する条例・規則とその実態

1　図書館条例・規則の意義と種類

さて図書館法は第一〇条で「公立図書館の設置に関する事項」を、第一六条で「図書館協議会の設置、その委員の定数、任期その他必要な事項」を条例で定めることを規定している。また公立図書館の管理運営、図書館協議会の運営に関する事項は、通常、教育委員会規則で定められる。教育委員会は「教育機関」を所管し（地方教育行政の組織及び運営に関する法律（地教行法）三二条）、「教育機関の管理運営の基本的事項、必要な教育委員会規則を定める」権限を有している（地教行法三三条）。公立図書館に関する条例・規則は右に述べた法律に基づき制定される。その種類は多種に及ぶが概ね次のようなものがある。

まず条例としては、図書館法第一〇条に規定された公立図書館の設置に関する条例がある（自治体により名称は異なる。以下「図書館設置条例」と記す）。また第一六条に規定された図書館協議会の設置、委員定数等に関する条例がある（以下「図書館協議会条例」）。これらの条例はそれぞれ独立した条例として制定される場合もあれば、一つの条例とする場合もある。また複合施設として設置される場合には複合施設設置条例の中に図書館に関する事項を規定する事例も見られる。

規則については、まず図書館の提供するサービス、利用の諸条件など管理運営の基本的事項を定める「図書館管理運営規則」がある（かつては「館則」と称するところも多かった）。また図書館協議会の運営に関するものとしては「図書館協議会運営規則」がある。図書館の事務分掌、館長の権限、教育委員会との関係は「図書館処務規則」において定められる。この処務規則は教育行政に対し教育機関としての図書館の自律性を保障するものとして重要な意義をもっている。図書館が収集する資料・情報（図書館資料）は、選書や廃棄などに見られるように、役所の物品管理とは異なる取り扱い方がなされる。そのため、図書館資料の独自の取り扱い方に基づき「図書館資料管理規則」が必要となる。特にこの規則には図書館資料に関する図書館長の権限が明記される必要がある。

以上の条例・規則は正規の法とされるものであるが、図書館サービスや図書館運営を円滑にすすめるため、教育委員会あるいは図書館の内部規程（行政規則）としてさまざまな要綱、規程、内規等が定められている。例えば複写に関する「複写取扱規程（要綱）」、集会室利用、障害者サービス、リサイクル事業に関する規程（要綱）などである。また図書館職員が特殊な勤務形態を取らざるをえないことから、図書館職員の勤務に関する規程を制定している自治体もある。

これらの他、直接間接に図書館運営を規制するさまざまな条例・規則がある。例えば職員に関するものとして、「職員定数に関する条例」、「職名に関する規則」などがあり、図書館長の権限に関するものとして、「教育委員会処務規則」や「教育委員会事務委任規則」などがある。また図書館利用者のプライバシー保護にかかわるものとして「個人情報保護条例」、表現の自由や知る権利にかかわるものとして「青少年保護条例」「情報公開条例」などがある。

2　図書館条例・規則の現状

次に図書館に関する条例・規則の現状について、七都府県（東京、神奈川、大阪、京都、滋賀、福岡、佐賀）、二三三自治体の事例をもとに検討しておきたい。この七都府県を取り上げたのは、第一に都府県、政令指定都市、特別区、一般市、町村など多様な自治体類型を含むこと。第二に六〇年代以降、八〇年代以降、九〇年代以降とそれぞれ図書館の発展期に違いがあり、それぞれの時期の条例・規則の態様を見ることができると考えられること、などがその理由である。なおこの現状分析には、日本図書館協会が一九九九年に全国の自治体から収集した図書館条例・規則（一九九九年四月現在）を使用していることを予め断っておきたい。

①制定されている条例・規則の種類

まずどのような条例が制定されているかを見ると、表1のように、図書館の設置と図書館協議会に関する事項を一つの条例に規定した「総合条例」が九九自治体（四二・五％）、図書館の設置のみを規定する「設置条例」一一二自治体（四八・一％）、複合施設設置条例の中に図書館の規定を含む「複合条例」二二自治体（九・四％）、単独に図書館協議会条例をもつもの二五自治体（一〇・七％）であった。

図書館の設置規定と図書館協議会規定とをあわせた総合条例とするか、あるいは別個に条例を制定するかは、

表１　条例の種類

	総合条例	設置条例	複合条例	協議会条例	自治体数
東京都・区	2	21	1	0	24
東京市町村	11	21	0	12	32
神奈川	15	9	0	0	24
大阪	16	20	2	3	38
京都	12	8	0	1	20
滋賀	22	11	1	2	34
福岡	15	12	17	4	44
佐賀	6	10	1	3	17
計	99	112	22	25	233

それぞれの自治体の判断による。全般的に総合条例とする例が多く見受けられるが、東京の市町村では別個にする傾向が強い。「複合条例」は約一割弱であるが、そのほとんどは福岡県に集中している。これは九〇年代に進行した図書館の複合化と管理委託に深くかかわっている。

次に規則については、表2のように、主要な規則として条例施行規則、管理運営規則、処務規則、資料管理規則、協議会規則が制定されている。条例施行規則と管理運営規則は一部の例外を除きほとんどの自治体でいずれかの規則が制定されている。前者が条例による委任を意識しているのに対し、後者は教育委員会の図書館管理権とそれに伴う規則制定権を意識しているように思われるが、内容や効力の点で実質的な差はない。ただ、施行規則としているかあるいは管理運営規則としているかは都府県によって一定の傾向が見られる。おそらく条例・規則を制定する際に参考とした自治体の違いによると思われる。

これに対し、処務規則は三七自治体（一五・九％）で制定されている。処務規則ではなく「処務規程」としている自治体が二一あ

表2　規則の種類

	施行規則	管理規則	処務規則	資料規則	協議会規則	自治体数
東京都・区	4	20	8	0	3	24
東京市町村	6	25	17	3	12	32
神奈川	16	8	2	0	3	24
大阪	22	16	7	0	8	38
京都	5	14	0	0	1	20
滋賀	0	34	0	0	6	34
福岡	17	17	3	2	14	44
佐賀	5	12	0	0	4	17
計	75	146	37	5	51	233

り、二四・九％と四分の一にも満たない。資料管理規則もわずか五自治体（二・一％）で制定されているに過ぎない。

②条例規定事項

図書館法は「設置」に関する事項を条例で定めることを規定している。どのような事項が条例に規定されているのかについてみよう。表3によれば、「設置」（図書館設置の意思表示）と「名称位置」についてはすべての自治体で規定されている。これ以外の主な事項についてみると、図書館の「設置目的」を規定する自治体は、一一六（四九・八％）である。多くは図書館法の第一条ないし第二条の引用にとどまるが、「市民の読書要求にこたえ、自由で公平な資料の提供によって、市民の自己教育と文化活動に資するため」（国立市）といった独自の設置目的を掲げる自治体も少ないながら存在する。

設置の「根拠法」を明記している自治体は一七九（七六・八％）と多い。ほとんどの場合図書館法第一〇条を根拠法としている。しかしこの点はすでに指摘があるように、図書館法第一〇条は、条例による設置の手続を定めたもので、設置の根拠となる条文ではな

専門職員	手数料	休館日	入館制限	秘密保持	管理主体	協議会
0	2	4	0	0	0	3
11	3	3	2	3	3	20
7	5	0	2	1	0	15
17	10	1	8	1	8	16
7	0	2	4	3	2	11
14	1	0	0	0	5	22
15	9	0	21	9	11	27
7	2	1	3	3	5	9
78	32	11	40	20	34	123

い。図書館法そのものを根拠法とすべきであろう。図書館法ではなく地方自治法をあげている条例もあるが、そのほとんどは複合施設あるいは管理委託を行っている自治体である。

館長の司書資格（「館長資格」）を規定するものはわずかに九自治体にとどまるが、「専門職員」（司書・司書補など）の規定をもつ自治体は七八（三三・五％）となっている。特に大阪府では四四・七％、滋賀県では四一・二％となっている。逆に東京特別区では皆無である。ただ後にも見るように規則に専門職員規定を置く自治体も多数あり、条例のみで専門職員を重視しているか否かの判断はできない。

利用者のプライバシー保護（「秘密保持」）に関しては二〇自治体（八・六％）にとどまっているが、九〇年代に発展期を迎えた福岡県では二〇・五％となっている点が特徴である。ただこれも規則に規定される例が多いので後に改めて検討する。

特記すべき積極的な規定として、文庫活動への援助（東村山市、松原市、苅田町など）、館長の図書館資料管理権（東村山市など）、自治体発行の出版物の納本規定（あきる野市など）、図書館網を規

表３　条例規定事項

	設置	設置目的	根拠法	名称位置	事業	図書館網	館長資格
東京都・区	24	4	22	24	3	0	0
東京市町村	32	12	30	32	2	8	5
神奈川	24	7	23	24	1	0	0
大阪	38	23	24	38	8	3	1
京都	20	9	15	20	3	1	0
滋賀	34	10	32	34	0	1	0
福岡	44	38	22	44	19	3	3
佐賀	17	13	11	17	2	1	0
計	233	116	179	233	38	17	9

定した条例が少数ながら存在する（二〇自治体）。文庫活動への援助については、特に松原市で、文庫活動の自主性尊重の原則を規定している点は注目される。この文庫活動への援助規定は、七〇年代の東京多摩地域において創造されたものであるが、条例に規定するということでは必ずしも広がりを見せていない。むしろ規則に規定される例が多く見られる。

その他条例に「事業」（三八自治体）、「手数料」（三二自治体）、「休館日」（一一自治体）、「入館制限」（四〇自治体）等を規定するものも見られた。図書館の行う事業および入館制限、開館日、休館日は、「管理」に関する事項であり条例に規定すべき事項であるのか疑問のあるところである。手数料はそのほとんどが複写料金の徴収にかかわるものである。これらの規定の問題性は後に検討する。

③規則規定事項

管理運営に関する事項は規則に規定される。その内容は多岐にわたるが、主な規定事項の状況を表４に示す。

これによれば、開館時間、利用資格、貸出冊数・期間、集会室等の利用など「利用条件」に関してはほとんどの自治体で規定されて

専門職	研修義務	秘密保持	専決事項	協議会	文庫援助	無料規定
0	0	0	7	1	0	0
9	0	1	13	14	4	0
1	0	2	0	11	1	0
10	4	10	11	15	4	0
6	0	1	0	7	2	0
24	11	21	17	18	8	4
12	0	4	2	21	2	0
7	0	0	4	6	0	0
69	15	39	54	93	21	4

いる。また「利用制限」についても一八七自治体（八〇・三％）で規定されている。「利用制限」とは別に、利用者のモラル、飲食喫煙の禁止、音読の禁止などを「利用者の心得」として規定している自治体が七一（三〇・五％）ある。東京都、滋賀県ではこうした規定がほとんど見られないのに対し、福岡県（六一・四％）、神奈川県（四五・八％）、京都府（四五・〇％）では比較的多く見られる。この「利用制限」「利用者の心得」には、判断基準がきわめて曖昧なものや、精神障害者に対する差別とも考えられる事項が規定されている事例も見られた。

専門職員については規則に規定する例も少なくない（二九・六％）。表5は条例・規則のいずれかに専門職員規定をもつ自治体の割合と司書率を比べたものである。これによれば、佐賀県を例外として、専門職員規定を有する割合と司書率には高い相関関係があることがわかる。また職員の研修義務に関しては滋賀県（三二・四％）と大阪府（一〇・五％）のみが規定しているが、専門職員規定の多さ、司書率の高さと合わせ注目すべき事柄である。

利用者のプライバシー保護（「秘密保持」）は三九自治体（一六・

表４　規則規定事項

	利用条件	利用者心得	利用制限	手数料	事業	事務分掌
東京都・区	24	1	23	0	21	8
東京市町村	31	2	29	0	27	17
神奈川	23	11	22	13	6	8
大阪	35	12	29	11	18	15
京都	19	9	13	7	11	7
滋賀	32	2	34	23	24	26
福岡	44	27	25	20	18	6
佐賀	17	7	12	6	10	1
計	225	71	187	80	135	88

七％）で規定されている。この規定を生み出した東京の市町村が条例・規則あわせてわずか四自治体にとどまっているのに対し、滋賀県では条例ではゼロであるが、規則では実に二一（六一・八％）の自治体がこの規定をもっている。大阪府でも一〇自治体（二六・三％）となっている。

表５　条例・規則に専門職員規定のある自治体

	専門職規定あり	司書率(%)	自治体数
東京	18 (32.1%)	33.9	56
神奈川	8 (33.3%)	57.5	24
大阪	25 (65.9%)	74.4	38
京都	13 (65.0%)	69.0	20
滋賀	29 (85.3%)	79.5	34
福岡	21 (47.7%)	53.5	44
佐賀	11 (64.7%)	43.7	17

1999年4月現在

図書館長の「専決事項」を規則に定めている自治体は五四（二三・二％）である。滋賀県で五〇・〇％、東京の市町村で四〇・一％、大阪府で二八・九％であり、他の府県ではごくわずかとなっている。特に日野市や東村山市では、図書館諸規程の制定廃止、職員人事、図書館予算、その他重要な事項等に関し、図書館長の教育長への具申権を規定している点が注目される。

その他の規定事項として、文庫活動への援助は二〇自治体（八・六％）が規定している。また滋賀県では規則に無料原則を規定する例も見られる（四自治体）。

3　図書館発展の基礎としての条例・規則の要件

すでに『市民の図書館』が指摘しているように、条例・規則は「市民に対してどのような図書館を作り、どのようなサービスをするかを、市が市民に約束するものである。だから木ではなをくくったような条例ではなく、図書館の新しいサービスが条例によってはっきり示されるような条文」である必要があり、規則は「図書館の機能を最高度に発揮するためのものであって、従来の館則にしばしば見られる『入館者心得』式の取締規則であってはならない」(10)。

こうした視点に立つとき、図書館の条例は単に図書館設置の意思表示と名称位置を規定することにとどまることなく、積極的創造的に当該自治体が提供しようとする図書館サービスの理念と原則を明らかにするものでなければならない。すでに見てきた二三三自治体の条例・規則の中には、図書館法の規定を乗り越える創造的な条項を盛り込む例も見られた。そうした事例をも踏まえ、図書館サービスの発展の基礎となる条例・規則の基本事項を考えてみると次のようになる。

まず制定すべき条例・規則としては、図書館設置条例、図書館協議会条例、図書館管理運営規則、図書館処務規則、図書館資料管理規則、図書館協議会運営規則が最低限必要である。その他必要に応じて障害者サービス要綱、複写サービス要綱、選書規程、図書館の自由に関する委員会規程等が整備される必要があろう。

その際、条例には次の事項が規定される必要がある。

①設置の意思表示および名称、位置。②設置目的。図書館法を引用するにとどまることなく、図書館設置の基本理念と公共性を示す。③設置の法的根拠。近年図書館法に基づかない「図書館」が設置される中で、図書館法に基づき設置されることを明示することの意義は大きい。④図書館網規定。図書館が本館、分館、移動図書館等からなる組織であることを示す。⑤専門職員規定。図書館におかれる職とその専門資格（司書、司書補）を規定する。特に館長の司書資格を規定する。⑥利用者のプライバシー保護。⑦図書館協議会（設置、委員の定数、任期等）。特に委員の選出は図書館協議会活動の実質化と活性化につながる内容とする（公募委員、図書館利用者、図書館関係団体の代表など）。⑧その他、自治体発行の出版物等の図書館への納本義務、子ども文庫等への援助、教育委員会規則への委任など。

規則に規定されるべき事項としては次の事項がある。

①図書館が提供するサービス。②利用条件（利用者の資格、開館日、休館日、貸出冊数、貸出期間、集会室等の利用条件、利用制限、損害賠償など）。その際「利用制限」に不当な差別、取り締まり的な規定が存在しないかの見直しが必要である。また「利用者の心得」を規定することの是非も検討すべきである。③事務組織および

事務分掌。④専門職員とその業務に関する規定。⑤図書館員の研修義務。これは特に職員の研修権を保障するものであり、専門職制度を実質化する規定である。⑥図書館長の権限。利用条件についての館長の裁量権、図書館資料の管理に関する館長の責任と権限、専決事項、代決事項、図書館の管理運営に関する教育長への意見具申権など。⑦図書館協議会の運営。⑧その他。

三　条例・規則の論点

1　設置事項と管理事項

ところで、図書館の条例・規則に関しては検討すべきいくつかの論点が存在する。その一つは「設置」事項と「管理」事項の区分をめぐるものである。地方自治法は第二四四条の二で、「普通地方公共団体は、法律又はこれに基づく政令に特別の定めがあるものを除くほか、公の施設の設置及びその管理に関する事項は、条例でこれを定めなければならない」として、公の施設の「設置」および「管理」に関する事項を条例事項としている。これに対し図書館法は第一〇条において「公立図書館の設置に関する事項」のみを条例事項としている。したがって図書館の条例には「設置」のみを規定すればよく、「管理」に関しては別に教育委員会規則で定めればよいことになる。しかし、地方自治法および図書館法は、何が「設置」事項であり、何が「管理」事項であるのかについては具体的に明示していない。このことを反映してか、先に見た二三三自治体の条例・規則においても、「管理」事項と思われる図書館の事業、休館日・開館日、入館制限などを条例に規定している事例も見られた。

木田宏は「教育機関」について、「設置」とは「教育機関としての役務を提供するための通常物的要素と人的要素の形態的要素をととのえ、かつ教育行政の主体が教育機関を設けるという意思表示をすること[11]」であり、「管理」とは「教育機関の目的を達成するために必要な一切の行為」であり、「物的管理のみをいうのではなく人的管理及び運営管理を包摂する[12]」と述べている。

したがって、図書館の条例に規定されるべき「設置」事項には、設置の意思表示、名称位置、図書館におかれる職などが考えられる。また「管理」事項であっても、法令で定められている使用料、管理委託、図書館協議会の設置、委員の定数、任期などは条例に規定される。その他の図書館運営に必要な事項は「管理」事項となり、規則の対象となる。しかし「管理」に関するすべてが規則に規定されるわけではない。地教行法は「教育機関の管理運営の基本的事項について、必要な教育委員会規則を定める」ことを規定し（地教行法三三条）、そこに一定の限界があることを示している。ただ何が「管理運営の基本的事項」であるのかは明示されておらず、現実には個々の教育委員会の判断に委ねられている。

ところで図書館法が地方自治法の規定にもかかわらず「設置」のみを条例事項とし、地教行法が「管理運営の基本的事項」を規則事項としたことには、戦後教育改革における、教育行政の自主性尊重原則および図書館が「教育機関」（地教行法三〇条）であることに由来する積極的な理由があったものと考えられる（I－四章参照）。すなわち、国民の思想、人格など精神的内面的形成に深くかかわる「教育機関」は、政治的中立性と専門性に裏づけられた運営が要請され、地方議会、首長、教育委員会からの相対的自立性が確保される必要があった。そのため地方議会や首長は、図書館の「管理」に関しては直接関与することができず、教育委員会の関与も「管理運営の基本的事項」に限定されることとなったのである。いいかえれば、図書館の「設置」と「管理」をめぐる法的問題は、地方議会、首長部局、教育委員会がそれぞれ「教育機関」としての図書館にどのようにかかわるのかという問題を含んでいるのである。

2　地方自治法第一四条第二項および手数料に関する論点

次に検討すべき問題として地方自治法第一四条第二項の問題がある。一九九九年の地方自治法改正で、第一四条第二項が「普通地方公共団体は、義務を課し、又は権利を制限するには、法令の特別の定めがある場合を除くほか、条例によらなければならない」と改められた。このことにより、一部自治体では、従来管理運営規則に規定されていた休館日、開館時間、利用制限などの事項を「権利を制限する」ことにあたるとして、それらを図書館条例に規定することが計画されている。

地方自治法第一四条第二項はいわゆる「侵害留保」を明文化したものであるが、これは旧法の「行政事務」（権力的事務）に関する規定と「その意味内容は基本的に大きく変わるものではない」[(13)]。問題は休館日、開館時間、利用制限等が「侵害留保」にあたるのか否かであろう。一般公衆の自由使用を前提とする図書館においては、休館日、開館時間、利用制限等は公権力の行使による権利制限と解すべきではなく、施設管理権に含まれるべき性質のものである。したがって従来どおり規則に規定すべき事項であると考えられる[(14)]。また開館日・休館日は固定的なものではなく、住民の生活の変化等により変動する。さらに利用制限も図書館現場での実態に基づく細やかな対応が求められる性質のものであり、規則に規定されるとしても、図書館長の専門的判断を優先する旨の規定を設けることが必要であろう。

さて、すでにみた条例の事例では、少なくない自治体で複写料金などの徴収を「手数料」として条例に規定していることが明らかとなっている。手数料・使用料の徴収を条例で定めること自体は地方自治法第二二八条に規定するところであるが、問題はこれが図書館法の無料制原則に抵触しないかということである。

元来「手数料」とは「特定の者に提供する役務に対してその費用を償うため又は報酬として徴収する金銭(15)」であり、「使用料」とは「行政財産の目的外使用又は公の施設の使用について、その反対給付として徴収する金銭」である。とすれば、複写のための「手数料」とは、複写サービスを求める「特定の者に提供する役務に対してその費用を償うため又は報酬として徴収する金銭(16)」ということになろう。しかし、これは図書館サービスに対する対価徴収を禁じた図書館法第一七条に抵触する疑いが強いと考えられる。集会室等の「使用料」に関しても同様のことが指摘しうるのである。

3　図書館法改正と条例・規則

一九九九年七月、地方分権推進一括法の成立にともない、図書館法が改正された。条例・規則との関係では、国庫補助を受ける際の要件としての図書館長の司書資格要件の廃止（一三条三項）と図書館協議会委員の選出区分の大綱化（一五条）がどう条例・規則に影響を及ぼすのかが注目されている。

まず館長の司書資格の問題について見ると、今回の法改正を「理由」に条例・規則に有資格館長を規定している自治体では、有資格館長規定廃止の動きが起こっている。今回の法改正では国庫補助を受ける際の要件としての図書館長の司書資格要件が廃止されたのであり、図書館長には司書資格は不要であることを法認したものでないことはいうまでもない。

東村山市では、市民の要望、図書館協議会での議論を踏まえて、「図書館の館長は、図書館法第一三条第三項に規定された館長の資格を有する者でなくてはならない」という規定を、「図書館の館長は、図書館法第四条に規定する司書の資格を有する者とする」と改めた。他方、保谷市では市民や図書館協議会の強い反対にもかかわらず、図書館長の有資格条項が廃止されるに至っている。ここに見られるように、図書館法は自動的にその理念を実現するものではなく、自治体理事者の理解のありよう、市民の運動の現状に左右される。この意味で私たちは図書館法理念や図書館条例・規則の担い手の問題に常に関心をもつ必要がある。

図書館協議会委員の選出区分の大綱化に関しては、より自治体の実態に即した委員の選出が可能になった。鶴ヶ島市の「社会教育関係法改正に伴う条例等の見直しに関する検討委員会」は、公募委員、「図書館の設置目的の達成に協力する団体が選挙その他の方法により推薦した当該団体の代表」を含む図書館協議会委員の選出の条例案を提案している。注目すべき動向である。(17)

（山口源治郎）

注

(1) 兼子仁『新地方自治法』（岩波新書）岩波書店　一九九九　一八一頁

(2) 五十嵐敬喜、小川明雄『市民版行政改革』（岩波新書）岩波書店　一九九九　二二三頁

(3)『中小都市における公共図書館の運営』日本図書館協会　一九六三　一八二頁
(4)浪江虔「憲法違反がこんなところにもある」町田自治研究センター編『図書館そして民主主義』ドメス出版　一九九六　所収
(5)『市民の図書館』日本図書館協会　一九七〇　一二二頁
(6)『市民の図書館』一三四頁
(7)清水正三編『公共図書館の管理』日本図書館協会　一九七一　一四九頁
(8)前田章夫「大阪府下公共図書館条例・規則の現状と問題点」『図書館界』三六巻三号（一九八四年九月）一六二〜一六五頁
(9)山口源治郎、広井ひより「図書館条例・規則の研究（一）」『図書館研究三多摩』二号（一九九七年一〇月）四四〜六三頁、戸室幸治、山口源治郎「図書館条例・規則の研究（二）」『図書館研究三多摩』三号（一九九八年七月）三九〜六七頁
(10)『市民の図書館』一二六頁
(11)木田宏『新訂逐条解釈地方教育行政の組織及び運営に関する法律』第一法規　一九七七　一四〇頁
(12)木田宏　前掲書
(13)成田頼明監修『地方自治法改正のポイント』第一法規　一九九九　三二頁
(14)この部分は、鑓水三千男氏（千葉県庁）未発表論文「地方自治法の一部改正と図書館設置条例」から多大な示唆を得た。
(15)宮元義雄『地方財務』第一法規　一九七三　一五五頁
(16)宮元義雄　前掲書　一五三頁
(17)「社会教育関係法の一部改正に伴う社会教育関係審議会制度のあり方について（報告）」『月刊社会教育』二〇〇〇年四月号・五月号

五章　英米における無料原則の由来と動向

一　無料原則の由来(1)

無料原則の由来を理解するには、公立図書館に先行する民衆の図書館にふれる必要がある。一七三一年、ベンジャミン・フランクリンを中心に、フィラデルフィア図書館会社が成立した。このいわゆる会員制図書館、すなわち民衆が知識を得るために力を合わせ、少額の資金や会費を出し合って維持運営するという形態の図書館は、一九世紀前半に最盛期を迎える。しかし、利用は会員に限られていたし、たとえ非会員に利用を許していたとしても、それはあくまで恩恵的な性格でしかなかった。

一八三七年、アメリカ公教育の父ホレス・マンは、マサチューセッツ州初代教育長に任命され、公教育の整備を強力に進めていく。そして、その当然の帰結として、学校区を単位に公立の無料の図書館を構想することになる。端的にいえば、学校で読むことを教え、知識欲を植えつけても、卒業後に図書を入手できなければ、学校教育自体が無意味になると考えたのである。その場合、主要な図書提供機関である会員制図書館は、会費の点で利用に大きな障壁があった。学校区図書館は、公教育論からして無料で図書を提供することが公の責任であるとする考えと、会員制図書館の限界を見極めたところから生じてきたのである。この図書館は、各学校区を財政基盤かつサービス区域に、学校区の全住民の利用を意図して、構想され実践された。しかし、学校区の平均人口約二五〇〇人という状況では、図書館の発展は望むべくもなかった。

一八五一年に制定されたマサチューセッツ州公立図書館法の第一条は、市町に図書館の設置を許可している。第二条は課税の上限を設け、第三条は寄贈の収受を認めている。同法に影響を与え、また同法の影響を受けて、一八五四年にボストン公立図書館が開館した。理事会は一八五二年に成立し、政治家で学者のエドワード・エヴァレットが理事長、学者ジョージ・ティクナーが理事の一員である。理事会は、アメリカ公立図書館の原則を、いわゆる『一八五二年報告』(2)で提示した。エヴァレットは、図書館は生活上の義務の履行を助ける施設で、公立学校と同じ根拠で公費支弁にすべきであると書いた。ティクナーは、次のように述べている。広く読まれるための本が出現する時代になって会員制図書館が創設されたが、利用は会員に限られている。また、学校区図書館も不十分でしかない。そこで、無償教育と同じ原則に基づき、公立図書館が必要である。

この場合、無償教育と同じ原則とは、社会的義務や実生活上の義務を積極的に果たす住民の育成、的確な判断ができる住民の育成ということである。アメリカの民主政体を支えるのは、開明化され、自力で的確な判断ができる住民である。換言すれば、そうした住民の存在を前提にして、アメリカの民主政体は成立している。そのことを前提とするならば、住民の能力を開発する教育、自力で的確な判断をする前提としての知識や情報の普及は公の責任に帰する。前者が公教育で、後者が公立図書館である。そして、それらはいずれも無償、無料でなければならないのである。

一方、英国の場合、世俗的な会員制図書館は、アメリカよりも少し遅れて一八世紀中葉に生じてくる。一九世紀に入って会員制図書館は増加するが、アメリカの場合と同じように、基本的には会費を払う会員に利用を限定していた。

英国では、職工学校に注目すべきであろう。職工学校は、一八〇〇年にジョージ・バークベックがグラスゴーで開始した職工クラスを起源とし、その後急速に発展していく。当初の目的は技術教育の付与にあり、講義、学習クラス、それに図書館を三つの柱としていた。しかし一八五〇年までに、下層中産階級を主とする一般文化と健全な娯楽の場に変容していた。会費も決して安くなく、もはや労働者の学校や図書館ではなくなりつつあった。

こうした状況のもとで採択された一八五〇年の公立図書館法は、図書館設置をイングランドとウェールズの人口一万人以上の自治体に限定した上で、課税の上限、自治体による同法採択の手続、無料原則を組み込んでいる。

一八四九年、下院議員ウィリアム・ユアートを委員長に、ジョセフ・ブラザートン以下を委員にして、下院に図書館に関する特別委員会が設けられた。委員会の主たる関心は、大都市におけるだれもが自由に利用できる図書館にあった。より直接的にいえば、大都市や工業都市の労働者を意識していたのである。そして、職工学校図書館やコーヒー・ハウスといった読書施設の増加を指摘して、読書への関心が高揚しつつも、一般労働者が自由に利用できる図書館がないと結論した。すなわち、従来の図書提供機関である会員制図書館や職工学校の図書館の限界を指摘したのである。委員会が最も期待したのは、職工学校などを利用できない大部分の労働者層の道徳の向上であり、社会秩序の維持であった。事実、民衆の読書について委員会を最も力づけたのは貧民学校の図書室の例で、そこでは不作法で乱暴な下層の人びとが、よい習慣と読書の喜びを得たのである。こうした利用対象と役割をもつ図書館は、当然ながら無料でなくてはならなかった。

ユアートが一八五〇年に下院に提出した図書館法原案に、無料原則が組み込まれたのはいうまでもない。法案の審議過程をみると、支持派の論拠は一貫していた。図書館によって飲酒や犯罪が減じ、道徳の向上に貢献するということである。ブラザートンは、図書館の改良的役割を最大限に強調し、国が毎年莫大な額を犯罪を罰するために拠出しているのに、犯罪の予防（公立図書館）に半ペニーの課税権も認めないのは理解に苦しむと訴えた。図書館法自体、および個々の条文については賛否があった。しかし、公立図書館を設置するならば、それは無料でなければならないという点に、何の疑問も呈されることはなかった。

要するにアメリカの場合、民主政体―公教育―公立図書館という流れで、無料原則の思想を論理的に展開できるし、公立図書館思想の形成者たちも、そのような論理の展開を実際に使用した。一方、英国の場合、公立図書館は労働者のための機関で、もっぱら改良主義的な目的が期待された。そうした図書館である限り、ここでも無料でなくてはならなかった。とはいえ、無料原則の思想を展開することはなかった。その後、英米の図書館はさまざまな役割を重層的に加えつつ現在に至っている。また英国にあっては、労働者のための図書館から、全住民の図書館に脱皮を遂げたのである。しかし、公立図書館の誕生後一世紀の間は、無料原則に対して疑問が出されることはなかった。

二　有料制論議台頭の背景

有料制につながるような考えは、決して新しいものではない。例えばアメリカの場合、シカゴ大学大学院図書館学部長をつとめたバーナード・ベレルソンは、有名な著作『図書館の公衆』（*The Library's Public*　一九四九年）で次のような分析をしている。(3) ①公立図書館を月一回以上利用する常連は、人口の一〇％にすぎない。②この常連が、フィクションを中心にサービスの大部分を享受している。③図書館は、白人中産階級の機関になっている。続いて、ベレルソンはサービス方針に言及した。要するに、あらゆる住民へのサービスが不可能なことを認識し、生まれながらの利用者であるエリート層への良質なサービスに、重点を移すように主張したのである。ベレルソンの重要性は、全住民へのサービスを放棄せよとの主張、およびこの主張を過去の調査を総括する中から導き出した点にある。

一九六三年、大都市での図書館サービスを考える会議が開かれた。経済学者チャールズ・ティーボートは、「図書館は、……社会的効用やメリットを民衆に理解させる……よりも、あっさり利用者にとって私的な利益があることを認めて、この利益に対して料金をとる」方法を研究するように主張した。また、高名な都市行政学者エドワード・バンフィールドは、図書館が下層の教育に有効でないとすれば、図書館の仕事は「まじめな読者」を対象とするものであると論じたのである。その場合、多くの利用者は高収入で、そうした利用者の読書を公費で負担する必要はないと結論した。

これらの例は、有料制を相互に関連する三つの論拠から導いている。すなわち、①図書館利用は私的利益である、②利用は豊かな中産階級に偏在している、③利用は娯楽が中心である、といった点である。これらは公立図書館での有料制論議の特徴である。しかし、当時の図書館界は有料制の主張を無視していたし、無視することができたのである。

ところが、一九七〇年代後半になり、有料制は図書館界の大きな問題になってきた。特に公立図書館の場合、有料制は、公立図書館の思想的、制度的な原則を巻き込む問題なのである。有料制論議台頭の背景は、以下の三つにまとめることができよう。(4) まず図書館財政の悪化で、これは一九七八年にカリフォルニア州で通過した提案一三号が象徴する。提案一三号は、州民の請願をもとに州憲法の修正に至り、図書館の最大かつ恒久的な財源である固定資産税を大幅に削減する結果となった。予算は削減され、同時にインフレが進行するという状況のもとで図書館は苦境に置かれた。提案一三号の影響で、公的サービスに有料制が主張され導入されたが、図書館に対しても代替財源を探す中で、有料制が主張されるようになったのである。第二に、オンライン文献情報・事実情報サービスである。このサービスは、政府機関、大学図書館という順序で広まっていったが、一九七〇年代後半になって、大都市などの公立図書館が着手しはじめた。このとき、まさに現場の問題として有料制の問題が出現してきたのである。第三に、情報提供業者の台頭である。情報提供業者とは、営利を目的として利用者に情報を提供する業者をいう。こうした業者は、情報自体を経済的な製品と考えたり、情報は社会の共有物であるとしても、情報へのアクセスに料金を徴収すると主張したりした。この考えに、公立図書館が鋭敏に反応したのもうなずける。

三　有料制の主張(5)

本節と次節では、一九七〇年代後半から一九八〇年代に出された有料（無料）制の主張をまとめておく。なお、延滞料、それにサービス区域以外の住民の利用に料金を課することは扱わない。前者は一般的に、有料制というより罰金と考えられている。もっとも、特別な便宜に対する対価とみれば、有料制の範疇に入るであろう。公立図書館の財源の相当部分が、自治体に依存している現状では、サービス区域以外の住民へのサービスは恩恵にすぎず、料金をとるか否かは図書館（自治体など）の方針による。図書館協力をして共通利用券を出せば、日常的な利用者にとって問題はなくなる。また、図書館が連邦や州から、かなり援助金を得ているときは、有料にする根拠が希薄となろう。すなわち、利用者側からすれば、恩恵というよりも、権利として無料で利用できるという根拠が高まるのである。ただ、延滞料にしろ他地域の利用者にしろ、財政状態が悪いときに引き上げや導入がされる傾向にあり、この点は無視できない。ところで、有料制の支持者の主張を、以下に列挙する。

① サービスに対価を課するのはアメリカの伝統である。事実、公的サービスは必ずしも無料ではなく、全般的には有料制に移行している。

② 有料制は、サービスの価値と重要性を高める。

③ 無料原則の厳格な適用は、多種多様な革新に遅れをとり、図書館は時代遅れとなる。

④ 図書館の主要財源である固定資産税は、逆進性という性格をもつ。この場合、無料原則の厳格な適用は、貧者から富者への税の流れをいっそう助長する。

⑤ 有料制にするかサービスを断念するかという状況では、有料制は現実的にみて回避できない。

⑥ 有料を理由にサービスを提供しないのは、払える人へのサービスを「差別」し、情報に対する利用者のアクセスを「狭め」る。貧者には、無料利用券などの方式がある。

⑦ 私的利益に属するサービスは、有料にすべきである。例えば、資料の保存、児童サービス、恵まれない人へのサービスなどは公的利益である。一方、中産階級のフィクション利用、企業へのサービス、オンライン・サービスなどは私的利益である。

⑧ 有料制はサービスを拡大し深める。公費負担を減じることなく、中産階級のフィクション利用、企業へのサービス、オンライン・サービスなどに料金を課せば、図書館財政が向上し、アウトリーチなどもより展開できる。また、例えば資料の返却が早まり、他の利用者が利用する機会も高まる。さらに、図書館は需要と供給の関係に鋭敏になり、サービスが向上し、業務も効率がよくなる。

⑨ 有料制はサービスの乱用をなくす。乱用を防止し、同時に利用を鼓舞する範囲に料金を定めるのが妥当である。

⑩ オンライン・サービスは、対個人サービス、明確な料金設定、通常を越える高度なサービスで、それに高価である。また、図書の場合、一度購入したものは何度でも利用でき、二回目以降の利用にはほとんど経費がかからない。一方、オンライン・サービスは、一度サービスを利用すると、その場で消費しつくしてしま

う。こうした理由からも、有料にすべきである。

⑪　オンライン・サービスを無料で提供すると、既存のサービスが削減される。

⑫　オンライン・サービスには、利用者自身に料金を払う用意がある。有料にして利用が減じても問題はない。減じた部分は、もともと必要でなかった部分である。あるいは、有料にしても結局は利用は落ちない。

⑬　料金徴収は事務的に容易である。

⑭　図書館サービスは、「基本的なサービス」と「特別な（追加の）サービス」に分かれ、後者は有料にすべきである。

有料制論者は、一律の入館料の徴収といったことを想定しているのではなく、現在程度の公費充当を前提に、サービスの拡大と深化を目指しているのである。例えば、無料制の支持者は、有料制が児童サービスを破壊すると主張したりするかもしれない。しかし、児童への直接的な有料制の導入は、最も強固な有料制論者でも主張していない。

四　無料原則の擁護

一方、無料原則の擁護者は次のように主張する。

①　図書館の無料原則はアメリカの伝統である。民主主義には情報の普及が欠かせず、無料原則は民主主義の前提となる。情報へのアクセスは、特権でなく権利である。

② 図書館は人類の文化の総体を示す機関で、サービスは公的利益に属する。
③ 多くの州法が無料原則を規定している。
④ 会員制図書館は成功しない。
⑤ 有料制は二重課税になる。すなわち、税で負担しているのに、さらにもう一度払わされることになる。
⑥ 有料制は、図書館サービスの価値と重要性への認識を減じる。
⑦ 有料制にするか、サービスを断念するかという状況では、サービスを提供すべきでない。
⑧ 有料制、すなわち経済力によるサービスの提供は「差別」、あるいは経済力による「検閲」であり、情報への利用者のアクセスを「狭め」る。貧者に無料利用券を提供する方式は、考え自体が誤っている。
⑨ フィクションには、娯楽のほかにも、大きな文化的、教育的な役割がある。また、例えば親のフィクション利用を有料にすれば、親を図書館から遠ざけることで、結果として児童の利用にも大打撃となる。
⑩ 有料制はサービスを悪くする。有料制は収入の生じるサービスを重視する結果となる。また、需要と供給との関係を高度に密接させるのも問題である。すなわち、学術的な面や少数者の要求を殺す結果となる。
⑪ オンライン・サービスは、通常のレファレンス・サービスである。これを対個人的との理由で有料にすれば、図書館サービス全体について、公費で賄う必要がなくなる。このサービスは手作業での検索よりも安くつく。また、印刷体資料の価格が高騰し、オンラインが安くなっている。さらに、このサービスは、利用者よりもむしろ図書館員に便宜を提供してくれる。
⑫ オンラインでしか接近できない情報が増大し、さらに事実情報もオンラインになってきている。印刷体の

資料で無料で利用できた情報が、有料になるのは理解しがたい。情報提供が高度な方式になるほど、機器の購入も含めて、多くの人が情報にアクセスできなくなるという傾向が生じるかもしれない。この場合、公立図書館の無料原則は重要性を増す。

⑬ オンライン・サービスを有料にすると、利用が減じる。減じた部分は、有料がゆえに必要な情報を得られなかったことになる。

⑭ 図書館員がオンライン・サービスを使うかどうかを判断するので、サービスの浪費はない。

⑮ 図書館運営やサービスの効率を向上させれば、オンライン・サービスを無料で提供できる。

⑯ 長期的にみた場合、有料制の大規模な導入は、公費負担を次第に低減させるだろう。また、有料制からの収入が、図書館財政を向上させるとは限らない。

⑰ 公私両分野は、基本的な考えの点で妥協できず、分離すべきである。

⑱ 料金徴収は事務的に手間がかかるし、手間を上回る収入を得られるかどうか疑問である。

⑲ 図書館サービスを、「基本的サービス」と「特別な（追加の）サービス」に分けること自体が誤っている。

五　有料制論議の方向

有料制の実際の方向という観点からすれば、個人的な主張よりも、政府や図書館団体が示した見解が重要となろう。一九四三年にアメリカ図書館協会は『図書館用語集』を刊行したが、公立図書館の定義は「無料で……全住民の利用に供し」となっていた。一九八三年になって、用語集は全面的に改訂され、「行政区域内の住民に対しては、個人に料金を課することなく図書館の基本的なコレクションと基本的なサービスを利用に供する」となった。(6)

一九四三年版は無料原則を留保なくうたっているが、一九八三年版は、無料原則の適用を「基本的」サービスに限定している。次に、八三年版は個人を重視することで、企業などの利用には料金をとってよいと暗示している。要するに、無料原則の厳格な適用から、「基本的」サービスへの無料原則の適用に移っていると考えてよい。

次に、国際図書館連盟は、公立図書館の原則を示す一九五三年の文書で、「どのような利用者にも、――理由のいかんを問わず――サービスに料金を、……求めてはならない」とした。さらに、各国（アメリカでは州）での公立図書館法の採択を主張し、「すべての住民に一切の料金をとることなく、あらゆるサービスを提供しなくてはならない」という条文を盛るように勧告している。続いて、一九七三年に同連盟が出した基準は、序文に一九七二年ユネスコ宣言を載せている。この基準は、ユネスコ宣言から導かれる一般原則を掲げ、「図書館の利用は、資料が個人の所有になる場合――例えば写真複写、目録――を除いては、利用者に対して直接には無料でなければならない」と明確に規定したのである。さらに、一九八六年の『公共図書館のガイドライン』は、無料原則を重視しつつ、オンライン・サービスについて次の示唆を与えている。①図書館員の判断でコンピュータを利用したときは、無料にする。②料金は、コンピュータの利用時間に応じた額を超えない。③個人と企業を区別し、個人の要求の場合は、一定時間を無料にする。なお、相互貸借に関連して利用者への通知以外は料金をとってはならないこと、およびコピーなど利用者の財産になるときは有料にしてもよいことも示している。(7)

一九五三年文書は無料原則の厳格な適用をうたっている。一九七三年文書は五三年文書と基本的には同じであるが、資料が個人の財産になるときに限って料金の徴収を許している。最後に、一九八六年文書は、無料原則を基盤に現実との妥協を示している。すなわち、個人の要求に基づくオンライン・サービスには、最初の一定時間を無料にすることで無料原則を守ろうとしたのである。

最後に英国の場合である。一九七九年、英国図書館協会は公立図書館の目的や無料原則を確認した後、有料制が「サービス」「利用者」「図書館協力」「図書館管理」に悪影響を与えるとして、「有料制は公立図書館サービスという不可欠なサービスを傷つけ、終局的には破壊してしまう。短期的な経済状況を理由に有料制にすることは、今日のコミュニティだけでなく、子孫にも悲劇となる」(8)と結論した。しかしながら、次第に国政レベルで有料制への関心が高まってくる。一九八三年、文部大臣は「公的サービスの全領域が経済の影響を受ける」とした後、「図書館利用者から若干のコストの回収を検討すべきである」(9)と述べた。こうした動きを勘案しつつ、英国図書館協会評議会は、一九八七年一月にガイドライン「公私両分野の関係」(10)を採択した。これは既述の一九七九年文書と大きく相違している。すなわち、無料原則を根底に、一方では各館の自由裁量権（有料にするかどうかの決定権）を大いに尊重したのである。「公私両分野の関係」は、図書館サービスを、「基本的」サービスと「その他」のサービスに二分している。前者には、活字資料の貸出、一般的なレファレンス・サービスが入り、無料でサービスをする。さらに、例えばストーリーテリングは、現在では基本的サービスと考えねばならない。一方、後者には有料制を肯定している。例としては、①個人への深い情報サービス、会議の組織化、②企業への通常以上のサービス、③オンライン文献情報・事実情報サービスなどを指摘したのである。特に③に関しては、無料の利用が、大多数の住民へのサービスに害となる懸念を表明した。しかし同時に最も経済的な場合もあるとし、各図書館当局の的確な判断にゆだねたのである。同じ一九八七年の秋、文部大臣R・ルースは、「公立図書館の追加的な特別のサービスに広範な料金徴収権を認めて、図書館の成長を助けたい。……基本的サービスの無料は確実である」と述べた。続けて、私的分野との合同サービス、私的分野へのサービス委託を提言したのである。(11) ルースの発言は過激にみえるが、前述の図書館協会のガイドライン「公私両分野の関係」と大筋で相違はない。

翌一九八八年二月、図書館財源の検討を求める政府『緑書』(12)が刊行された。まず、一九六四年公立図書館・博物館法(13)が規定する基本的サービス（活字資料の貸出、一般的なレファレンス・サービス）の無料提供を確約している。ところで、一九六四年法が料金の徴収を許したのは、①行政区域以外の利用者への貸出、②予約の通知、③延滞、④利用者の財産になる資料、⑤通常を越えるサービス、⑥集会室の利用、などである。なお、視聴覚資料の貸出、オンライン・サービスは、⑤「通常を越えるサービス」と把握すると有料にしてよいし、実際に料金が課されてきた。『緑書』は、年間二二〇〇万ポンドのこれらの収入を、この『緑書』が示す方式で五千万ポンドにし、六四年法が規定する「包括的かつ効率的なサービス」を実現しようと試みている。そのために、①有料制の拡大、②公私合同事業（例えば、深いサービス、図書やレコードの販売）、③サービス委託（例えば、ビデオの貸出、分館サービス）、④六四年法の有料制規定の不備の修正と実施の徹底、という四つの課題を提出した。その場合、利用者との関連で直接的に有料制とかかわるのが、①と④である。その内容は、以下に示すとおりである。

①　有料制の拡大　（a）現行法の有料規定を厳格に実施する（④に関係）。（b）新しい有料制を導入する。例えば、会費制で新刊小説などの依頼に確実に対応する。家系、市場調査など、依頼に応じて有料で調査サービスをする。さまざまな主題の小冊子を販売する。

④　一九六四年法の有料制規定の不備の修正と実施の徹底　（a）非活字資料の有料制を、明確にする。（b）会社、団体、他の図書館当局の利用を有料にする。（c）資料の汚損などに、料金を徴収する。（d）予約には、より実質的な料金を課する。（e）貸出冊数制限を超える利用を有料にする。

基本的なサービスと追加サービスの二分法には二つの問題がある。まず、基本と追加を分ける手だてがなく、きわめて政治的に決定される危険性がある。次に、高くつくという理由で、追加にされる可能性が大きい。しかし、高くつくことと、追加サービスにすることには本質的な結びつきはない。むしろ、情報の蓄積と伝達方式が高度になり、そしてそこに（そこだけに）事実情報や実用情報が組み込まれるほど、機器の購入も含めて、個人の経済力による情報格差が広まるという問題が生じてくる。この場合、公立図書館の無料原則は、社会的な重要性を高めるであろう。

六　電子情報、インターネット上の資源

一九八三年に、アメリカ図書館協会知的自由部は『知的自由マニュアル』（第二版）を編纂した。そこでは、有料制については、何ら言及していない。この『マニュアル』は、一九八九年に改訂され、第三版が刊行され

た。そこでは、ゴードン・コナブルが、「公立図書館と知的自由」を担当している。コナブルは、知的自由に大いに関係する領域として、まず有料制を指摘し、「サービスに対価を課することは、情報へのアクセスにとって、大きな経済的障壁となる」としている。この言及は、公立図書館界で有料制が現実の問題であるとともに、公立図書館の思想的な原則、すなわち「図書館の権利宣言」にてらして、有料制が大きな問題であることをあらためて訴えたものである。[14] 事実、一九九〇年になって知的自由委員会は、有料制に関する「図書館の権利宣言」解説文の作成に着手し、[15] 一九九三年六月三〇日にアメリカ図書館協会の最高決定機関である評議会は、新解説文「情報へのアクセスと経済的障壁」を採択した。[16] 冒頭の段落は次のようになっている。

民主主義は情報に精通している市民を前提とする。修正第一条は、すべての人に表現の自由の権利、およびその当然の結果として、憲法の保護下にある他者の表現を受け取る権利を定めている。公費支弁の図書館は、図書館が奉仕するコミュニティのすべての人に、情報へのフリー・アクセス、平等なアクセスを提供している。公費支弁の図書館の役割、ゴール、目標が相違するとしても、いずれの図書館もこの使命を共有している。

このように、図書館の基本的役割を説明したのち、「情報提供に有料制を用いることに反対する」と断言した。解説文には例えば次のような文言がみられる。

財政上の圧力を軽減する目的で有料制を導入するといった誘惑に抗しなくてはならない。有料制導入は、長期的にみた場合、図書館の尊厳と住民の信頼を犠牲にしてしまう。（中略）

公費を投入した蔵書、サービス、プログラム、施設の利用に有料制を導入することは、アクセスへの障壁を生じる。有料制は料金支払いの能力と意志に依拠することで、利用者間での差を増大させる。

この頃から連邦レベルでの政策もあいまって、インターネットが急速に普及していく。一九九四年の全国調査では、公立図書館でインターネット端末を利用者に提供しているのは一二・七％であったが、一九九六年には二七・八％と倍増し、一九九七年では六〇・四％、一九九八年には七三・七％と飛躍的に高まっていく。(17) こうした動きをうけて、アメリカ図書館協会評議会は一九九六年に「図書館の権利宣言」の解説文「電子情報、サービス、ネットワークへのアクセス」を採択した。(18) この解説文は、電子情報やインターネット上の資料や情報に対する基本的立場を表明したもので、「表現の自由は人間の絶対的な権利であり、自治の土台」であると確認し、表現の自由は言論の自由を含み、「その当然の結果として情報を受け取る権利も含んでいる」と明言している。そして有料制については直接的に次のように記している。

図書館が直接的、間接的に提供する電子情報、サービス、ネットワークは、すべての図書館利用者が等しく、容易に、そして公平にアクセスできねばならない。アメリカ図書館協会の方針は、主に公費で支えられているあらゆる図書館や情報サービスについて、情報サービスの提供に有料制を用いることに反対している。

一九九六年の利用者用インターネット端末に関する全国調査によると、画像ＷＷＷを提供している公立図書館の三・六％が料金を徴収している。(19) ところが一九九八年調査になると、料金徴収にかかわる質問項目はすべて消失している。(20) これはインターネット端末の提供自体には有料制を導入していないことを意味する。料金が関係するのはプリントアウトの段階で、一九九八年に行われた公立図書館ホームページの調査によると、プリント一枚あたり五セントから五〇セントを徴収している館が二〇％ほど存在し、さらに一定の枚数以上を有料にする図書館もある。[21]

アメリカ公立図書館の場合、インターネットと関連して有料制論議が高まったとは思われない。少なくとも一九七〇年代後半から一九八〇年代のような白熱した論議はみられない。また有料制論議の内容自体も一九八〇年代で出尽くし、新たな論理は提出されていない。

アメリカの公立図書館は、利用者用インターネット端末の配置を無料かつ当然のサービスとして把握している。インターネット上の資料や情報が「図書館資料」か否かといった議論は、現在のアメリカ公立図書館思想からは論議の対象になりにくい。公立図書館を、形態を問わず資料や情報を提供する場、資料や情報が行き交うひろば、修正第一条が定める表現の自由を保障する機関と把握しているからである。そして住民に「アクセス」を保障するという場合、大学図書館などとは相違して、「アクセス」という語には住民の「権利」という概念が含まれていると思える。

（川崎良孝）

注

(1) 本節については以下を参照。川崎良孝「近代の図書館」（石井敦編『図書および図書館史』雄山閣　一九九〇）
川崎良孝『図書館の歴史　アメリカ編』増訂版（図書館員選書　三一）日本図書館協会　一九九五
森耕一『公立図書館原論』全国学校図書館協議会　一九八三

(2) 『一八五二年報告』については以下を参照。ジェシー・H・シェラ、川崎良孝訳『パブリック・ライブラリーの成立』日本図書館協会　一九八八　二九四～三一〇頁

(3) ベレルソン、ティーボート、バンフィールドについては以下を参照。川崎良孝「図書館調査と図書館サービス」（森耕一編著『図書館サービスの測定と評価』日本図書館協会　一九八五　六三〜六五頁）

(4) 有料制論議台頭の背景については以下を参照。川崎良孝「図書館サービスと有料制（1）〜（4）」『図書館界』三五巻（一九八四）二三六〜二四七頁、二九〇〜三〇四頁、三六巻（一九八四）六〇〜七一頁、一八一〜一九三頁
川崎良孝「アメリカ公立図書館と財政危機」『みんなの図書館』（一九八三年二月）三六〜五三頁

(5) 有料制の主張（そして間接的には無料原則の擁護）については、前掲「図書館サービスと有料制」で整理したが、一九八〇年代後半の議論も加味して要約した。一九七〇年代までは有料制に限定した本はなかったが、八〇年代には筆者が目を通した範囲でも、約一〇点ある。それらは以下のとおり。M. Drake, *User fees* (Libraries Unlimited, 1981); N. Van House, *Public library user fees* (Greenwood, 1983); "Fee-based information services...," *Drexel library quarterly*, vol.19(4), 1983 (entire issue); L. White, *The public library in the 1980s* (Lexington Books, 1983); "Fees for library service," *Collection building*, vol.8(1), 1986 (entire issue); B. Norton, *Charging for library and information services* (Library Associaton, 1988); B. Userwood, *The public library as public knowledge* (Library Association, 1989); D. Jones, ed., *The impact of charges to the public library service* (Library Association, 1988); P. Giacoma, *The fee or free decision* (Neal-Schuman, 1989)

(6) *ALA glossary of library terms* (Chicago, American Library Association, 1943) p.108
森耕一「公立図書館と私立図書館」（コンメンタール図書館法③）『図書館雑誌』八三巻九号（一九八九年九月）五八三頁

(7) IFLA, "The I.F.L.A. public libraries working paper" (in L. McColvin, *The chance to read*, London, Phoenix House, 1957) p.254, 260
ＩＦＬＡ公共図書館部会、長倉美恵子訳「公共図書館基準（一九七三年）」『現代の図書館』一二巻三号（一九七四年九月）九七頁

ＩＦＬＡ公共図書館分科会編、森耕一訳『公共図書館のガイドライン』日本図書館協会　一九八七　一七〜一八頁

(8) Library Association, "The case against charges," *Library Association record*, vol.81, 1979, p.433

(9) Office of Arts and Libraries, "Report by the Minister for the Arts on library and information matters during 1983" (quoted form Norton, *op. sit.*, p.7-8)

(10) Library Asociation, "Public and private sector relationships: LA guidelines," *Library Association record*, vol.89, 1987, p.142, 145

(11) "Members' day," *Library Association record*, vol.89, 1987, p.559-560

(12) U.K. Office of Arts and Libraries, *Financing our public library services* (London, HMSO, 1988)

(13) 石井五郎訳「イギリス一九六四年公立図書館・博物館法」『現代の図書館』六巻一号（一九六八年三月）一〜一〇頁

(14) American Library Association, *Intellectual freedom manual*, 2nd ed. (Chicago, American Library Association, 1983)

　アメリカ図書館協会知的自由部編纂、川崎良孝・川崎佳代子共訳『図書館の原則—図書館における知的自由マニュアル（第三版）』（図書館と自由　第一二集）日本図書館協会　一九九一　一六六頁

(15) *Newsletter on intellectual freedom*, March 1990, p.69

(16) 「情報へのアクセスと経済的障壁」（アメリカ図書館協会知的自由部編纂、川崎良孝・川崎佳代子共訳『図書館の原則（新版）—図書館における知的自由マニュアル（第五版）』（図書館と自由　第一五集）日本図書館協会　一九九七　九七〜九九頁

(17) 一九九四年、一九九六年全国調査については以下を参照。高鍬裕樹「アメリカ公立図書館ではどのようにインターネットを利用できるのか」『図書館界』四九巻四号（一九九七年一一月）二一二〜二三〇頁。一九九七年、一九九八年全国調査については以下のホームページを参照。John C. Bertot, etc., *The 1997 national survey of U.S. public libraries and the Internet: Final report*, 1997, available at http://research.umbc.edu/~bertot/ala97.html;

John C. Bertot, Charles R. McClure, *The 1998 national survey of U.S. public library outlet Internet connectivity: Final report*, 1998, available at http://istweb.syr.edu/~maclure/Finalsurvey-rev4-99.pdf

以下も参照。川崎良孝・高鍬裕樹『図書館・インターネット・知的自由』京都大学図書館情報学研究会　日本図書館協会（発売）二〇〇〇

(18) 「電子情報、サービス、ネットワークへのアクセス」『図書館の原則—図書館における知的自由マニュアル（第五版）』四〇二〜四〇五頁

(19) 高鍬裕樹　前掲論文　二一六頁

(20) Bertot　前掲調査（一九九八年）

(21) 川崎良孝・高鍬裕樹　前掲書　三二一〜三二三頁

六章　図書館の自由と図書館法

『図書館の自由と検閲』（A・J・アンダーソン著）の訳者・藤野幸雄は、「『図書館権利憲章』は法律ではないんです。従わねばならないものではありません。……この図書館では正しくて妥当な見解のみを反映させるよう主張するつもりです」という本文中の会話を引き、こういう反論に、現場をあずかる図書館員が今日にでも出会わないとは決して言えない（同書あとがき）と警告しているが、このところ一度ならずそのような経験をしている。『図書館の自由と検閲』の場合には、ジョン・バーチ協会に属する図書館理事が図書館長に言うのだが、日本の私の場合は、図書館長や図書館管理職の方から聞くのである。

「図書館の自由」を日常の言葉、図書館外の社会の言葉でも語ることが求められている。ここではそのことを念頭におき、一九九〇年代後半に新しい事例と論議が積み重ねられた資料提供とその制限（一九七九年改訂「図書館の自由に関する宣言」（以下「宣言」）第二―二）、及び利用者の秘密（「宣言」第三）について、論点の整理を試みる。

一　「図書館の自由」と法的保障への筋道

図書館をつくった自治体の住民が図書館資料の提供を受ける権利は、法的にどのように保障されると考えられるだろうか。

「図書館は、基本的人権のひとつとして知る自由をもつ国民に、資料と施設を提供することを、もっとも重要な任務とする」という一九七九年改訂「宣言」前文は、一九五四年「宣言」が掲げた「知る自由」の概念と、図書その他の資料を図書館によって入手できることを憲法上の国民の権利と位置づけた『中小都市における公共図書館の運営』の思想を次のように継承する。

知る自由は、表現の自由という「表現の送り手に対して保障されるべき自由と表裏一体をなすものであり、知る自由の保障があってこそ表現の自由は成立する」（前文副文）。そしてさらに、知る自由は「思想・良心の自由をはじめとして、いっさいの基本的人権と密接にかかわり、それらの保障を実現するための基礎的な要件である」。

1　知る自由を法的に確定した「閲読の自由」判決

憲法は読む・見る・聞くことを内容とする知る自由という文言を含まないが、一九八三年六月二二日に最高裁大法廷が出した「よど号乗っ取り事件」新聞記事抹消事件判決は、知る自由が、個人の自己実現と、思想の自由な流通という民主主義社会を支える基本的原理の実現に不可欠であると述べた上で、新聞、図書等の「閲読の自

内面的精神活動（内円）の自由と
外面的精神活動（外円）の自由との関係
（『憲法 1　人権』有斐閣，2000，p.120）

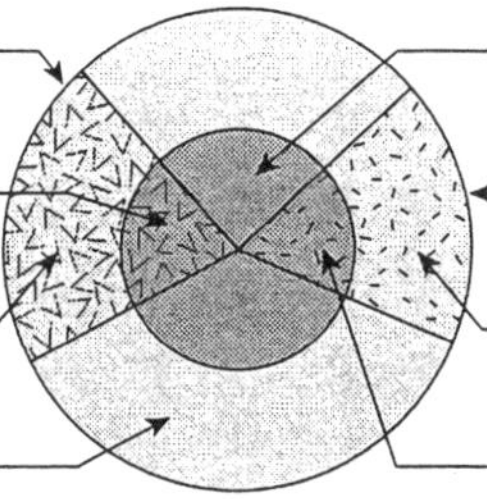

由」を憲法上の権利に位置づけた(1)。

判決が根拠として挙げる憲法条文は第二一条とともに「宣言」前文と同じく第一九条（思想及び良心の自由の不可侵）である。第一九条は人間の内面的精神活動の自由つまり「内心の自由」を保障している。読む・見る・聞くことを中心的契機とする内心の活動は、それを外部に掲げ、働きかける表現活動（外面的精神活動）の母胎であり、また両者は「内心」から「外面」へという時系列の関係にあるともいえる。上図はその関係を、憲法が保障する精神的活動の諸領域との関係とともに示したものである。判決は、「閲読の自由」が保障されるべきことは第一九条と第二一条の「派生原理」であるとしているが、読む自由をはじめとする知る自由は精神活動の周縁ではなく、源にあるものである。

なお判決は第一三条（生命、自由及び幸福追求に対する国民の権利）もその根拠として考えられると付言する。同条は憲法を社会変化に対応させるために「無名の権利」（例えばプライバシー権）を発展させる可能性を開放する、新しい権利の温床とされる。(2) この判決は、閲読の自由を契機として、知る自由が憲法上の権利であることを司法上の解釈として位置づけるものであった。

2　図書館の資料提供を受ける法的権利

①アメリカの先例・クライマー事件判決

アメリカのフィラデルフィアにある第三巡回区連邦控訴裁判所は一九九二年三月二三日に、四一歳のホームレス男性・クライマーがニューヨーク近郊の町モリスタウンの公立図書館を自由に利用する権利を主張して起こした裁判に判決を出した。ホームレスに悩まされたモリスタウン公立図書館は、図書館の目的を述べた上、「騒々しい行動や乱暴な行動、不必要な凝視、他者について回ること……歌や独り言、そのほか他者の妨害になる行動」をとる利用者を退館させることができるとする利用者行動規則をつくり、これを適用されたクライマーは規則が表現の自由を保障する連邦憲法修正第一条に違反して無効であると訴えていた。

判決は、まず、情報を受け取る権利は修正第一条に基づいて成立するとした。次に、公立図書館を利用（アクセス）する権利は、この情報を受け取る権利の中心的位置（quintessential locus）を占めると述べた。

なお利用者行動規則の憲法審査にあたっては、公立図書館の基本的性格は、公園や歩道など、そこにおいては集会や演説など表現の自由が最大限に保障される「伝統的パブリック・フォーラム」とはいえず、読書、調査、図書館資料の使用という「文字コミュニケーション」を目的とする意味の「制限的パブリック・フォーラム」であり、モリスタウンは当該規則でそのような図書館を選択的（任意）に設置運営していることを表明していると説いた上で、他の人が図書館で目的を達成することを妨げることを規制する当該規則とその適用に違憲性はないと原告の訴えを退けた。

アメリカの図書館界はこのクライマー事件判決を、アメリカ図書館協会（ＡＬＡ）の「図書館の権利宣言」の理念と実践を法的に認知し、公立図書館の存在意義を憲法の権利保障の枠組みに位置づけた画期的な事例とする。(3)

②わが国の状況——天皇コラージュ裁判と「政府言論」の壁

教育基本法は第七条（社会教育）で、国と地方自治体が教育目的を実現するために設置する施設として図書館、公民館等とともに博物館を例示し、博物館法は「……資料を収集し、保管し、展示して……一般公衆の利用に供」する等をその目的とする機関としている。そして地方教育行政の組織及び運営に関する法律は第三〇条で図書館、博物館を公民館、学校とともに「教育機関」とし、一般行政からの相対的独立性を与えている。（ちなみに、「閲読の自由」の根拠としては憲法第二一条をあげるだけで十分(4)とも言えようが、公立図書館が提供する「閲読」は、さらに憲法第二六条（すべて国民は……ひとしく教育を受ける権利を有する）にいう国民の教育権であり、それは教育基本法以下の教育法制によって国や自治体が具体的に保障する社会権である。(5)）

図書館と博物館はいわば兄弟の関係にある。

その博物館を住民らが利用する権利の存否と内容を争う、富山県立近代美術館の天皇コラージュの売却と図録の焼却をめぐる裁判が進行している。

この裁判のいくつかの争いの中で、住民らが県立近代美術館の規則に基づいて行った所蔵品・天皇コラージュの特別観覧申請を美術館が拒否し、住民らが国家賠償法第一条に基づいて損害賠償を求めていることについての司法判断が、図書館の閲覧等提供の法的位置づけと関連して注目される。

富山県立近代美術館条例は、県教育委員会の許可を受けて、展示または保管している美術品の学術研究等のために模写、模造、撮影等のための特別観覧ができると規定し、条例施行規則で特別観覧の七日前までに教育長に許可申請書を提出するよう定めている。原告らは作品を鑑賞する権利は憲法第二一条と第二六条に保障されていると主張した。一方、被告はそれは憲法上の権利ではなく、法的保護を受けるほどに成熟しない反射的利益にすぎず、当該作品は昭和天皇の肖像権・プライバシーを侵害するおそれがあり、公開によって作品が破壊される等の管理運営上の問題が予想されるので、非公開措置は美術館の裁量の範囲内であると主張した。

一九九八年一二月一六日、富山地裁は、原告らが所蔵作品を鑑賞することには憲法上の知る権利の保障がはたらき、条例に明記された特別観覧請求制度を憲法上の知る権利を具体化するものと捉えた。そして公権力が知る権利を制限することが許されるのは、表現の自由との場合と同様に精神的自由の優越的地位論を前提とすべきこととしたうえ、被告側が挙げた不許可処分の理由を厳格に審査して原告の訴えを認めると判決した。

しかし双方が控訴した裁判で、二〇〇〇年二月一六日、名古屋高裁金沢支部第一部は原審の富山県敗訴部分を取消す判決を出した。判決は、作品鑑賞に知る権利保障がはたらくかどうかについては述べず、特別観覧制度を定めた条例は「美術館の開設趣旨やその規定の仕方、内容に照らしても」憲法第二一条が保障する『知る権利』を具体化する趣旨の規定とまで解することは困難」と憲法論を遮断した上、特別観覧は地方自治法第二四四条第一項の公の施設の利用にあたるとした。美術館が所蔵作品を「一般公衆の利用に供する」機能は、国民の知る権利を保障する重要性を持つものでなく、「できるだけ公開して住民への便宜（サービス）を図るよう努め」るレベルのものであると判決は述べる。そして、これを不許可にする処分の理由としては「明らかな差し迫った危険の発生が具体的に予見される」（一審判決）という基準は厳格すぎるのであり、平穏な館内環境を保ち、作品を良好な状態に保つなどの館の管理運営に支障を生じる蓋然性（可能性）が認められることで不許可の理由としては十分であり、被告に違法性はないというものである。

一審判決についての論評は、特別観覧を憲法上の権利に位置づけたことを評価するとともに、その他の争点である美術館の天皇コラージュ売却、図録焼却に対する住民らの損害賠償請求について、憲法上の権利を具体化する法規がないとして棄却した部分についての批判と解明が試みられ(6)、次のような「政府言論」という馴染みのない議論が提起された。「伝統的法制度・法コンセプトからすれば、援助・助成というものは、受益的な管理作用に属するのであって、禁止・不許可を典型とする権力作用（『公権力の行使』）とは異なり、法の羈束を受ける度合いはいたって少ない、いわゆる『法から自由』な国家裁量であるという理解が、日本では今なお絶対的に支配している(7)」というものである。控訴審判決はこのような厳しい認識が現実のものであることを浮き彫りにした。

図書館が蔵書構成の原理に多様性を置くのに対し、美術館は「教育的配慮」に重心を置く（博物館法一条）。だが、そのような違いを越え、クライマー事件判決と天皇コラージュ裁判一審判決が示した道筋、すなわち自由権であるとともに社会権である知る自由を憲法上の国民の権利と位置づけること、次にそれを権利のレベルに止めず具体的権利として法的に実現するため、図書館法に基づく図書館の条例・規則に「宣言」が掲げる図書館の基本姿勢と運営の基本方針および収集・提供・保存の基準・方法についての規定を設けることの意義が浮かび上がる。

二　提供制限と憲法の「内在的制約」——「宣言」第二—一(1)をめぐって

1　提供制限の拡大傾向と「宣言」第二—一(1)

一九九七年七月に『フォーカス』が神戸少年連続殺傷事件の少年容疑者の実名・顔写真を掲載した問題以降、蔵書の提供制限を拡大する動きが見られる。[8] そして「宣言」第二—一(1)がその根拠にされている例もあるという。『図書館の自由に関する事例三三選』（図書館と自由　第一四集、日本図書館協会、一九九七年）は一九九一年までの主な事例をまとめているが、提供の自由に関する一三事例では差別問題にかかわる事例が九件にのぼる。「宣言」を再認識させ改訂のきっかけになった山口県立図書館問題（一九七三年）から七九年改訂、さらに解説文を改訂した八七年までの期間、差別とりわけ部落差別への取組みは地方自治体でクローズアップした課題で、地方選挙や政党の争いの焦点にもなり、各種の表現への追求が図書館の蔵書に直接間接に及んだ。

「宣言」第二「図書館は資料提供の自由を有する」は、副文として提供の自由の制限事由三項目を限定例示している。その一(1)「人権またはプライバシーを侵害するもの」という項目は、部落差別（後に身体障害者差別などを含むが）にかかわる出版物や表現について設けられたものである。「宣言」の解説（七九年改訂「宣言」に付され、八七年に改訂）は、七九年までの改訂作業において共通して念頭におかれたのが『部落地名総鑑』の事件であり、そういう資料が(1)の項目を適用する素材として考えられた、と説明している。『部落地名総鑑』は就職差別や結婚差別を意図して行われる身元調査のツールである。一(1)の「人権」とは不当に差別される人の人権であり、「プライバシー」は部落差別が横行する社会における被差別部落出身者の身元が考えられていたのである。

そのため、九〇年代に入って社会問題化したような出版・報道の「行き過ぎた商業主義」による人権・プライバシー侵害の問題は、一(1)の対象ではなく、わいせつ文書の確定判決を受けた資料についての一(2)の項目の対象として論議され、「なお、この項に名誉毀損の判決のあったもの、およびこれを理由とする公開拒否をも含めたいという論議があったが、事例が乏しいのでこれを除外した」[9]とされたのである。一(1)には(2)のわいせつ文書についての規定と異なり、司法判断によって憲法の保障外に置かれた資料という限定要件がない。これが拡大適用の理由の一つと考えられる。

また「宣言」解説は、被差別部落出身者個人の身元調査のツールとともに、部落解放運動として適当でない認識にたつ資料や、マスコミが言い換えの対象にする「差別語」を含む資料、また「さまざまな差別を温存したり助長したりするような内容の資料」についても「一定の制限はやむをえないことを基礎に、その範囲について社会的合意を形成していく努力のなかで、制限の基準や方法を具体的に探って行くことが必要である」と述べている。この説明のポイントが「社会的合意を形成していく努力」を図書館員に求めることにあるのは明瞭だが、提供制限をその前提とすると受けとめられてもやむを得ない説明であり、これも適用拡大の理由になっていると考えられる。[10]

2　憲法の「内在的制約」論

思想・良心という内面的な精神活動にはあらゆる制約が禁じられ、内面的な精神活動を外部に表現する外面的な精神活動には一定の制約はあり得る。しかし、外面的な精神活動の自由（表現の自由）は個人の人格的完成と民主主義の基本原理を支えるものであるから、経済的自由に対して「優越的な地位」にあり、社会的集団的目標の達成の観点から社会政策的制約を加えることは許されず、権利・自由相互の衝突を公平に調整するという観点からの内在的制約にのみ服する――以上が憲法研究の通説である。(11)

天皇コラージュ事件一審判決はこれに基づき、経済的自由を規制する場合より厳格な基準（違憲推定と二重の基準）をもって公開制限の規則とその適用を審査し、美術館が主張する利益が強力で重要で正当なものかを検証した。図書館の提供制限についても、内在的制約論の法理と審査方法が準用されるべきではないだろうか。

3　図書館の提供制限

図書館が「宣言」を踏まえて条例・規則類を整備する意義を先に述べたが、提供制限についても、規制を求めたり公開を求める利用者の苦情申立の扱いを含めた合理的規定を工夫して定めるべきであることが提起されている。一つは、名誉・プライバシーを侵害するとして頒布差止めの仮処分決定がなされ、被害者が図書館に対して決定書を送付して閲覧禁止を求めるという図書館が経験する初めての事例に遭遇した日本図書館協会（日図協）図書館の自由に関する調査委員会（自由委員会）の求めをきっかけに、民法研究の松本克美がまとめた論文「名誉プライバシー侵害図書の閲覧制限措置請求権について」（『早稲田法学』七四巻三号所収）であり、もう一つは福永正三の論文「図書館資料のなかの個人情報の保護」（『図書館界』五一巻三号所収）である。

松本は、司法がある表現に名誉・プライバシーはじめ人格権侵害の事実を認め、被害者が図書館にその判断を通知し、提供制限を求めてきたとき、その図書館には現在と将来にわたる侵害を避けるために、より制限的でない何らかの措置をとる義務が生じるのではないかと述べ、福永と大筋で論旨を共にする。日図協・自由委員会はこの「三要件」論をもって、人格権を侵害するとされる表現の提供を制限する場合に考慮されるべき内在的制約論の法理と審査方法を具体化するものと考え、提案している。(12)

なお、表現行為をした出版社等への被害者の請求と司法判断は、知る自由権を保障する図書館にそのまま適用されるべきではないことは、十分に注意されるべきである。なぜなら、出版社等への被害者の請求と司法判断は、実害の除去とともにペナルティーを含むものであり、ペナルティーは第三者である図書館に及ぼす性格のものではない。(13)また、問題となる事例では、出版社は予備知識のない人びとに大量の情報を頒布して人の人格を侵害する「世間の目」を形成するのだが、図書館の提供量ははるかに少なく、利用の多くは公共の事実に関する目的的なものと推測される。また、知る側の権利は、表現する側の権利の言わば陰にあり、法的に認識されにくいままで現在に至っている事情(14)も考慮されるべきである。

図書館が当該資料を提供することがどのような程度と態様の侵害をもたらすのかを見定めることが、まず必要である。

三　「宣言」第三（図書館は利用者の秘密を守る）の現在の課題

このテーマについては、図書館界はほぼ一致して学習を積み重ねてきた。経過と成果は前記『事例三三選』の八つの事例にまとめられている。

一九九五年七月の地下鉄サリン事件にかかわる国立国会図書館の利用記録押収の事例は、刑事訴訟法第二一八条に基づき裁判所が捜査当局の求めによって発した差押許可状（押収令状）によって行われたもので、令状による利用記録の押収は八六年五月の深川幼児誘拐殺人事件の捜査で同じ国会図書館に行われているが（『事例三三選』の第二四）、二年二か月間の利用者延べ五三万人分の利用申込書、資料請求票、資料複写申込書すべてが二か月にわたって押収された規模の大きさは突出しており、世論の反応も深刻だった。

日図協・自由委員会は調査報告をまとめ（「裁判所の令状に基づく図書館利用記録の押収」『図書館雑誌』八九巻一〇号所収）、刑事訴訟法研究の後藤昭教授を講師にセミナーを開き（「図書館利用者の秘密と犯罪捜査」『現代の図書館』三四巻一号所収）、問題と課題を論議した。

1　任意捜査への対応

捜査機関が公務所に対して行う刑事訴訟法第一九七条第二項に基づく照会について、図書館は経験を蓄積してきたが、その他、聞き込み（一九七条一項）、参考人取調べ（二二三条）、証拠の提出（二二一条）などの強制力のない任意捜査が強制捜査に先立って行われる。裁判所が捜査当局の令状請求を却下する率は〇・〇九％ときわめて稀で、捜査当局が自ら行う取り下げと合わせても一・一％という令状審査の実情では、警察が令状請求に進まないようにすることが大切である。したがって任意捜査の段階で、求められる利用記録と捜査の目的とが一致するかどうかを確認し、利用者の内心の自由にかかわるプライバシー情報である利用記録を「さぐり捜査」や「証拠漁り」に使うことの不当性を主張し、理解を求める対応が重要である。「令状を持ってきて下さい」と言うべきではない。

地下鉄サリン事件で国立国会図書館は、任意捜査の段階で、利用記録を提出することは国会職員法の守秘義務規定と「宣言」に基づいてできないと説明した。そのことが捜査と差押えをセットにする通常の令状でなく、捜索を認めず差押えだけを記載する令状に抑制させたという推測もできる。

2　強制捜査への対応

令状による捜索差押えのほかに、刑事訴訟法第九九条第二項による裁判所の証拠提出命令や証人尋問も強制力をもつ。報道機関は、正しい内容の報道を行うことが国民の「知る権利」に奉仕するものであり、報道の自由と取材の自由は表現の自由を規定した憲法第二一条の保障のもとにあると主張して、裁判所による取材フィルムの提出命令（博多駅事件）や捜査機関による取材ビデオテープの押収（TBSビデオテープ押収事件）に対し、抗告して争った。報道目的以外に取材フィルム等を利用させれば、取材先との信頼関係が損なわれ、結果として正しい内容の取材と報道に重大な支障をきたすという主張であり、免責を求める法改正の取組みも続けられている。[15] このような強制力が及んだ場合に図書館はどう対応するか、これらの先例を研究して備える必要がある。

3　個人情報保護条例と図書館の条例・規則のプライバシー保護条項

自治体の個人情報保護条例も任意捜査を拒否する根拠になる。山梨県はじめいくつかの報告は、個人情報保護条例に基づいて図書館利用記録への照会を拒否している。しかし一方、例えば川崎市の条例の取扱要領は、「外部提供」の一類型として「裁判所または捜査機関が法令に基づいて行う照会」を挙げ、これは提供の可否についで運営審議会の意見を聞く必要がないとされている。刑事訴訟法第一九七条第二項の理解のレベルに自治体や担当者によってばらつきがあり、さらに「官への厳格な規制」を緩める個人情報保護法制化の動向が危惧される状況もある。(16)

図書館がその条例・規則で「宣言」と「貸出業務へのコンピュータ導入に伴う個人情報の保護に関する基準」をふまえていれば、利用記録をめぐるトラブルが発生した際には、実務的運用方針が「宣言」と基準を具体化する効力を発揮し、図書館個別の個人情報保護制度として機能することになる。いわば一般法としての個人情報保護条例と特別法としての図書館独自の条例・規則の内容が重なることがあっても、特別法である図書館の条例・規則が優先適用され、方針・規定類とともに「宣言」の固有理念を貫徹することが保障されるのであり、その意義は大きい。(17)

（山家篤夫）

注

(1) 竹中勲「未決拘禁者の閲読の自由―よど号ハイジャック記事抹消事件」『別冊ジュリスト』一三〇号（一九九四年）三六〜三七頁

(2) 奥平康弘『憲法III』有斐閣　一九九三　一〇六頁

(3) 事件は連邦地裁に差し戻され、和解が成立した。クライマー事件を紹介する文献として、山本順一「公共図書館の利用をめぐって―クライマー事件を素材として」（『転換期における図書館の課題と歴史』緑蔭書房　一九九五　九九〜

一一一頁)、川崎良孝『図書館の自由とは何か―アメリカの事例と実践』(教育史料出版会　一九九六　八四～一〇一頁)がある。本文で判決文邦訳等は両論文によった。

(4) 竹中勲　前掲論文　三七頁

(5) 塩見昇『生涯学習と図書館』青木書店　一九九一　七〇～八二頁、永井憲一『憲法と教育基本法』新版　勁草書房　一九八五　二八八頁以下

(6) 池端忠司「美術館における作品鑑賞権・図録閲覧権と政府言論の統制」『ジュリスト』一一五二号(一九九九年)一六二～一六四頁

(7) 奥平康弘「芸術活動・作品鑑賞の自由を考える」『時の法令』一四五五号(一九九五年)四〇頁。奥平は、ニューヨーク市立ブルックリン美術館がジュリアーニ市長による展覧会計画変更要求を違憲として起こした訴訟等を紹介し、本件の作品非公開の契機である作品内容批判と右翼の圧力(政治イデオロギーと暴力の威嚇)について二審判決はほとんど司法判断を行わなかったことを批判する。(「〝自由〟と不連続関係の文化と、〝自由〟と折合いをつけることが求められる文化―最近の美術館運営問題を素材にして(上)(中)(下)」『法学セミナー』五四七～五四九号(二〇〇〇年)

(8) 例えば、「群馬県立図書館資料提供制限要綱」(一九九八年四月一日施行)(『図書館年鑑　一九九九』日本図書館協会　一九九九　三六一頁)。同要綱は、「法令に違反していると認められるとき」など、「提供しないことができる」蔵書類型を列挙している。全て法は何らかの利益を表現するが、憲法はそれが容認する特別の法以外に表現の自由を制約する根拠として認めない。「法律の留保」によっていかようにも表現の自由を規制した明治憲法を引き合いに出すまでもない。⑾も参照。

(9) 『「図書館の自由に関する宣言　一九七九年改訂」解説』日本図書館協会　一九八七　二六頁

⑽ 本文では一九八七年に刊行された『「図書館の自由に関する宣言　一九七九年改訂」解説』を引用したが、一九七九年刊行の『解説』には「一定の制限はやむをえないことを基礎に」という文言はない。

(11) 奥平康弘　前掲書　一八七〜一八九頁。ただ、わいせつ文書頒布（刑法一七五条）、犯罪の煽動（破防法三九条・四〇条、国税犯則取締法二二条一項など）、秘密情報の保護（国家公務員法一〇〇条一項、一〇九条一二号など）という表現内容そのものに着目して行われる表現規制の法があり、当然これらは「二重の基準」がかぶってくる領域にあるが、学説・判例とも、それらの合意性基礎論にはあまり真剣にエネルギーを注いではいない。

(12) 山家篤夫「資料の提供と図書館の自由をどのように考えるか」『図書館雑誌』九二巻一〇号（一九九八年一〇月）八四四〜八四六頁

(13) 山家篤夫、前掲論文で紹介している『フライデー』肖像権侵害事件で、一審東京地裁一九八九・六・二三判決、控訴審東京高裁一九九〇・七・二四判決とも原告の損害賠償請求を認めたものの、民法七二三条「名誉を回復するに適当なる措置」に基づき、判決内容を記したメモの貼付を被告が図書館に依頼することを求める請求は棄却した（『判例タイムズ』七一三号、『判例時報』一三五六号）。

同様の請求を柳美里著『石に泳ぐ魚』事件東京地裁一九九九・六・二二判決（『判例時報』一六九一号）も退けている。

(14) 奥平康弘『表現の自由とはなにか』（中公新書）中央公論社　一九七〇　一一二〜一一三頁

(15) 飯室勝彦『客観報道の裏側』現代書館　一九九七　一二一〜一三一頁

(16) 田島泰彦「個人情報保護制度をどう構想するか」『法律時報』七二巻一〇号（二〇〇〇年）六頁

(17) 山本順一「個人情報保護制度と図書館利用者の秘密―全国アンケートの結果から考える(3)」『図書館雑誌』九〇巻七号（一九九六年七月）五〇六〜五〇八頁

資料

図書館法五〇年の変遷

松岡　要　編

図書館法

昭和二五年四月三〇日　法律第一一八号
最終改正　平成一一年一二月二二日　法律第一六〇号

第一章　総　則

（この法律の目的）

第一条　この法律は、社会教育法（昭和二十四年法律第二百七号）の精神に基き、図書館の設置及び運営に関して必要な事項を定め、その健全な発達を図り、もつて国民の教育と文化の発展に寄与することを目的とする。

（定義）

第二条　この法律において「図書館」とは、図書、記録その他必要な資料を収集し、整理し、保存して、一般公衆の利用に供し、その教養、調査研究、レクリエーション等に資することを目的とする施設で、地方公共団体、日本赤十字社又は民法（明治二十九年法律第八十九号）第三十四条の法人が設置するもの（学校に附属する図書館又は図書室を除く。）をいう。

2　前項の図書館のうち、地方公共団体の設置する図書館を公立図書館といい、日本赤十字社又は民法第三十四条の法人の設置する図書館を私立図書館という。

［一部改正＝昭和二七年八月法律三〇五号］

（図書館奉仕）

第三条　図書館は、図書館奉仕のため、土地の事情及び一般公衆の希望にそい、更に学校教育を援助し得るように留意し、おおむね左の各号に掲げる事項の実施に努めなければならない。
一　郷土資料、地方行政資料、美術品、レコード、フイルムの収集にも十分留意して、図書、記録、視覚聴覚教育の資料その他必要な資料（以下「図書館資料」という。）を収集し、一般公衆の利用に供すること。
二　図書館資料の分類排列を適切にし、及びその目録を整備すること。
三　図書館の職員が図書館資料について十分な知識を持ち、その利用のための相談に応ずるようにすること。
四　他の図書館、国立国会図書館、地方公共団体の議会に附置する図書室及び学校に附属する図書館又は図書室と緊密に連絡し、協力し、図書館資料の相互貸借を行うこと。
五　分館、閲覧所、配本所等を設置し、及び自動車文庫、貸出文庫の巡回を行うこと。
六　読書会、研究会、鑑賞会、映写会、資料展示会等を主催し、及びその奨励を行うこと。
七　時事に関する情報及び参考資料を紹介し、及び提供すること。
八　学校、博物館、公民館、研究所等と緊密に連絡し、協力すること。

（司書及び司書補）

第四条　図書館に置かれる専門的職員を司書及び司書補と称する。
2　司書は、図書館の専門的事務に従事する。
3　司書補は、司書の職務を助ける。

（司書及び司書補の資格）

第五条　左の各号の一に該当する者は、司書となる資格を有する。
一　大学又は高等専門学校を卒業した者で第六条の規定による司書の講習を修了したもの
二　大学を卒業した者で大学において図書館に関する科目を履修したもの

三　三年以上司書補（国立国会図書館又は大学若しくは高等専門学校の附属図書館の職員で司書補に相当するものを含む。）として勤務した経験を有する者で第六条の規定による司書の講習を修了したもの

2　次の各号のいずれかに該当する者は、司書補となる資格を有する。

一　司書の資格を有する者

二　高等学校若しくは中等教育学校を卒業した者又は高等専門学校第三学年を修了した者で第六条の規定による司書補の講習を修了したもの

［一部改正＝昭和三六年六月法律一四五号、平成一〇年六月法律一〇一号］

（司書及び司書補の講習）

第六条　司書及び司書補の講習は、大学が、文部科学大臣の委嘱を受けて行う。

2　司書及び司書補の講習に関し、履修すべき科目、単位その他必要な事項は、文部科学省令で定める。ただし、その履修すべき単位数は、十五単位を下ることができない。

［一部改正＝昭和二七年六月法律一八五号、平成一一年一二月法律一六〇号］

第七条　削除［昭和三一年六月法律一六三号］

（協力の依頼）

第八条　都道府県の教育委員会は、当該都道府県内の図書館奉仕を促進するために、市（特別区を含む。以下同じ。）町村の教育委員会に対し、総合目録の作製、貸出文庫の巡回、図書館資料の相互貸借等に関して協力を求めることができる。

［一部改正＝昭和三一年六月法律一六三号］

（公の出版物の収集）

第九条　政府は、都道府県の設置する図書館に対し、官報その他一般公衆に対するこう報の用に供せられる印刷局発行の刊行物を二部提供するものとする。
2　国及び地方公共団体の機関は、公立図書館の求めに応じ、これに対して、それぞれの発行する刊行物その他の資料を無償で提供することができる。
［一部改正＝昭和二七年七月法律二七〇号］

第二章　公立図書館

（設置）
第十条　公立図書館の設置に関する事項は、当該図書館を設置する地方公共団体の条例で定めなければならない。
［第二項削除＝昭和三一年六月法律一六三号］
第十一条及び第十二条　削除［第一一条＝昭和四二年八月法律一二〇号、第一二条＝昭和六〇年七月法律九〇号］
（職員）
第十三条　公立図書館に館長並びに当該図書館を設置する地方公共団体の教育委員会が必要と認める専門的職員、事務職員及び技術職員を置く。
2　館長は、館務を掌理し、所属職員を監督して、図書館奉仕の機能の達成に努めなければならない。
［一部改正＝昭和三一年六月法律一四八号、昭和三六年六月法律一四五号、昭和三七年五月法律一三三号、第三項削除＝平成一一年七月法律八七号］
（図書館協議会）
第十四条　公立図書館に図書館協議会を置くことができる。
2　図書館協議会は、図書館の運営に関し館長の諮問に応ずるとともに、図書館の行う図書館奉仕につき、館長に対して意見を述べる機関とする。

第十五条　図書館協議会の委員は、学校教育及び社会教育の関係者並びに学識経験のある者の中から、教育委員会が任命する。

〔一部改正・一号～五号削除＝平成一一年七月法律八七号〕

第十六条　図書館協議会の設置、その委員の定数、任期その他必要な事項については、当該図書館を設置する地方公共団体の条例で定めなければならない。

〔第二項削除・第三項繰上＝昭和三一年六月法律一六三号、一部改正＝昭和三四年四月法律一五八号、第二項削除＝平成一一年七月法律八七号〕

（入館料等）

第十七条　公立図書館は、入館料その他図書館資料の利用に対するいかなる対価をも徴収してはならない。

（公立図書館の基準）

第十八条　文部科学大臣は、図書館の健全な発達を図るために、公立図書館の設置及び運営上望ましい基準を定め、これを教育委員会に提示するとともに一般公衆に対して示すものとする。

〔一部改正＝平成一一年一二月法律一六〇号〕

第十九条　削除〔平成一一年七月法律八七号〕

（図書館の補助）

第二十条　国は、図書館を設置する地方公共団体に対し、予算の範囲内において、図書館の施設、設備に要する経費その他必要な経費の一部を補助することができる。

2　前項の補助金の交付に関し必要な事項は、政令で定める。

〔全部改正＝昭和三四年四月法律一五八号〕

第二十一条及び第二十二条　削除〔第二一条＝平成一一年七月法律八七号、第二二条＝昭和三四年四月法律一五八号〕

第二十三条　国は、第二十条の規定による補助金の交付をした場合において、左の各号の一に該当するときは、当該年度におけるその後の補助金の交付をやめるとともに、既に交付した当該年度の補助金を返還させなければならない。

一　図書館がこの法律の規定に違反したとき。

二　地方公共団体が補助金の交付の条件に違反したとき。

三　地方公共団体が虚偽の方法で補助金の交付を受けたとき。

第三章　私立図書館

第二十四条　削除〔昭和四二年八月法律一二〇号〕

（都道府県の教育委員会との関係）

第二十五条　都道府県の教育委員会は、私立図書館に対し、指導資料の作製及び調査研究のために必要な報告を求めることができる。

2　都道府県の教育委員会は、私立図書館に対し、その求めに応じて、私立図書館の設置及び運営に関して、専門的、技術的の指導又は助言を与えることができる。

〔第二項追加＝昭和三一年六月法律一六三号〕

（国及び地方公共団体との関係）

第二十六条　国及び地方公共団体は、私立図書館の事業に干渉を加え、又は図書館を設置する法人に対し、補助金を交付してはならない。

第二十七条　国及び地方公共団体は、私立図書館に対し、その求めに応じて、必要な物資の確保につき、援助を与えることができる。

（入館料等）

第二十八条　私立図書館は、入館料その他図書館資料の利用に対する対価を徴収することができる。

（図書館同種施設）

第二十九条　図書館と同種の施設は、何人もこれを設置することができる。

2　第二十五条第二項の規定は、前項の施設について準用する。

［一部改正＝昭和三一年六月法律一六三号］

附　則

1　この法律は、公布の日から起算して三月を経過した日［昭和二五年七月三〇日］から施行する。但し、第十七条の規定は、昭和二十六年四月一日から施行する。

2　図書館令（昭和八年勅令第百七十四号）、公立図書館職員令（昭和八年勅令第百七十五号）及び公立図書館司書検定試験規程（昭和十一年文部省令第十八号）は、廃止する。

3　この法律施行の際、現に都道府県又は五大市の設置する図書館の館長である者及び五大市以外の市の設置する図書館の館長である者は、第十三条第三項の規定にかかわらず、この法律施行後五年間は、それぞれ都道府県若しくは五大市の設置する図書館の館長又は五大市以外の市の設置する図書館の館長となる資格を有するものとする。

4　この法律施行の際、現に公立図書館、旧図書館令第四条若しくは第五条の規定により設置された図書館、国立国会図書館又は学校に附属する図書館において館長若しくは司書又は司書補の職務に相当する職務に従事する職員（大学以外の学校に附属する図書館の職員にあつては、教育職員免許法（昭和二十四年法律第百四十七号）第四条に規定する普通免許状若しくは仮免許状を有する者又は教育職員免許法施行法（昭和二十四年法律第百四十八号）第一条の規定により普通免許状若しくは仮免許状を有するものとみなされる者に限る。）は、第五条の規定にかかわらず、この法律施行後五年間は、それぞれ司書又は司書補となる資格を有するものとする。

〔一部改正＝昭和二七年六月法律一八五号〕

5　この法律施行の際、現に公立図書館又は私立図書館において館長、司書又は司書補の職務に相当する職務に従事する職員は、別に辞令を発せられない限り、それぞれ館長、司書又は司書補となつたものとする。

6　第四項の規定により司書又は司書補となる資格を有する者は、この法律施行後五年間に第六条の規定による司書又は司書補の講習を受けた場合においては、この法律施行後五年を経過した日以後においても、第五条の規定にかかわらず、司書又は司書補となる資格を有するものとする。但し、第四項の規定により司書補となる資格を有する者（大学を卒業した者を除く。）が司書の講習を受けた場合においては、第五条第一項第三号の規定の適用があるものとする。

7　旧図書館職員養成所を卒業した者は、第五条の規定にかかわらず、司書となる資格を有するものとする。

〔一部改正＝昭和四〇年三月法律一五号〕

8　旧国立図書館附属図書館職員養成所又は旧文部省図書館講習所を卒業した者及び旧公立図書館司書検定試験規程による検定試験に合格した者は、第六条の規定による司書の講習を受けた場合においては、第五条の規定にかかわらず、司書となる資格を有するものとする。

9　教育委員会は、この法律施行後三年間に限り、公立図書館の館長となる資格を有する者が得られないときは、図書館に関し学識経験のある者のうちから、館長を任命することができる。但し、その者は、当該期間内に公立図書館の館長となる資格が得られない限り、この法律施行後三年を経過した日以後は、館長として在任することができない。

10　第二条第一項、第三条及び第十五条の学校には学校教育法（昭和二十二年法律第二十六号）第九十八条の従前の規定による学校を、第五条第一項並びに附則第四項及び第六項の大学には旧大学令（大正七年勅令第三百八十八号）、旧高等学校令（大正七年勅令第三百八十九号）、旧専門学校令（明治三十六年勅令第六十一号）又は旧教員養成諸学校官制（昭和二十一年勅令第二百八号）の規定による大学、大学予科、高等学校高等科、専門学校及び教員養成諸学校並びに文部省令で定めるこれらの学校に準ずる学校を、第五条第二項の高等学校には、旧中等学校令（昭和十八年勅令第三十六号）、旧高等学校令又は旧青年学校令（昭和十四年勅令第二百五十四号）の規定による中等学校、高等学校尋常科及び青年学校本科並びに文部科学省令で定めるこれらの学校に準ずる学校を含むものとする。

〔一部改正＝平成一一年一二月法律一六〇号〕

11　この法律施行の際、現に市町村の設置する図書館に勤務する職員で地方自治法（昭和二十二年法律第六十七号）施行の際官吏であつたものは、別に辞令を発せられない限り、当該図書館を設置する市町村の職員に任命されたものとする。

〔一部改正＝平成一一年七月法律八七号〕

12　この法律施行の際、現に教育委員会の置かれていない市町村にあつては、教育委員会が設置されるまでの間、第七条、第八条、第十三条第一項、第十五条、第十八条及び附則第九項中「市（特別区を含む。以下同じ。）町村の教育委員会」、「市町村の教育委員会」又は「教育委員会」とあるのは、「市町村長」と読み替えるものとする。

13　文部省設置法（昭和二十四年法律第百四十六号）の一部を次のように改正する。
附則第十四項中「別に図書館に関して規定する法律が制定施行されるまで、」を「当分の間、」に改める。

図書館法施行令

昭和二五年九月二〇日　政令第二九三号
全部改正　昭和三四年四月三〇日　政令第一五八号

図書館法第二十条第一項に規定する図書館の施設、設備に要する経費の範囲は、次に掲げるものとする。
一　施設費　施設の建築に要する本工事費、附帯工事費及び事務費
二　設備費　図書館に備え付ける図書館資料及びその利用のための器材器具の購入に要する経費

附　則

この政令は、公布の日から施行する。

図書館法施行規則

昭和二五年九月六日　文部省令第二七号
最終改正　平成一二年一〇月三一日　文部省令第五三号

第一章　司書及び司書補の講習

第一条　図書館法（以下「法」という。）第六条に規定する司書及び司書補の講習については、この章の定めるところによる。

第二条　司書の講習を受けることができる者は、左の各号の一に該当するものとする。

一　大学に二年以上在学して、六十二単位以上を修得した者又は高等専門学校若しくは法附則第十項の規定により大学に含まれる学校を卒業した者

二　二年以上司書補（国立国会図書館又は大学若しくは高等専門学校の附属図書館の職員で司書補に相当するものを含む。）として勤務した経験を有する者

三　法附則第八項の規定に該当する者

〔一部改正＝昭和四三年三月文部省令五号〕

第三条　司書補の講習を受けることができる者は、高等学校、中等教育学校若しくは法附則第十項の規定により高等学校に含まれる学校を卒業した者又は高等専門学校第三学年を修了した者とする。

〔全部改正＝昭和四三年三月文部省令五号、一部改正＝平成一〇年一一月文部省令三八号〕

第四条　司書の講習において司書となる資格を得ようとする者は、次の表の甲群に掲げるすべての科目及び乙群に掲げる科目のうち二以上の科目について、それぞれ単位数の欄に掲げる単位を修得しなければならない。

群	科目	単位数
	生涯学習概論	一
	図書館概論	二
	図書館経営論	一

甲群	図書館サービス論	二
	情報サービス概説	二
	レファレンスサービス演習	一
	情報検索演習	一
	図書館資料論	二
	専門資料論	一
	資料組織概説	二
	資料組織演習	二
	児童サービス論	一
乙群	図書及び図書館史	一
	資料特論	一
	コミュニケーション論	一
	情報機器論	一
	図書館特論	一

2　司書の講習を受ける者がすでに大学（法附則第十項の規定により大学に含まれる学校を含む。）において修得した科目の単位であつて、前項の科目の単位に相当するものとして文部科学大臣が認めたものは、これをもつて前項の規定により修得した科目の単位とみなす。

3　文部科学大臣が別に定めるところにより、司書の講習を受ける者が、第一項の科目の単位の修得に相当する勤務経験又は資格等を有する場合には、これをもつて前項のこれに相当する科目の単位を修得したものとみなす。

〔全部改正＝昭和四三年三月文部省令五号、一部改正＝平成八年八月文部省令二七号、平成一二年一〇月文部省令五三号〕

第五条　司書補の講習において司書補となる資格を得ようとする者は、次の表に掲げるすべての科目について、それぞれ単位数の欄に掲げる単位を修得しなければならない。

科目	単位数
生涯学習概論	一
図書館の基礎	二
図書館サービスの基礎	二
レファレンスサービス	一
レファレンス資料の解題	一
情報検索サービス	一
図書館の資料	二
資料の整理	二
資料の整理演習	一
児童サービスの基礎	一
図書館特論	一

2　文部科学大臣が別に定めるところにより、司書補の講習を受ける者が、前項の科目の単位の修得に相当する

勤務経験又は資格等を有する場合には、これをもつて前項のこれに相当する科目の単位を修得したものとみなす。

［一部改正＝平成八年八月文部省令二七号、平成一二年一〇月文部省令五三号］

第六条　この章における単位の計算方法は、大学設置基準（昭和三十一年文部省令第二十八号）第二十一条第二項に定める基準によるものとする。

［一部改正＝平成三年六月文部省令三三号］

第七条　単位修得の認定は、講習を行う大学が、試験、論文、報告書その他による成績審査に合格した受講者に対して行う。

第八条　講習を行う大学の長は、第四条又は第五条の規定により、司書の講習又は司書補の講習について、所定の単位を修得した者に対して、それぞれ修了証書を与えるものとする。

2　講習を行う大学の長は、前項の規定により修了証書を与えたときは、修了者の氏名等を文部科学大臣に報告しなければならない。

［一部改正＝昭和四三年三月文部省令五号、平成八年八月文部省令二七号、平成一二年一〇月文部省令五三号］

第九条　受講者の人数、選定の方法及び講習の期間その他講習実施の細目については、毎年官報で公告する。但し、特別の事情がある場合には、適宜な方法によつて公示するものとする。

［一部改正＝昭和二九年六月文部省令一三号］

［第二章　公立図書館の最低基準（第一〇条〜第二〇条）　削除（平成一二年二月文部省令六号）］

第三章　準ずる学校

第十条　法附則第十項の規定による大学に準ずる学校は、左の各号に掲げるものとする。

一　大正七年旧文部省令第三号第二条第二号により指定した学校
二　その他文部科学大臣が大学と同程度以上と認めた学校
〔一部改正＝平成一二年二月文部省令六号、平成一二年一〇月文部省令五三号〕
第十一条　法附則第十項の規定による高等学校に準ずる学校は、左の各号に掲げるものとする。
一　旧師範教育令（明治三十年勅令第三百四十六号）の規定による師範学校
二　旧青年学校教員養成所令（昭和十年勅令第四十七号）の規定による青年学校教員養成所
三　旧専門学校入学者検定規程（大正十二年文部省令第二十二号）第十一条の規定により指定した学校
四　大正七年旧文部省令第三号第一条第五号により指定した学校
五　その他文部科学大臣が高等学校と同程度以上と認めた学校
〔一部改正＝平成一二年二月文部省令六号、平成一二年一〇月文部省令五三号〕

附　則

この省令は、公布の日から施行する。

〔第二項改正＝昭和二九年六月文部省令一三号、第四項改正＝昭和三一年九月文部省令二四号、第二～第四項改正＝昭和四三年三月文部省令五号、第二項削除＝平成一二年二月文部省令六号〕

図書館法改正の変遷

一九七〇年に日本図書館協会から復刻された『図書館法』(西崎恵著)の巻末には、「図書館法二十年の変遷」(文部省・工藤智規)が付されている。法制定後二〇年を経た時点で図書館法令の法文上の変遷を整理したものである。本稿は、法制定後五〇年を過ぎた今日、これに倣い一覧できる資料を提供することは意義があると考え、作業したものである。図書館法、同施行令、同施行規則について、制定・公布当時の『官報』または『法令全書』により原文を確かめて整理した。[ ]は解説。

1. 図書館法 (昭和二五[一九五〇]年四月三〇日 法律第一一八号)

○昭和二七[一九五二]年六月一二日 法律第一八五号 図書館法の一部を改正する法律

図書館法(昭和二十五年法律第百十八号)の一部を次のように改正する。

第六条第一項中「教育学部又は学芸学部を有する大学が、」を「大学が、」に改める。

附則第四項中「大学の附属図書館」を「学校に附属する図書館」に改め、「職員」の下に「(大学以外の学校に附属する図書館の職員にあつては、教育職員免許法(昭和二十四年法律第百四十七号)第四条に規定する普通免許状若しくは仮免許状を有する者又は教育職員免許法施行法(昭和二十四年法律第百四十八号)第一条の規定により普通免許状若しくは仮免許状を有するものとみなされる者に限る。）」を加える。

［改正の第一は、文部大臣の司書講習委嘱大学の範囲を拡大するものである。「図書館に関する科目」は、教育学部や学芸学部よりも文学部に属することが多い実状にあることに即した措置である。日本図書館協会有山崧事務局長が『図書館雑誌』一九五一年一月号でも提唱していた。

改正の第二は、司書および司書補の暫定有資格者の範囲拡大である。教諭免許状を有する者、教諭免許状を有するものとみなされる者に拡大することにより、学校図書館の発展に資するという意図があった。］

○昭和二七［一九五二］年七月三一日　法律第二七〇号　大蔵省設置法の一部を改正する法律等の施行に伴う関係法令の整理に関する法律

（図書館法の一部改正）

第二十四条　図書館法（昭和二十五年法律第百十八号）の一部を次のように改正する。

第九条第一項中「印刷庁」を「印刷局」に改める。

［大蔵省の組織変更によるもの。］

○昭和二七［一九五二］年八月一四日　法律第三〇五号　日本赤十字社法

（図書館法の一部改正）

附則第十八項　図書館法の一部を次のように改正する。

第二條第一項中「地方公共団体」の下に「、日本赤十字社」を加え、同條第二項中「民法第三十四條の法人」を「日本赤十字社又は民法第三十四條の法人」に改める。

［日本赤十字社法の制定・公布によるもの。］

○昭和三一［一九五六］年六月一二日　法律第一四八号　地方自治法の一部を改正する法律の施行に伴う関係法律の整理に関する法律

（図書館法及び公共土木施設災害復旧事業費国庫負担法の一部改正）

第四十五条　次に掲げる法律の規定中「第百五十五条第二項の市」を「第二百五十二条の十九第一項の市」に改める。

一　図書館法（昭和二十五年法律第百十八号）第十三条第三項

［地方自治法の大都市に関する規定の改正に伴う措置。］

○昭和三一［一九五六］年六月三〇日　法律第一六三号　地方教育行政の組織及び運営に関する法律の施行に伴う関係法律の整理に関する法律

（図書館法の一部改正）

第八条　図書館法（昭和二十五年法律第百十八号）の一部を次のように改正する。

第七条を次のように改める。

第七条　削除

第八条中「市町村」を「市（特別区を含む。以下同じ。）町村」に改める。

第十条第二項を削る。

第十六条第二項を削り、同条第三項を同条第二項とする。

第二十五条に次の一項を加える。

2　都道府県の教育委員会は、私立図書館に対し、その求めに応じて、私立図書館の設置及び運営に関して、専門的、技術的の指導又は助言を与えることができる。

第二十九条第二項中「第七条」を「第二十五条第二項」に改める。

[教育委員会法の廃止と地方教育行政の組織及び運営に関する法律の施行による教育委員会の権能の変更に伴う措置。ちなみに、改正前の条文は次のとおり。

（指導、助言）

第七条　文部大臣は、都道府県の教育委員会に対し、都道府県の教育委員会は、市（特別区を含む。以下同じ。）町村の教育委員会及び私立図書館に対し、その求めに応じて、図書館の設置及び運営に関して、専門的技術的指導又は助言を与えることができる。

第十条　2　前項の条例に関する議案の作成及び提出については、教育委員会法（昭和二十三年法律第百七十号）第六十一条に規定する事件の例による。

第十六条　2　第十条第二項の規定は、前項の条例について、準用する。]

○昭和三四［一九五九］年四月三〇日　法律第一五八号　社会教育法等の一部を改正する法律

（図書館法の一部改正）

第二条　図書館法（昭和二十五年法律第百十八号）の一部を次のように改正する。

第十六条第二項中「並びに第十九条」を削る。

第二十条を次のように改める。

（図書館の補助）

第二十条　国は、図書館を設置する地方公共団体に対し、予算の範囲内において、図書館の施設、設備に要する経費その他必要な経費の一部を補助することができる。

2　前項の補助金の交付に関し必要な事項は、政令で定める。

第二十二条を次のように改める。

第二十二条　削除

［改正の第一は、図書館協議会委員に準用されていた社会教育委員に対する実費弁償の規定が、社会教育法の改正により削除されたための措置である。

改正の第二は、国庫補助金の規定である。既に図書館法による国庫補助金交付については、補助金等の臨時特例等に関する法律（一九五四（昭和二九）年五月二八日法律第一二九号）により、次のような措置がされていた。

（図書館法に基く補助の特例）

第三条　公立図書館に関する国の補助については、図書館法（昭和二十五年法律第百十八号）第二十条及び第二十二条（公立図書館に対する補助その他の援助）の規定によらず、次項及び第三項に定めるところによる。

2　国は、図書館を設置する地方公共団体に対し、予算の範囲内において、左に掲げる経費について、その一部を補助することができる。

一　図書館の施設に要する経費

二　図書館に備え付ける図書館資料その他の設備に要する経費

3　前項の経費の範囲その他補助金の交付に関し必要な事項は、政令で定める。

そして同法施行令（昭和二九年六月一〇日　政令）で、範囲、手続き等を定めた。これは単年度限りの時限立法の予定であったが、実際には一九五四年度まで続き、これが本格化したものである。補助金の性格の大きな変更である。改正前の条文は次のとおり。なお、法律の公布と同時に全部改正の図書館法施行令が公布された。

（公立図書館に対する補助その他の援助）

第二十条　国は、図書館を設置する地方公共団体に対し予算の定めるところに従い、その設置及び運営に要する経費について補助金を交付し、その他必要な援助を行う。

第二十二条　第二十条の規定による補助金の交付は、図書館を設置する地方公共団体の各年度における図書館に備えつける図書館資料に要する経費等の前年度における精算額を勘案して行うものとする。

2　前項の経費の範囲及び補助金交付の手続に関し必要な事項は、政令で定める。〕

○昭和三六［一九五二］年六月一七日　法律第一四五号　学校教育法の一部を改正する法律の施行に伴う関係法律の整理に関する法律

（図書館法の一部改正）

第十八条　図書館法（昭和二十五年法律第百十八号）の一部を次のように改正する。

第五条第一項第一号中「大学」の下に「又は高等専門学校」を加え、同項第三号中「大学」の下に「若しくは高等専門学校」を加え、同条第二項第二号中「卒業した者」の下に「又は高等専門学校第三学年を修了した者」を加える。

第十三条第三項中「大学」の下に「若しくは高等専門学校」を加える。

〔高等専門学校制度の創設に伴う措置。〕

○昭和三七［一九六二］年五月一五日　法律第一三三号　地方自治法の一部を改正する法律
（図書館法の一部改正）

附則第十二項　図書館法（昭和二十五年法律第百十八号）の一部を次のように改正する。

第十三条第三項ただし書中「市（以下「五大市」という。）」を「指定都市（以下「指定都市」という。）」に、「五大市以外の市」を「指定都市以外の市」に改める。

［大都市制度の変更に伴う措置。］

○昭和四〇［一九六五］年三月三一日　法律第一五号　国立学校設置法等の一部を改正する法律
附則第三項　図書館法（昭和二十五年法律第百十八号）の一部を次のように改正する。

附則第七項中「図書館職員養成所」を「旧図書館職員養成所」に改める。

［図書館職員養成所の廃止に伴う措置。］

○昭和四二［一九六七］年八月一日　法律第一二〇号　許可、認可等の整理に関する法律
（図書館法の一部改正）
第十一条　図書館法（昭和二十五年法律第百十八号）の一部を次のように改正する。
第十一条を次のように改め、同条の前の見出しを第十二条の見出しとする。
第十一条　削除
第二十四条を次のように改める。
第二十四条　削除

［図書館の設置または廃止等については、報告または届出する規定があったが、許認可事務の整理により廃止された。改正前の条文は次のとおり。

（報告）

第十一条　市町村は、図書館を設置し、廃止し、又はその設置者を変更したときは、その旨を都道府県の教育委員会に報告しなければならない。

2　前項の報告に関し必要な事項は、都道府県の教育委員会の規則で定める。

（届出）

第二十四条　図書館を設置しようとする法人又は設置する法人は、図書館を設置し、又は廃止し、若しくは設置者を変更しようとするときは、あらかじめ、その旨を都道府県の教育委員会に届け出なければならない。

2　前項の届出に関し必要な事項は、都道府県の教育委員会の規則で定める。］

○昭和六〇［一九八五］年七月一二日　法律第九〇号　地方公共団体の事務に係る国の関与等の整理、合理化等に関する法律

（図書館法の一部改正）

第九条　図書館法（昭和二十五年法律第百十八号）の一部を次のように改正する。

第十一条及び第十二条を次のように改める。

第十一条及び第十二条　削除

［都道府県教育委員会の文部大臣に対する報告義務緩和に伴う措置。改正前の第一二条は次のとおり。

第十二条　都道府県の教育委員会は、文部大臣の求めに応じ、これに対して、当該都道府県及び当該都道府県内の市町村の設置する図書館の設置、廃止及び設置者の変更に関し、報告を提出しなければならない。]

○平成一〇［一九九八］年六月一二日　法律第一〇一号　学校教育法等の一部を改正する法律

（図書館法の一部改正）

第二十二条　図書館法（昭和二十五年法律第百十八号）の一部を次のように改正する。

第五条第二項中「左の各号の一に」を「次の各号のいずれかに」に改め、同項第二号中「高等学校」の下に「若しくは中等教育学校」を加える。

［中等教育学校制度の創設に伴う措置。］

○平成一一［一九九九］年七月一六日　法律第八七号　地方分権の推進を図るための関係法律の整備等に関する法律

（図書館法の一部改正）

第百三十四条　図書館法（昭和二十五年法律第百十八号）の一部を次のように改正する。

第十三条第三項を削る。

第十五条中「左の各号に掲げる者のうち」を「学校教育及び社会教育の関係者並びに学識経験のある者の中」に改め、各号を削る。

第十六条第二項を削る。

第十九条を次のように改める。

第十九条　削除

第二十一条及び第二十二条を次のように改める。

第二十一条及び第二十二条　削除

附則第十一項中「地方自治法」の下に「(昭和二十二年法律第六十七号)」を加える。

[改正の第一は、国庫補助金交付に関する規定の削除である。館長の司書有資格要件、および最低基準が廃止された。改正の第二は、図書館協議会委員の構成に関する規定の緩和である。ちなみに改正前の条文は次のとおり。

第十三条　3　国から第二十条の規定による補助金の交付を受ける地方公共団体の設置する公立図書館の館長となる者は、司書となる資格を有するものでなければならない。但し、当該図書館の館長となる者のうち、都道府県又は地方自治法(昭和二十二年法律第六十七号)第二百五十二条の十九第一項の指定都市(以下「指定都市」という。)の設置する図書館の館長となる者及び指定都市以外の市の設置する図書館の館長となる者は、更にそれぞれ三年以上又は一年以上図書館の館長又は司書(国立国会図書館又は大学若しくは高等専門学校の附属図書館の職員でこれらの職員に相当するものを含む。)として勤務した経験を有する者でなければならない。

第十五条　図書館協議会の委員は、左の各号に掲げる者のうちから、教育委員会が任命する。

一　当該図書館を設置する地方公共団体の区域内に設置された学校が推薦した当該学校の代表者

二　当該図書館を設置する地方公共団体の区域内に事務所を有する社会教育関係団体(社会教育法第十条に規定する社会教育関係団体をいう。)が選挙その他の方法により推薦した当該団体の代表者

三　社会教育委員

四　公民館運営審議会の委員

五　学識経験のある者

第十六条　2　社会教育法第十五条第三項及び第四項の規定は、図書館協議会の委員について、準用する。

（国庫補助金を受けるための公立図書館の基準）

第十九条　国から第二十条の規定による補助金の交付を受けるために必要な公立図書館の設置及び運営上の最低の基準は、文部省令で定める。

第二十一条　文部大臣は、前条の規定による補助金を交付する場合においては、当該補助金を受ける地方公共団体の設置する図書館が、第十九条に規定する最低の基準に達しているかどうかを審査し、その基準に達している場合にのみ、当該補助金の交付をしなければならない。〕

○平成一一［一九九九］年一二月二二日　法律第一六〇号　中央省庁等改革関係法施行法

（図書館法の一部改正）

第五百二十一条　図書館法（昭和二十五年法律第百十八号）の一部を次のように改正する。

第六条第一項中「文部大臣」を「文部科学大臣」に改め、同条第二項中「文部省令」を「文部科学省令」に、「但し」を「ただし」に改める。

第十八条中「文部大臣」を「文部科学大臣」に改める。

附則第十項中「、第十三条第三項」を削り、「文部省令」を「文部科学省令」に改める。

［中央省庁の再編より文部省が科学技術庁と統合し、文部科学省に再編されることに伴う措置。］

2. 図書館法施行令（昭和二五［一九五〇］年九月二〇日　政令第二九三号）

○昭和三四［一九五九］年四月三〇日　政令一五八号　図書館法施行令

［全部改正（三三五頁参照）。ちなみに制定当時の条文は次のとおり。

（補助金交付の基準となる経費の範囲）

第一条　図書館法（以下「法」という。）第二十二条第一項に規定する補助金交付の基準となる経費の範囲は、法第三条第一号に規定する図書館資料の購入に要した経費、法第十三条第一項に規定する図書館の館長及び専門的職員の給料（勤務地手当、扶養手当、特殊勤務手当等の諸手当を除く。）に要した経費並びに図書館奉仕の用に供する建物の維持に要した経費及び当該建物の減価償却費とする。

（図書館補助金申請書の提出）

第二条　図書館を設置する地方公共団体が法第二十条の規定による補助金の交付を受けようとする場合においては、当該地方公共団体の教育委員会は、前年度における前条に規定する経費の額を記載した第一号様式［略］による図書館補助金申請書を、当該年度の六月末日までに、当該地方公共団体の長を経由して文部大臣に提出しなければならない。

2　前項の申請書には、補助金交付のための審査に必要な第二号様式［略］による補助金審査基準表を添附するものとする。

第三条　前条第一項の規定により市（特別区を含む。以下同じ。）町村の教育委員会が申請書を提出する場合において、当該市町村の長が教育委員会から申請書の送付を受けたときは、当該市町村の長は、これを都道府県の教育委員会を経由して文部大臣に送付しなければならない。

2　都道府県の教育委員会は、前項の申請書をとりまとめ、これに第三号様式［略］による意見書を添えて文部大臣に送付するものとする。［以下略］

3. 図書館法施行規則（昭和二五［一九五〇］年九月六日　文部省令第二七号）

○昭和二九［一九五四］年六月一日　文部省令第一三号　図書館法施行規則の一部を改正する省令
図書館法施行規則（昭和二十五年文部省令第二十七号）の一部を次のように改正する。

第九条に次の但書を加える。

但し、特別の事情がある場合には、適宜な方法によつて公示するものとする。

附則第二項を次のように改める。
2　文部大臣は、左表の上欄に掲げる者が司書の講習を受ける場合においては、第四条の規定にかかわらず、同表の中欄に掲げる科目について、同表の下欄に掲げる数の単位の修得を要しないものとすることができる。［表は略］
［司書、司書補講習実施細目の公示方法の変更、講習科目履修の緩和。］

○昭和三一［一九五六］年九月二九日　文部省令第二四号　学校教員調査規則等の一部を改正する省令
（図書館法施行規則の一部改正）

第二条　図書館法施行規則（昭和二十五年文部省令第二十七号）の一部を次のように改正する。

第十二条中「第百五十五条第二項の市（以下「五大市」という。）の設置する図書館（以下「都道府県及び五大市立図書館」という。）」を「第二百五十二条の十九第一項の指定都市（以下「指定都市」という。）の設置する図書館（以下「都道府県及び指定都市立図書館」という。）」に改める。

第十三条及び第十四条中「五大市立図書館」を「指定都市立図書館」に改める。

第十五条中「五大市」を「指定都市」に改める。

附則第四項中「五大市立図書館」を「指定都市立図書館」に改める。

［地方自治法の大都市制度の規定変更に伴う措置。］

○昭和四一［一九六六］年三月三一日　文部省令第一〇号　図書館法施行規則の一部を改正する省令
図書館法施行規則（昭和二十五年文部省令第二十七号）の一部を次のように改正する。

第十四条中「延坪数」を「延べ面積」に、「三百坪」を「九百九十一・七四平方メートル」に、「十五坪」を「四十九・五九平方メートル」に改める。

第十七条中「延坪数」を「延べ面積」に、「七十四坪」を「二百四十四・六三平方メートル」に、「十坪」を「三十三・〇六平方メートル」に、「百四十四坪」を「四百七十六・〇四平方メートル」に「五坪」を「十六・五三平方メートル」に改める。

第二十条中「延坪数」を「延べ面積」に、「五十坪」を「百六十五・二九平方メートル」に、「十二坪」を「三十九・六七平方メートル」に、「七十四坪」を「二百四十四・六三平方メートル」に、「十坪」を「三十三・〇六平方メートル」に改める。

［メートル法表示の採用に伴う措置。］

○昭和四三［一九六八］年三月二九日　文部省令第五号　図書館法施行規則の一部を改正する省令
図書館法施行規則（昭和二十五年文部省令第二十七号）の一部を次のように改正する。

第二条第一号中「大学又は」を「大学に二年以上在学して、六十二単位以上を修得した者又は高等専門学校若しくは」に改め、同条中第二号を次のように改め、第三号を削り、第四号を第三号とする。

二　二年以上司書補（国立国会図書館又は大学若しくは高等専門学校の附属図書館の職員で司書補に相当するものを含む。）として勤務した経験を有する者

第三条及び第四条を次のように改める。

第三条　司書補の講習を受けることができる者は、高等学校若しくは法附則第十項の規定により高等学校に含まれる学校を卒業した者又は高等専門学校第三学年を修了した者とする。

第四条　司書の講習において司書となる資格を得ようとする者は、次の表の甲群に掲げるすべての科目並びに乙群及び丙群に掲げる科目のうちそれぞれ二以上の科目について、それぞれ単位数の欄に掲げる単位を修得しなければならない。［表は略］

2　司書の講習を受ける者が、すでに大学（法附則第十項の規定により大学に含まれる学校を含む。）において修得した科目の単位であつて前項の科目の単位に相当するものとして文部大臣が認めたものは、これをもつて前項の規定により修得した科目の単位とみなす。

第八条中「文部大臣」を「講習を行なう大学の長」に、「十五単位以上」を「所定」に改め、同条に次の一項を加える。

2　講習を行なう大学の長は、前項の規定により修了証書を与えたときは、修了者の氏名を文部大臣に報告しなければならない。

附則中第二項及び第三項を削り、第四項を第二項とする。

［改正の第一は、司書講習受講資格を短期大学卒業程度に揃えたこと、司書補有資格者の受講は二年以上の実務経験を要するとしたことなど、第二は、高等専門学校修了者の司書補講習受講資格について、第三は、司書講習科目単位数

を一九単位以上にしたこと、第四は、講習修了証書授与者を、講習開講大学の学長としたことである。〕

○平成三［一九九一］年六月一九日　文部省令第三三号　図書館法施行規則の一部を改正する省令

図書館法施行規則（昭和二十五年文部省令第二十七号）の一部を次のように改正する。

第六条を次のように改める。

第六条　この章における単位の計算方法は、大学設置基準（昭和三十一年文部省令第二十八号）第二十一条第二項に定める基準によるものとする。

〔講習単位の計算方法の変更。〕

○平成八［一九九六］年八月二八日　文部省令第二七号　図書館法施行規則の一部を改正する省令

図書館法施行規則（昭和二十五年文部省令第二十七号）の一部を次のように改正する。

第四条第一項中、「並びに」を「及び」に改め、「及び丙群」を削り、「それぞれ二以上の科目」を「二以上の科目」に改め、表を、次のように改める。〔表は略〕

第四条第二項中、「司書の講習を受ける者が、」を「司書の講習を受ける者が」に、「修得した科目の単位であつて」を「修得した科目の単位であつて、」に改める。

第四条に、次の一項を加える。

3　文部大臣が別に定めるところにより、司書の講習を受ける者が、第一項の科目の単位の修得に相当する勤務経験又は資格等を有する場合には、これをもつて前項のこれに相当する科目の単位を修得したものとみなす。

第五条を次のように改める。
第五条　司書補の講習において司書補となる資格を得ようとする者は、次の表に掲げるすべての科目について、それぞれ単位数の欄に掲げる単位を修得しなければならない。［表は略］
2　文部大臣が別に定めるところにより、司書補の講習を受ける者が、前項の科目の単位の修得に相当する勤務経験又は資格等を有する場合には、これをもって前項のこれに相当する科目の単位を修得したものとみなす。
第八条第一項及び第二項の「行なう」を「行う」に改める。

同条第二項の「氏名」を「氏名等」に改める。

［講習科目の改訂、単位減免規定の設置。］

○平成一〇［一九九八］年一一月一七日　文部省令第三八号　学校教育法施行規則等の一部を改正する省令
（図書館法施行規則の一部改正）

第二条　図書館法施行規則（昭和二十五年文部省令第二十七号）の一部を次のように改正する。

第三条中「高等学校若しくは」を「高等学校、中等教育学校若しくは」に改める。

［中等教育学校制度の創設に伴う措置。］

○平成一二［二〇〇〇］年二月二九日　文部省令第六号　図書館法施行規則の一部を改正する省令
図書館法施行規則（昭和二十五年文部省令第二十七号）の一部を次のように改正する。

目次中「第二章　公立図書館の最低基準（第十条―第二十条）　第三章　準ずる学校（第二十一条・第二十二

条)」を「第二章　準ずる学校（第十条・第十一条)」に改める。

第二章を削る。

第三章中第二十一条を第十条とし、第二十二条を第十一条とする。

第三章を第二章とする。

附則第二項を削り、附則第一項の項番号を削る。

［最低基準廃止に伴う措置。］

○平成一二［二〇〇〇］年一〇月三一日　文部省令第五三号　中央省庁等改革のための文部省令の整備等に関する省令

（図書館法施行規則の一部改正）

第八条　図書館法施行規則（昭和二十五年文部省令第二十七号）の一部を次のように改正する。

本則中「文部大臣」を「文部科学大臣」に改める。

［中央省庁再編に伴う変更。］

号）＊　［図書館法13条3項、19・21条（補助金交付要件）、15条、16条2項（図書館協議会委員構成の規制）の削除が決定、2000年4月施行］

・文部科学省設置法公布（法律96号）　［文部省と科学技術庁が合併、2001年1月施行］

・中央省庁等改革のための国の行政組織関係法律の整備等に関する法律公布（法律102号）

・独立行政法人通則法公布（法律103号）

・民間資金等の活用による公共施設等の整備等の促進に関する法律（PFI法）公布（法律117号）

8月・文部省、「地方分権の推進を図るための関係法律の整備に関する法律における文部省関係法律の改正について（通知）」

10月・日図協、「地方分権一括法による図書館法改正について」見解発表

12月・日図協図書館の基準のあり方を検討するWG、「望ましい基準に関する日本図書館協会の提案事項について」を理事長に提出

・NPO法人による「高知こどもの図書館」開館

・中央省庁改革関係法施行法公布（法律160号）＊　［図書館法改正］

●2000年（平成12）

2月・図書館法施行規則改正（文部省令6号）＊

6月・生涯学習審議会、「新しい情報通信技術を活用した生涯学習の推進方策について（中間まとめ）」を文部大臣に提出

・図書館情報大学と筑波大学が統合に向けて協議開始

・文部科学省組織令公布（政令251号）（2001年1月施行）　［生涯学習政策局社会教育課が公共図書館の所掌となる］

・生涯学習審議会令廃止（2001年1月施行）

8月・生涯学習審議会図書館専門委員会、「公立図書館の設置及び運営上の望ましい基準について（中間まとめ）」をまとめ、意見を求める文書を都道府県教委等に送付

9月・日図協、「公立図書館の設置及び運営上の望ましい基準について（中間まとめ）」に対する意見書を生涯学習審議会に提出

10月・図書館法施行規則改正（文部省令53号）＊

11月・生涯学習審議会、「新しい情報通信技術を活用した生涯学習の推進方策について（答申）」を文部大臣に提出

12月・生涯学習審議会図書館専門委員会、「公立図書館の設置及び運営上の望ましい基準について（報告）」をまとめ、都道府県教委等に送付

●1998年（平成10）

1月・日図協、基準のあり方を検討するワーキンググループ（WG）設置、図書館法17条にかかわる問題および基準について検討開始

3月・日図協、専門性の確立と強化を目指す研修事業検討WG設置

・特定非営利活動促進法（NPO法）公布（法律7号）

5月・生涯学習審議会社会教育分科審議会計画部会図書館専門委員会設置、図書館法17条、基準をめぐる審議開始

・「地方分権推進計画」閣議決定

6月・図書館法改正（法律101号）＊

9月・生涯学習審議会社会教育分科審議会計画部会、「社会の変化に対応した今後の社会教育行政の在り方について（答申）」

・中央教育審議会、「今後の地方教育行政の在り方について（答申）」

10月・生涯学習審議会社会教育分科審議会計画部会図書館専門委員会、「図書館の情報化の必要性とその推進方策について—地域の情報化推進拠点として（報告）」

11月・図書館法施行規則改正（省令27号）＊

12月・生涯学習審議会図書館専門委員会、「公立図書館の設置及び運営に関する基準」について審議開始

・文部省、「通知・通達等の見直しについて（通知）」を都道府県教育委員会等へ通知　[「司書および司書補の職務内容」が廃止]

●1999年（平成11）

2月・「地方分権の推進を図るための関係法律の整備に関する法律案」概要が地方分権推進委員会に報告　[図書館法13条3項の廃止を含む]

3月・図問研、「図書館法改訂に関するアピール」発表

・社全協、社会教育法・図書館法改正に反対する要望書を衆参両院文教委員会に提出

・「地方分権の推進を図るための関係法律の整備に関する法律案」（地方分権一括法案）閣議決定

5月・日図協、「図書館法改正案（地方分権一括法案）について、慎重な審議を行い、図書館振興をいっそう図ることができるよう要望いたします」を国会各会派に提出

・行政機関の保有する情報の公開に関する法律公布（法律42号）（2001年4月施行）

・「地方分権一括法案」衆議院上程

6月・「地方分権一括法案」衆議院可決、参議院上程

7月・「地方分権一括法案」参議院可決、成立

・地方分権の推進を図るための関係法律の整備に関する法律公布（法律87

書補の講習において履修すべき科目の単位の修得に相当する勤務経験及び資格等を定める告示の公示について（通知）」を国公私立大学長等あてに通知

12月・文部省、公立社会教育施設整備費補助金を平成10年度から全廃することを決定、ソフト面の補助事業として「学習活動支援設備整備事業」を新設

・「地方分権推進委員会第1次勧告―分権型社会の創造」［公立図書館等の必置規制の見直しを引き続き検討すると表明］

●1997年（平成9）

2月・地方六団体、「必置規制について」地方分権推進委員会に提出［職員の資格規制と専任規定廃止の方向］

3月・生涯学習審議会社会教育分科審議会、「国庫補助を受ける際の図書館長の司書資格要件の廃止、司書・司書補の配置基準の緩和または廃止」を確認

4月・日図協、国の図書館政策に関する緊急対策会議設置

5月・日図協、パンフレット『ほんものの図書館を！　司書館長の確保と財源の保障を求めます』発行

・日図協、都道府県立図書館に対し「公立社会教育施設整備費補助金廃止に伴う都道府県の市町村の図書館に対する補助金への影響調査」実施

6月・文部大臣、生涯学習審議会に「社会の変化に対応した今後の社会教育行政の在り方について」を諮問、第4期社会教育分科審議会発足

・中央教育審議会、「21世紀を展望した我が国の教育の在り方について（第二次答申）」

7月・図問研、第44回全国大会で「地方自治を支える図書館に専門職を」アピールを採択

・日図協ほか、「図書館長の司書有資格要件と図書館建設などの財源の確保を求めます―図書館振興のための共同アピール」賛同者・団体のリストを文部省・地方分権推進委員会に提出

・「地方分権推進委員会第2次勧告―分権型社会の創造」［私立図書館に対する都道府県の指導、国庫補助を受ける際の館長の資格規制、国庫補助負担金の整理合理化など］

9月・「地方分権推進委員会第3次勧告―分権型社会の創造」

・文部大臣、中央教育審議会に「今後の地方教育行政の在り方について」諮問

10月・「地方分権推進委員会第4次勧告―分権型社会の創造」

・平成9年度全国図書館大会、日図協アピール「図書館司書と司書資格のある館長を！　図書館建設に必要な財源を！」採択

11月・自治省、「地方自治・新時代に対応した地方公共団体の行政改革推進のための指針」

11月・第24次地方制度調査会、「地方分権の推進に関する答申」
12月・「地方分権の推進に関する大綱」閣議決定

●1995年（平成7）

5月・地方分権推進法公布（法律96号）
7月・地方分権推進委員会発足
9月・文部省、「社会教育法における民間営利社会教育事業者に関する解釈について（通知）」を都道府県教育長あてに通知
10月・地方分権推進委員会、「地方分権の推進に関する基本的考え方」
11月・地方六団体地方分権推進本部、「地域づくりにおける国の関与の問題点の改革の方向」　［公立図書館長の司書資格要件、図書館の最低基準が自治体の自由な運営を規制すると指摘］
12月・生涯学習審議会社会教育分科審議会計画部会、社会教育主事、学芸員及び図書館員の養成及び研修の充実の在り方についての改善案を発表
・地方分権推進委員会、「機関委任事務廃止後の事務整理試案」

●1996年（平成8）

3月・地方分権推進委員会くらしづくり部会、中間報告「くらしづくりと自治の充実をめざして」　［社会教育関係法の存廃と主管局の移管を打ち出す］
・地方分権推進委員会、「地方分権推進委員会中間報告－分権型社会の創造」［必置規制の見直し対象として図書館長の資格要件、公立図書館の所管が教育委員会か知事部局かは当該自治体の判断に委ねる、など指摘］
4月・生涯学習審議会社会教育分科審議会、「社会教育主事、学芸員及び司書の養成、研修等の改善方策について（報告）」
・生涯学習審議会、「地域における生涯学習機会の充実方策について（答申）」
6月・地方分権推進委員会、文部省から「必置規制について」ヒアリング
・中央教育審議会、「21世紀を展望した我が国の教育の在り方について（審議のまとめ）」
・日図協、「『地方分権推進委員会中間報告―分権型社会の創造』について」［図書館法は図書館の「必置」をうたった法律ではないこと、館長の司書資格は図書館運営の上で重要であることを訴える］
7月・中央教育審議会、「21世紀を展望した我が国の教育の在り方について（第一次答申）」
・地方六団体地方分権推進本部、「国庫補助負担金及び地方税財源について」を地方分権推進委員会に提出　［「補助金等を通じた国の過度の関与の支障例」として、公立図書館整備費補助金交付にあたっての図書館長の司書資格要件が挙げられる］
8月・図書館法施行規則改正（文部省令27号）＊
9月・文部省、「図書館法施行規則の一部を改正する省令の制定並びに司書及び司

6月・生涯学習審議会社会教育分科審議会施設部会図書館専門委員会、「司書、司書補講習科目の内容（案）」
・図書館法施行規則改正（文部省令33号）＊
7月・第3次行革審、「国際化対応・国民生活重視の行政改革に関する第1次答申」［地域活性化の方策として、社会教育施設等整備への国の関与の見直しを指摘］
10月・平成3年度全国図書館大会、「国及びすべての都道府県において充実した図書館振興策の策定を要請する―21世紀へ向けてすべての国民への充実した図書館奉仕の提供のために」「司書講習科目（新カリキュラム案）についての要望」決議
12月・第3次行革審、「国際化対応・国民生活重視の行政改革に関する第2次答申」
●1992年（平成4）
5月・生涯学習審議会社会教育分科審議会施設部会図書館専門委員会、「公立図書館の設置及び運営に関する基準について（報告）」
6月・第3次行革審、「国際化対応・国民生活重視の行政改革に関する第3次答申」［国庫補助を受ける図書館長の司書資格要件、司書の配置基準を、国の許認可規制の例示として挙げる］
7月・生涯学習審議会、「今後の社会の動向に対応した生涯学習の振興方策について（答申）」
9月・産業構造審議会生涯学習振興部会、「生涯学習社会及び生涯学習の振興方策の在り方について（中間報告書）」
12月・「地方分権特例制度について」閣議決定
●1993年（平成5）
4月・「地方分権特例制度実施要領」（事務次官等会議申し合わせ）　［図書館長の司書資格取得のための講習、司書配置基準等の緩和］
6月・衆参両院、「地方分権の推進に関する決議」
9月・日図協、図書館運営に関する基本問題検討委員会設置
10月・第3次行革審、最終答申「地方分権の推進」
●1994年（平成6）
2月・「今後における行政改革の推進方策について」（行革大綱）閣議決定
4月・日図協図書館学教育部会、「司書養成カリキュラム案」
7月・地方自治法改正　［広域連合、中核市制度の導入］
9月・生涯学習審議会社会教育分科審議会施設部会、「学習機会提供を中心とする広域的な学習サービス網の充実について―新たな連携・協力システムの構築を目指して（報告）」
10月・自治省事務次官通知「地方公共団体における行政改革推進のための指針の策定について」

の時代）に向けての公共図書館の在り方について－中間報告」
・文部省、「特色ある図書館実態調査」結果報告
7月・文部省組織令改正、社会教育局が生涯学習局に変更
・文部省、「生涯学習推進のためのネットワーク形成について－中間報告」
12月・「規制緩和推進大綱」閣議決定

●1989年（昭和64・平成元）

3月・日図協、『公立図書館の任務と目標　解説』発行
4月・文部大臣、中央教育審議会に「新しい時代に対応する教育の諸制度の改革について」諮問
9月・図書議員連盟、「公立図書館に対する国庫補助について」を文部省に提出［館長の資格要件廃止は図書館振興の妨げと言明］
10月・地方自治経営学会、「『ふるさと創生と地方分権』についての報告書」［図書館における館長の資格と司書設置義務廃止、民間委託を認めるよう主張］
・平成元年度全国図書館大会、「公立図書館に対する国庫補助要件にかかわる『館長の司書資格要件の廃止ならびに司書配置基準の緩和』に強く反対する」を決議、文部省に要望書提出
12月・第2次行革審、「国と地方の関係等に関する答申」［司書資格取得のための講習科目要件の緩和、司書（補）配置基準等の改善を提起］
・「国と地方の関係等に関する改革推進要綱」閣議決定［第2次行革審答申どおり］
・日図協、図書館未設置町村自治体関係職員等研修会（後に町村図書館づくりセミナー）開始

●1990年（平成2）

1月・中央教育審議会、「生涯学習の基盤整備について（答申）」
4月・社会教育審議会社会教育施設分科会図書館に関するワーキンググループの検討会で、「司書及び司書補の講習内容見直しのための素案」提示
・第2次行革審、最終答申
6月・生涯学習の振興のための施策の推進体制等の整備に関する法律公布（法律71号）
8月・生涯学習審議会発足
10月・平成2年度全国図書館大会、「司書養成科目（省令）の改定について（要望）」決議
・臨時行政改革推進審議会（第3次行革審）発足

●1991年（平成3）

4月・中央教育審議会、「新しい時代に対応する教育の諸制度の改革について」答申
5月・文部省、「公立図書館の設置及び運営に関する基準（案）」

10月・地方自治経営学会、「自治体行革を阻害する国の側の要因　その実態と改革の方向」　[図書館長の専任・司書資格、司書の配置、学校図書館職員等「必置規制」を改めることを提起]
12月・第1次行革審、「地方公共団体に対する国の関与・必置規制の整理合理化に関する答申」
・「行政改革の推進に関する当面の実施方針について」閣議決定　[公立図書館の設置・廃止等に関する文部大臣への報告条項（図書館法11・12条）の廃止が決定]

●1985年（昭和60）
1月・「地方公共団体における行政改革推進の実施方針について」（地方行革大綱）閣議報告
6月・臨教審、「教育改革に関する第1次答申」
7月・図書館法改正（法律90号）＊
・第1次行革審、「行政改革の推進方策に関する答申」

●1986年（昭和61）
3月・衆議院予算委員会で、文部大臣が「図書館の基幹的業務は民間委託になじまない」と答弁
・東京・足立区議会、図書館の委託を含む条例を可決
4月・臨教審、「教育改革に関する第2次答申」　[社会教育関連法令を総合的に見直すことを提起]
6月・第1次行革審、「今後における行財政改革の基本方向（最終答申）」
7月・自治省行政局振興課、「市町村における事務事業の外部委託について」
12月・社会教育審議会社会教育施設分科会、「社会教育施設におけるボランティア活動の促進について（報告）」

●1987年（昭和62）
4月・臨教審、「教育改革に関する第3次答申」
・臨時行政改革推進審議会（第2次行革審）発足
7月・日図協、町村図書館活動推進委員会設置
・第2次行革審、「当面の行財政改革の推進に関する基本的方策について（答申）」
8月・臨教審、「教育改革に関する第4次答申」（最終答申）　[「生涯学習振興の見地から新しい法体制の整備を検討する必要がある」と提起]
10月・「教育改革に関する当面の具体的方策について」（教育改革推進大綱）閣議決定　[社会教育関係法令の見直しを決定]

●1988年（昭和63）
1月・文部省、「教育政策白書」　[生涯学習体系への移行を最重点課題に掲げる]
2月・社会教育審議会社会教育施設分科会、「新しい時代（生涯学習・高度情報化

11月・図書議員連盟総会、公共図書館の図書購入費倍増、出版文化交流、振興法推進等を申合せ

12月・京都市議会、運営委託条項を含む図書館条例可決

●1981年（昭和56）

3月・臨時行政調査会発足

・図書館事業振興法（仮称）の立法化について、図書議員連盟事務局長と図書館関係者が懇談

4月・滋賀県、図書館建設補助事業開始

・定住構想基本問題研究会、「社会的サービスの供給について—公・民の役割分担の明確化と民間部門への期待—」［図書館を選択的事業として位置づける］

6月・中央教育審議会、「生涯教育について」答申

9月・図書館事業振興法（仮称）検討委員会、「図書館事業の振興方策について（第1次案報告）」を図書議員連盟に提出

11月・国立大学図書館協議会、「図書館事業基本法要綱（案）に関する意見書」を図書議員連盟事務局長に提出

●1982年（昭和57）

3月・全公図、「図書館全国計画試案　公共図書館のサービス指標及び整備基準・案」

4月・図書館事業基本法に反対する会発足

7月・臨時行政調査会、「行政改革に関する第3次答申（基本答申）」

・日図協、町村図書館活動振興方策検討臨時委員会設置

9月・「今後における行政改革の具体化方策について」（行革大綱）閣議決定

●1983年（昭和58）

3月・臨時行政調査会、「行政改革に関する第5次答申—最終答申」［公立社会教育施設整備費補助の「総額縮減」提起］

・図書議員連盟総会、「図書館事業振興法」凍結確認

5月・「臨時行政調査会の最終答申後における行政改革の具体化方策について」（新行革大綱）閣議決定

7月・臨時行政改革推進審議会発足（第1次行革審）

10月・文部省、長野市立図書館の委託について「補助交付に馴染まない」と行政指導

●1984年（昭和59）

7月・第1次行革審、「当面の行政改革推進方策に関する意見—国の行財政改革と地方行革の推進」

・文部省機構改革、学習情報課が公共図書館担当となる

8月・臨時教育審議会発足

●1971年（昭和46）

1月・社会教育法改正に伴い同法と図書館法の一本化が検討されていると新聞報道

4月・日図協、社会教育法改正問題対策委員会設置

・社会教育審議会、「急激な社会構造の変化に対処する社会教育のあり方について」答申

10月・社会教育審議会施設分科会図書館専門委員会発足

11月・昭和46年度全国図書館大会で４月30日（図書館法公布日）を「図書館記念日」とすることが決定、図書館法の精神堅持を決議

●1972年（昭和47）

2月・全公図理事会で、文部省社会教育局長が社会教育法と図書館法の一本化断念を表明

9月・社会教育審議会施設分科会図書館専門委員会、「公立図書館の望ましい基準（案）」（報告）

●1973年（昭和48）

7月・社会教育審議会施設分科会、「公立図書館の設置及び運営上の望ましい基準（案）」報告　［告示はせず］

●1975年（昭和50）

3月・図書館法改正案、参議院に上程、審議未了廃案

●1977年（昭和52）

11月・「第3次全国総合開発計画」（三全総）閣議決定　［定住圏構想を提起、図書館などの適正配置を指摘］

●1978年（昭和53）

5月・衆参両院議員による図書議員連盟発足

●1979年（昭和54）

1月・自治省、「新広域市町村圏計画」

6月・日図協、図書館政策特別委員会設置

10月・日本都市センター都市行財政研究委員会、最終報告「新しい都市経営の方向」　［図書館国庫補助金交付基準を「行政の減量」の阻害要因の例として挙げる］

・図書館情報大学創設

●1980年（昭和55）

1月・総理府、「読書・公共図書館に関する世論調査」発表

3月・文部省、「公共図書館サービスのネットワークの整備に関する調査研究報告書」

10月・昭和55年度全国図書館大会で図書議員連盟事務局長が「図書館事業振興法」提唱

●1957年（昭和32）

6月・「教育機関の解釈について」（文部省初等中等教育局長回答）

11月・日図協図書館法改正委員会、改正草案を発表

●1959年（昭和34）

4月・図書館法改正（法律158号）＊

・図書館法施行令全面改正（政令158号）＊

5月・日図協、図書館学教育部会設置

9月・文部省、「青少年の読書指導のための資料の作成等に関する規程」

12月・文部省、「公民館の設置及び運営に関する基準」告示

●1960年（昭和35）

10月・日図協、中小公共図書館運営基準委員会設置

●1961年（昭和36）

6月・図書館法改正（法律145号）＊

11月・昭和36年度全国図書館大会で図書館法改正問題の打ち切りが決定

●1962年（昭和37）

4月・文部省、農村モデル図書館設置補助開始（～66年）

5月・図書館法改正（法律133号）＊

●1963年（昭和38）

3月・日図協、『中小都市における公共図書館の運営』発行

●1964年（昭和39）

4月・国立図書館短期大学設置（1981年閉学）

●1965年（昭和40）

3月・図書館法改正（法律15号）＊

6月・東京・日野市立図書館設置条例制定

●1966年（昭和41）

3月・図書館法施行規則改正（省令10号）＊

●1967年（昭和42）

6月・社会教育審議会、「公立図書館の設置および運営に関する基準案」を文部大臣に答申　［告示はせず］

8月・図書館法改正（法律120号）＊

●1968年（昭和43）

3月・図書館法施行規則改正（省令５号）＊

●1970年（昭和45）

4月・東京都図書館振興対策プロジェクト・チーム、「図書館政策の課題と対策」を知事に提出

5月・日図協、『市民の図書館』発行

・図書館法公布（法律118号）
5月・図書館法施行令公布（政令293号）
7月・図書館法施行（17条を除く）
9月・図書館法施行規則公布（省令27号）
・文部省、「司書および司書補の職務内容」を事務次官通牒
11月・日図協、図書館法実施運用のためのブロック別ワークショップ開始
●1951年（昭和26）
2月・人事院、司書を含む「職種の定義および職級明細書」を公示
4月・図書館法17条施行
・公民館・公立図書館施設費補助金交付開始
・慶應義塾大学に図書館学科開設
6月・文部省、図書館専門職員養成講習指導者講習会を実施
12月・日図協公共図書館部会、図書館法改正委員会設置
・博物館法公布（法律285号）
●1952年（昭和27）
2月・日図協公共図書館部会、図書館法改正についてのアンケート結果をまとめる
6月・中央教育審議会設置
・図書館法改正（法律185号）＊
7月・図書館法改正（法律270号）＊
8月・図書館法改正（法律305号）＊
●1953年（昭和28）
3月・日図協図書館雑誌編集委員会、『図書館雑誌』に「図書館法改正のために」を特集
7月・地方税法の改正により図書館建築の起債が認められる
・日図協、図書館法委員会設置
●1954年（昭和29）
5月・補助金等の臨時特例等に関する法律公布（法律129号）　[図書館法に基づく補助の変更]
6月・図書館法施行規則改正（省令13号）＊
●1956年（昭和31）
3月・日図協、図書館法改正委員会設置
6月・図書館法改正（法律148号）＊
・地方教育行政の組織及び運営に関する法律公布（法律162号）
・図書館法改正（法律162号）＊
9月・図書館法施行規則改正（省令24号）＊
12月・高知市民図書館、ユネスコ協同図書館事業参加承認

・「公共図書館法案—文部省案」まとまるが、法案の議会提出は見合わせ
4月・国会図書館法公布（法律84号）→48年2月廃止
・地方自治法公布（法律67号）
5月・日本国憲法施行
・CIE図書館担当官キーニー解任、ネルソン着任
7月・文部省、「公民館の設置運営について」事務次官通牒
・日図協、「文部省の『公共図書館法案』に関する覚書」を文部省に提出
9月・「公共図書館法案—修正仮案（加藤・雨宮案）」がCIEに提出　［社会教育法案とは別に立案されたため、図書館法の単行法化が決定的となる］

●1948年（昭和23）

2月・国立国会図書館法公布（法律5号）
3月・「公共図書館法案—文部省社会教育局文化課案」発表　［運営諮問機関として中央・地方図書館協議員会設置、県・市段階の義務設置、国庫負担額の明記等を規定］
9月・日図協、第1回図書館法委員会
11月・「公共図書館法案—日本図書館協会」文部省に提出

●1949年（昭和24）

2月・「公共図書館法案　文部省」発表　［中央図書館制度、町村段階までの義務設置、自治体への図書館協議員会の設置、国庫補助率等を規定］
3月・日図協、第2回図書館法委員会　［義務設置、国庫補助の実現を確認］
4月・「公共図書館法案　文部省」省議を通過、国会上程は見合わせ
5月・文部省設置法公布（法律146号）　［文化課が廃止、社会教育施設課が図書館を所管］
6月・社会教育法公布（法律207号）
7月・CIE、中央図書館制度と図書館の義務設置は認められないこと、国庫補助を要する法案は実現不可能であること、職員の免許制度は問題が多いことを表明
9月・シャウプ、税制改革について日本政府に勧告
10月・文部省、「図書館法案要綱」をまとめる　［義務設置制はとらない、設置の最低基準を政令または省令で規定する、国庫補助を義務化しない、職員の資格は他の法規との関連で決める、など］
12月・文部省、図書館法案要綱審議会　［「図書館法案要綱」を検討、次期国会での成立に向けての協力、法案内容の文部省への一任等を申合せ］
・「図書館法案要綱」をCIEが了承

●1950年（昭和25）

1月・「図書館法案要綱」が事務次官会議を通過
4月・「図書館法案要綱」が閣議決定

●1933年（昭和8）

7月・図書館令改正（勅令175号）［中央図書館制度、社会教育に関する附帯施設、私立図書館認可制等を規定］

・公立図書館職員令改正（勅令176号）

・図書館令施行規則改正（省令14号）

●1936年（昭和11）

10月・公立図書館司書検定試験規程公布（省令18号）

●1942年（昭和17）

4月・文部省機構改革、文化施設課が図書館を所管

11月・文部省社会教育局廃止、教化局が図書館を所管

●1943年（昭和18）

5月・中央図書館長協会、「中央図書館令制定ニ関スル建議」

●1944年（昭和19）

7月・図書館令施行規則改正

●1945年（昭和20）

8月・戦争終結

10月・文部省社会教育局設置

・GHQ「日本教育制度に対する管理政策」指令

●1946年（昭和21）

1月・CIE、アメリカ政府に教育使節団の派遣を依頼

2月・CIE図書館担当官キーニー着任

3月・第1次米国教育使節団、「報告書」発表

4月・「日本に対する統一ある図書館組織」（キーニー・プラン）発表

・公立図書館職員令改正（勅令214号）

6月・文部省委嘱により図書館関係者が「図書館法規に規定さるべき事項」作成

・文部省、全国都道府県中央図書館長会議を開催、図書館制度改正調査委員を委嘱

7月・文部省、公民館の設置運営を通牒

8月・図書館関係者による「図書館制度改革ニ関スル委員会報告書」が文部省に提出 ［公立図書館の義務設置、補助金交付、閲覧料無料制、職員養成について提言］

11月・日本国憲法公布

●1947年（昭和22）

1月・文部省社会教育局、「公立図書館制度刷新要綱案」

・日図協主催の「金曜会」開始（〜49年7月）［日本およびCIEの図書館関係者、文部省の懇談会］

3月・教育基本法公布（法律25号）

年表　図書館法と国の図書館政策 1899～2000

この年表は、図書館法をめぐる動きと国の図書館政策の変遷を、公立図書館を中心に概観した。事項の後に［　］として内容の解説を入れた。事項末尾の＊は「図書館法改正の変遷」に詳しい解説があるので、参照されたい。

〈主な参考資料〉

裏田武夫・小川剛編『図書館法成立史資料』日本図書館協会、1968
西崎恵著『図書館法』（復刻）日本図書館協会、1970
日本図書館協会編『近代日本図書館の歩み　本編』日本図書館協会、1993
総務庁『行政の管理と総合調整－総務庁年次報告書（平成8年版）』1996
図書館年鑑編集委員会編『図書館年鑑』各年版、日本図書館協会

●1899年（明治32）

11月・図書館令公布（勅令429号）

●1906年（明治39）

10月・図書館令改正（勅令274号）　［公立図書館への司書の配置を規定］

11月・「公立図書館職員ノ俸給ニ関スル件」公布（勅令282号）

12月・「図書館ニ関スル規程」公布（省令19号）

●1910年（明治43）

6月・図書館令改正（勅令278号）

・図書館令施行規則公布（省令18号）

●1921年（大正10）

7月・公立図書館職員令公布（勅令336号）

●1923年（大正12）

5月・公立図書館職員令改正（勅令230号）

●1929年（昭和4）

7月・文部省社会教育局設置、図書館と図書選定・推薦に関する事項を所掌

●1931年（昭和6）

6月・公立図書館職員令改正（勅令118号）

ま

ら

な

は

さ

た

法律条文索引

ま

や

ら

な

は

た

さ

索 引

1. この索引は人名・事項索引と法律条文索引からなる。
2. それぞれの索引の中は五十音順に配列している。
3. ページ数が複数ページにわたっているものは、その事項について複数ページにわたって説明している場合と、その語句が複数のページに出現している場合の両方がある。
4. 『 』は刊行物を指している。
5. 法律条文索引中のゴシック数字は該当ページに条文本文のあることを示している。

人名・項目索引

あ

か

【執筆者一覧】

本書の執筆者と執筆個所は下記のとおりである。
（五十音順、所属は2000年12月現在）

川崎　良孝（かわさき　よしたか）　Ⅲ-5章
京都大学教育学部

岸本　岳文（きしもと　たけふみ）　Ⅱ-6章
滋賀県立図書館

北　　克一（きた　かついち）　Ⅱ-8章
大阪市立大学学術情報総合センター

塩見　昇　（しおみ　のぼる）　Ⅰ-2章、Ⅱ-3章・5章
大阪教育大学

前田　章夫（まえだ　あきお）　Ⅱ-7章、Ⅲ-3章
大阪府立中之島図書館

松岡　要　（まつおか　かなめ）　Ⅰ-5章、Ⅲ-1章、資料、年表
日本図書館協会事務局

山口源治郎（やまぐち　げんじろう）　Ⅰ-1章・3章、Ⅱ-1章、Ⅲ-4章、索引
東京学芸大学

山重　壮一（やましげ　そういち）　Ⅱ-4章
目黒区立大橋図書館

山本　昭和（やまもと　あきかず）　Ⅱ-2章
神戸市立中央図書館

山本　順一（やまもと　じゅんいち）　Ⅰ-6章、Ⅲ-2章
図書館情報大学

山家　篤夫（やんべ　あつお）　Ⅲ-6章
東京都立日比谷図書館

横山　道子（よこやま　みちこ）　Ⅰ-4章
神奈川県立図書館

図書館法と現代の図書館

定価　本体3,600円（税別）
2001年 2月20日　初版第１刷発行©2001
2003年 1月25日　初版第２刷発行

編著者　塩見 昇、山口源治郎
発行者　社団法人 日本図書館協会
〒104-0033 東京都中央区新川 1-11-14
☎ 03-3523-0811㈹／FAX 03-3523-0841

製作　㈱ PAN OFFICE

JLA200232　Printed in Japan
本文の用紙は中性紙を使用しています
ISBN 4-8204-0032-0